克拉玛依文史资料

（第三十二辑）

政协克拉玛依市委员会◎编

中国文史出版社

图书在版编目（CIP）数据

克拉玛依文史资料 . 第 32 辑 / 政协克拉玛依市委员
会编 . — 北京：中国文史出版社，2024.6
ISBN 978-7-5205-4683-6

Ⅰ . ①克… Ⅱ . ①政… Ⅲ . ①文史资料－克拉玛依
Ⅳ . ①K294.54

中国国家版本馆 CIP 数据核字（2024）第 097230 号

出 品 人：彭远国
责任编辑：窦忠如

出版发行：中国文史出版社
地　　址：北京市海淀区西八里庄路 69 号　邮编：100142
电　　话：010-81136602　81136603　81136606（发行部）
传　　真：010-81136655
制　　版：北京方舟正佳图文制作有限公司
印　　装：廊坊市海涛印刷有限公司
经　　销：全国新华书店
开　　本：710 毫米 ×1000 毫米　1/16
印　　张：19
字　　数：245 千字
版　　次：2024 年 7 月北京第 1 版
印　　次：2024 年 7 月第 1 次印刷
定　　价：68.00 元

序

政协克拉玛依市委员会

文史资料工作是人民政协的重要工作,也是中国特色社会主义文化事业中一项独具特色的工作。在巩固和发展最广泛的爱国统一战线,坚持和完善中国共产党领导的多党合作和政治协商制度,推动社会主义革命、建设和改革开放事业,弘扬爱国主义、社会主义精神和自立自强、振兴中华的民族精神中,作出了特殊贡献。

人民政协的文史资料工作具有鲜明的政协特色和统战特色,其独特作用基本上可以概括为存史、资政、团结、育人,其特点就是"三亲"(亲历、亲见、亲闻),起到"补史之缺、详史之略、续史之无、存史之用"的作用。多年来,克拉玛依市政协始终坚持"征集为主,抢救优先,合理利用,服务社会"的工作原则,广泛动员社会各界、离退休老同志、政协委员及文史爱好者积极撰稿,本着对历史负责、实事求是的态度,客观记述历史、追忆过去,征集和抢救了大量"三亲"史料。

此次所编辑的《克拉玛依文史资料》第三十二辑,由"历史瞬间""油城记忆""流金岁月""往事追忆""他乡情结"五个部分组成。稿件征集阶段得到了广大文史爱好者的大力支持,共收到各类文史稿件70余篇,经编辑甄选整合,最终收录24篇成书付梓。

内容以高举爱国主义旗帜，弘扬爱国主义精神为主旋律，坚持"存真、求实"的原则，打造宣传文化阵地，传递文化正能量，对年轻一辈有着很好的教育效果。

通过编辑出版《克拉玛依文史资料》，我们对文史资料工作重要性认识不断提高，对做好文史资料工作的责任意识与担当意识不断增强。今后，我们将继续努力以严谨的治学态度做好文史资料工作；努力开拓创新、多出精品。我们将积极适应新时代新要求，牢牢把握文史资料工作的方针和原则，结合文化润疆工程，弘扬工匠精神，打造文史精品，为克拉玛依精神文明建设、提升城市文化软实力作出积极的贡献。

克拉玛依市政协文史资料工作将一直延续下去。希望关心、热爱文史资料的各界人士能继续为克拉玛依文史资料的编撰出版提供更多更有价值的稿件，为我们高质量出版《克拉玛依文史资料》提供帮助、贡献智慧与力量。

目　录

历史瞬间

油城记忆

流金岁月

往事追忆

他乡情结

历史
瞬间

历史瞬间

初期的炼油厂

克拉玛依市雏形

年轻人围坐在劳模王振亮身边，听他讲述忆苦思甜故事

杨拯陆（二排左一）与同事的合影

支援大庆会战

中国共产党新疆石油管理局第二次代表大会

中苏石油股份公司时期的独山子炼油厂

1955 年，石油工人召开生产会

1955 年 10 月 29 日，一号井出工业油流，宣告新中国第一个大油田诞生

1956 年，克拉玛依黑油山下足球场上

1956年，克拉玛依建设初期人们住的地窖

1956年国庆典礼上，书写着"1956年发现的大油田——克拉玛依"的大型彩车通过天安门广场

1957年，建设中的克拉玛依职工医院（现中心医院原址）

1958年，2000名志愿军辅建二团转业军人来到克拉玛依参加油田建设，到达乌鲁木齐明园时受到热烈欢迎

1958年，张云清钻井队月钻井4310米，被矿区党委命名为"钢铁井队"。

1959年，克拉玛依市首届体育运动会在青年广场举行。运动会设球类、田径、拔河等20多个项目，有700多名运动员参加

1959 年的 193 英雄井

1960 年，欢送到兄弟油田的志愿者

1960 年，家属工在工地上碎石作业

1960 年，女钻井工正在进行钻井作业

1960 年，文艺演出

1960 年，油田托儿站

1960 年，职工们正在用收音机收听新闻、学习知识

1960 年，职工在工地上的业余生活

1960 年，支援川中油田

1960 年，中共新疆石油管理局委员会召开扩大会议

1961年，石油人进军乌尔禾油田

1961年，职工们高举横幅，敲锣打鼓，庆祝百克暗渠首段竣工通水

1963 年，学生演出

1966 年，车间工人学习《新疆石油报》

1977 年，茶话会文艺演出

1979 年，克拉玛依第一栋居民楼建设现场

1982 年，工人正在更换盘根

1982 年，严格检查产品质量

2000 年，克拉玛依举行引水工程通水庆祝活动

油城　记忆

克拉玛依杂考

王连芳

黑油山古貌

1905-1909 年，俄国托木斯克理工学院教授、著名中亚地质地理学家、十月革命后曾当选前苏联科学院院士的符拉吉米尔·阿法纳耶维奇·奥布鲁切夫（1863-1956），带领他的两个儿子和两名学生，以塔城为起点，先后三次在新疆北部环准噶尔盆地进行地理、地质和矿物考察，1940 年出版有《边缘准噶尔》一书。晚年 (1951) 又出版自传体通俗探险读物《在中亚荒漠——觅宝人札记》（中文版译名《荒漠寻宝》），记述了今克拉玛依市黑油山沥青丘 100 多年前的古貌，并做了地理性描述和形成机理的浅显说明。

当奥布鲁切夫一行在乌尔禾魔鬼城探险考察时，从附近地区来到他们驻地的旧土尔扈特北部落的蒙古人，看到他们燃烧从沥青脉采集的固体沥青（"黑石头"）冒出长长的火焰和浓浓的黑烟时，告诉他们在距此一天能赶到的地方，从山冈上流出一种像油脂一样的黑色液体，也像这石头一样能燃烧，发出臭味。根据蒙古人的指点，他们一行穿过佳姆河（即佳木河，今统称白杨河）谷到河的右岸，沿达尔布特河下游到达阿依兰库里湖（又译艾兰库勒或艾兰淖尔，即老玛纳斯湖，1916 年玛纳斯河下游东中拐决口，改道形成新的玛纳斯湖，原湖逐渐干涸，主体在今克拉玛依市境内），沿湖滨和加依尔山山脚而行，在一个叫塔斯乌特克勒的地方蹚水渡河，拐进右边的丘陵地带，见到了黑油山。

"这样的山冈有七八座，每座之间相距不远……这儿的水不在谷底的山泉或井里，而是从山顶上往外流。""整个山冈几乎全由黑石板构成，一块块垒成阶梯状，有些地方覆盖着黄沙，绿色灌木丛把黄沙锁住了。平平的山顶原来有一个直径 1.5—2 俄尺深 0.5 俄尺（引者按：1 俄尺 =0.711 米）盛满清水的水塘，有的地方水面浮着一层黑色薄膜。我们当即舀一点水尝了尝，不咸，但带有明显的类似树脂加火漆的味道。""那水泡在水面散开成一片黏稠的黑色薄膜。我用指头蘸了点一闻，它有一股明显的煤油味。""这是不是炼煤油的原油呀？这样我们就找到宝了！塔城的煤油要从高加索的巴库长途运来，可它在附近就可以弄到。""塘边沿有一处稍低，那一层黑色薄膜汇集到这里，慢慢往下流到山坡上去。这片山坡不是深灰色而呈黑色并且闪闪发亮。这一指宽的小溪极其缓慢地流淌着，同时向周围散开，再往下就凝住了……我踩踩这地面，靴子的后跟就像是粘到了稠稠的焦油上。"

"这整座山冈是由这凝固的石油形成的。……这原油流到所有地方石头都不是灰色，而是乌黑发光的，上面不长草不长树，这是不久前才凝结起来的原油。""别的地方石头不是黑色，而是灰色，而且不光滑又撒满沙子，""因为它早已凝固，风干，风又使它裹上了沙子。""它是和沙子一起凝固了的原油……这凝固了的原油叫作沥青或油沙。人们把它放在锅里熔化，掺进沙子，用它在房子里做地板，甚至用它铺城里的街道的路面。"

"一座座山冈逶迤排列成行，彼此之间相隔一段距离，它们有的高大有的矮小，可形状大体相似。……在两三座山冈顶上也看到了水塘和往下流淌的稠原油，在另外一些山冈上则没有这样的水塘，虽然它们也是由深灰色沥青构成的。在那里水同油分离过程早已停止，水和油气上升的通道显然已堵塞。在这些山冈上没有鲜活的绿色植物，显得毫无生气。"

书中还记述了奥布鲁切夫回到塔城之后，"找到一口有两桶容量的旧锅，将从黑油山带回的一些沥青熔化，加进沙子，覆盖在厨房的地上"。后来又"雇了几辆马车，沿着去西湖（引者按：即今乌苏市）的道路到达萨尔札克驿站（引者按：即今乌苏市沙尔札克），再从那里顺加伊尔山麓进入沥青矿山。……连来连去加上挖装沥青总共用了两周时间。"

书中还记述了今克拉玛依市区西侧被称为西沟或西煤大沟的褐煤矿。离开黑油山以后，他们沿着一排山冈西行，在经过了一串串灰色山冈呈鲜红色、黄色和褐色的山冈之后，"进入一道宽阔的干河床，……两座孤立的塔状悬崖，耸立在河床中间，每座悬崖上都显现出一道相当宽的黑色岩层，仿佛是腰带一般。""这大概是真正的土煤，它不发亮，而且容易裂开，像枯树朽木一样。""岩层不很厚，不过 0.5—0.7 俄尺左右"。此描述明显是上世纪 60—70 年代克拉玛依居民曾零星开采的被称为西山煤的褐煤矿：煤层分布不连贯，矿体小，矸石多，灰分多，火力弱，露天开采，容易掘取，成本低廉，在当时条件下部分补充了城市冬季取暖用煤的需要，石油企业也曾少量挖采用以制作钻井液处理剂材料。（以上引文均据《荒漠寻宝》）

翁文灏视察独山子油矿

在毛泽东主席《论十大关系》著作中被称为"有爱国心的国民

党军政人员"翁文灏，曾是著名地质学家、中国近代地质事业的开创者之一，抗日战争期间，弃学从政，先后任国民政府经济部长兼资源委员会主任委员，行政院副院长。1948 年 6 月任国民党政府行政院长，1949 年春，脱离蒋介石集团，初居香港，后移居法国巴黎。1951 年自法国回国。1954 年经周恩来总理提名任全国政协委员，曾到全国多地参观学习，1956 年被选为民革中央委员，1971 年去世。

1942 年翁文灏任国民政府经济部长兼资源委员会主任委员期间，曾到当时由新疆省政府与前苏联政府合办的独山子油矿视察，在翁文灏晚年自撰的《年谱初稿》（钢板刻字油印本，以下简称《年谱》）有较为具体的记述。笔者曾在友人处见到此《年谱》复印件，并抄录了有关部分。此后有机会见到与此事有关的盛世才致蒋介石函电，对此有了比较具体的了解。

翁文灏 1942 年独山子之行的起因是当时新疆统揽军政大权的边防督办兼省主席盛世才给蒋介石的一通密电。1942 年 6 月 28 日，盛世才密电蒋介石，说他接到前苏联政府外交部长莫洛托夫来电，"声称决定日内派该部副部长选卡奴佐夫来新，系专为办理解决独山子油矿及其各重要问题"。盛旧事重提，说"关于新疆独山子油矿问题从前钧座（引者按：旧时下级对上司的尊称）即拟派翁文灏部长来新"，"深望钧座速派翁部长来新同（前）苏联政府及地方政府共同研商独山子油矿问题，俾早日签订合同，大量出油，以利中国抗战建国和（前）苏联抗德战争。"

翁文灏于 1942 年 7 月 3 日离重庆到乌鲁木齐（旧称迪化）。据《年谱》，翁行前曾请示蒋介石并得其允准，关于独山子油矿，"诚意愿与苏联合办，由前苏联供给采炼设备及技术，俾可充分生产，并深愿在新疆省内，在不失国家主权范围之内，凡关生产、运输、贸易各项，均切实与前苏联和衷合作，处于和平友好向前进行之关系"。翁文灏到新疆之后，"突有（前）苏联外交次长 Dekanozov（引者按：即盛致蒋电文中之迭卡奴佐夫，又译德卡诺索夫、迪卡奴佐等）于7月7日飞抵迪化。7月21日始乘机返苏"。"在迪化时，外次Dekanozov仅在宴会一见，未及另为畅谈，自为可惜。"据《年谱》所记，盛世才事后向翁解释："关于独山子油矿者，外次携外长莫洛夫致盛之函件，原来约定（前）苏联与新疆省政府合作，今盛乃邀请中央政府经济部长来新洽谈，实为对（前）苏联缺乏友谊，有背成约，苏方不便接受。"盛世才说他曾表示"至独山子油矿合作办法，彼甚愿介绍翁部长与（前）苏联外次面为洽谈，俾可商得合理可行之办法。此项主张苏方均未同意"。据《年谱》，翁文灏率随员孙越崎、何竞武、龚学遂等于7月10日专程前往独山子矿区参观。"距迪化（今乌鲁木齐）250公里处转向南行约9公里即至矿厂。厂长文某（引者按：代厂长文自瑃，为省政府所派，总工程师Niritin皆出厂远接，殷勤招待，执礼甚周。厂中地质师Bagrov，钻井主任Enoshikin，工程师Liofkin，炼油主任Edensky，建筑工程师Avagnassov、Halipin，运输部Urclimko等皆经晤见。油田地质与原油品质均与甘肃老君庙油田相似。在前苏联各油田中，高加索之Grozhy（引者按：格罗兹内）油田最为近似。储油地层属第三纪，油层厚约3至4公尺，大致呈穹形，北部较乱，出油井深自700至1000公尺，有2井每日出油10吨至12吨。炼厂在距今三年前始建，用管子蒸馏法，现已完成。炼厂能每日处理原油150吨，即45000加仑，实出汽油18%—19%，灯油20%—23%，如此则全年出汽油不能超过256万加仑。近时每日实产原油30吨，即9000加仑，出汽油约五吨七，即1700加仑。本年（引者按：1942年）上半年共已出汽油400吨，即12万加仑，灯油500吨，即15万加仑。汽油归迪化军务处支配，灯油归财政厅平价出售。此厂当时有前苏联技术人员170人，连同家属共有苏人二百数十。警察则全为华人。15日返至省城。"

此次随翁文灏独山子之行的孙越崎（1891–1995），时任甘肃油矿局总经理，后于 1944 年 8 月第二次到独山子，此时苏方人员已全部撤离，设备已拆运一空，只余油井房层等，由资源委员会出资购回，孙代表甘肃油矿局接收，成立乌苏油矿等处；何竟武，时任国民政府交通部西北公路局局长；龚学遂，时任国民政府交通部公路总局局长，此行写有《新疆省独山油矿视察报告》（钢板刻字油印本）。

1942 年 10 月 15 日在重庆开始的国民政府与前苏联政府关于协议合办独山子油矿的谈判，翁文灏始终是中方谈判的成员和主要发言人。在第一次会议上，翁以需要对苏方在油矿的机器设备进行估价为名，提出要派技术人员前赴独山子与苏方技术人员商洽估价。在得到苏方同意后，由资源委员会派出以中央地质调查所著名地质学家黄汲清和甘肃油矿局业务处处长郭可诠为首的地质和工程两个调查队到独山子实地考察，分别写有调查报告，为以后接办独山子油矿做了准备。

国民政府与前苏联政府谈判中止以后，苏方开始拆运油矿设备。翁文灏怕苏方拔出油井套管，造成地下油水乱窜或在油井内放有异物，给以后恢复生产造成困难，指示国民政府驻新疆外交特派员到油矿查看，并在谈判中与苏方交涉，要求苏方"以书面说明封固油井手续及启封步骤"。经翁文灏请示，蒋介石同意，资源委员会出资收购了全部油井和其他未拆除资产，1944 年 9 月 4 日翁文灏签发经济部国营矿区委托状，成立甘肃油矿局乌苏油矿筹备处，较快地恢复了生产。

"风城"地名考述

1981 年 7 月 23 日，由新疆石油管理局钻井处 32878 钻井队承钻的位于克拉玛依市乌尔禾以东约 10 公里的风 3 井开钻，同年 12 月

16 日钻至井深 3266.06 米完钻。12 月 21 日试油处试油，7 毫油嘴日产油 72.6 吨，天然气 687 立方米，从此乌尔禾地区增加了一个新油田，定名风城油田。

风城油田由"风成城"略去中间同音字"成"得名。其地表发育着绵延十数平方公里的风蚀雅丹地貌，鳞次栉比、丘阜错落、沟壑纵横，宛如一座废弃的古代城堡，其形成的原因是地壳局部构造上升和亿万年风化特别是干燥地区大风肆虐的剥蚀作用，因风而成，因风而"城"，地质家们名其为"风成城"。目前见到最早的记载是 1950 年 8 月 28 日前苏联地质家杜阿也夫受全苏石油地质调查科学研究所委托，为即将成立的中苏石油股份公司写的长篇报告《新疆地区的含油问题及在新疆为寻找石油地质地球物理和地形测量工作的方向》。其中《古发代的含油问题》一审论文及乌尔禾油苗区时，即将雅丹地貌区称为"风成城"，所附《新疆地区油苗一览表》在《乌尔禾油苗群·东部油苗组》中列出"风成城油苗"，描述其地理位置在佳木河（今称白杨河）左岸，出油层位为喀拉札岩系，形态为沥青脉。

自此开始，"风成城"频繁出现在多种地质地理报告和书面文献中，并衍生出"风成城构造""风成城组地层"等专业名称。

1970 年克拉玛依市领导机关组织编写的《克拉玛依兵要地专》，在地形地貌的内容中有《乌尔禾风蚀丘陵》一节，将"风成城"列为专项加以描述："在乌尔禾正东 7 公里，海拔 466 米……尖顶多峰，很象大屋顶式的宫殿建筑，因而得名。""有名的乌尔禾沥青脉就在风成城西 1 公里多的小山上，现已采成大沟，深数十米。"

1983 年 10 月全国第一次地名普查，经克拉玛依市地名委员会决定并报上级批准，将乌尔禾这一著名雅丹地貌自然地理实体定名"风城"，专文介绍，编入 1984 年出版的《新疆维吾尔自治区克拉玛依市地名图志》，成为法定地名。

至于风城俗称为魔鬼城，也由来已久，流传颇广，但较少见于文字记载。其来源可能与居住在近处的蒙古人将此地称为"苏鲁木哈克"和哈萨克人称为"沙依坦克尔西"有关。因为蒙哈语名称均有"魔鬼出没"之义，后辍"城"表明其如废弃的古城堡。

早在20世纪初奥布鲁切夫在此地考察时，附近的蒙古人就告诉他："这些建筑，塔楼、街道、宫殿，所有这一切都是神秘世界魔鬼的创造。我们住在附近，冬夜狂风大作时就听到鬼哭狼嚎声。""这是魔鬼制造的与人类城市相似的产物。"

1993年克拉玛依市人民政府重新编修《新疆维吾尔自治区克拉玛依市地名志》，将"风城"编入《自然地理实体标准地名》，并加以括号的形式标注为"魔鬼城"。自此二名同用，并行不悖，一般宣传、旅游多用"魔鬼城"；有关石油生产和其他社会活动书面文字中则多用"风城"，并且已衍生出风城水库、风城作业区、风城公路等新地名。

一枚稀见小铜钱

1992年初夏，新疆石油管理局钻井处一位推土机手在距克拉玛依市区东南方向约25公里，习惯上称为"五区南"的地方进行钻井井架安装前作业时，推出一口腐朽的木质棺木和一具死人骸骨，当即向上级做了汇报。第三天，时任克拉玛依市公安局局长的孙爱民同志（已故）邀我同到现场察看。经过简单询问和实地踏勘，大体认定这是一处清末民初的村落遗址。十几户人家。早已坍塌并被风沙掩埋的半地下土坯房麦草泥屋顶清晰可见，一条干涸小河沟从中间穿过。在地表浮土中见到两件耕地用犁铧和收割后脱粒用的一个石滚，并捡到数件农具铁、木构件和生活用品残件，有一件大蓝花瓷碗残片上有用锐器刻出的繁体"楊"。有的房前有用戈壁滩生长的梭梭柴围成的栅栏残迹，唯一的墓葬（即推土机手推出的）木棺土葬。据此推断：此处可能曾是汉族或以汉族为主的民居村落，荒废的原因很可能是水流干涸失去生存条件或为躲避战乱，自动有秩序地迁移到别处。

从遗址浮土中捡到数枚铜钱，其中2枚"康熙通宝"3枚"乾隆通宝"，铸造规范，另有1枚则极为罕见：既小且薄，锈蚀为深黑色，外形有铸造残缺，正反面均无铭文或花纹。查阅《新疆通志·金融志》，"龟兹小铜钱"与其颇为相似："龟兹小铜钱多为红铜质，种类版面不一，外形也不甚工整，铸造艺术极为粗糙，但基本上保持了外圆内方的形制，正背面均无文字和花纹，外径1.2-1.9厘米，穿径0.5-0.9厘米，厚为0.32毫米左右，重0.4-1.2克。""龟兹小铜钱的基本特征是薄小无字，无内外廓（引者按：指钱周及内孔四周加厚部分），肉窄孔大……结合同时出土的其他物品和出土情况考证，此钱流通时间大约在公元5-8世纪"，即大体在南北朝到唐朝中叶。

龟兹（qiuci）即今库车、拜城一带，是汉代西域都护管理的"城郭诸国"之一。官方仿内地流通的"五铢钱"形制，铸造有汉文和龟兹文两种铭文的"汉龟二体五铢铜钱"作为主要流通货币。官方或某些方面另铸有龟兹小铜钱（亦称龟兹无铭之铜钱，小型白钱或鹅眼小钱）作为辅币，用以找零或购买价值低廉物品。新疆钱币学会组织编写出版的汉、维文对照，有大量钱币图版的大型学术专著《新疆钱币》上编《新疆本地制造的钱币》中，收有数十枚"龟兹小铜钱"图版和铸造时使用的"钱范"图版，其说明是"此钱红铜质，薄小，正、背面均无文字或花纹，无内外廓，肉窄穿大，龟兹铸造。约在公元5-8世纪通用于龟兹、于田国。"与图版比对，采集有一种与本文所据小铜钱外廓相同。

经请专业人士测定，此枚小铜钱最大直径 1.927 厘米，内孔边长分别为 0.598 厘米和 0.564 厘米，厚 0.8 毫米，重 1.272 克，大小和形制与龟兹小铜钱大体一致，有可能即此类小钱的一种。但仍有可疑之处：此小铜钱外径 1.9 厘米，属已见此类小钱之最大者；但内孔边长不足 0.6 厘米，远非最大者（0.9 厘米），钱大孔小，与文字记载"肉窄孔大"（《新疆通志·金融志》"肉窄穿大"（《新疆钱币》）不符，或是龟兹小铜钱的另一版式，本人用磁铁测试，此钱非铁质，但是否是红铜或其他何种材质，由于缺乏此类知识和检测手段，无法认定，只有寄希望于新发现和高明的研究者了。

中外"石油"名称的演变

1997 年 10 月 12—16 日，第 15 届世界石油大会在中国北京举行，共有 54 个成员国和 34 个非成员国的 3159 名代表参加。会议成果之一就是提出并确定了能成为世界公认的有关石油储量的术语，使"石油"一词有了最新的科学定义；石油（Petroleum）指以碳氢化合物为主的，具有气态、液态和固态天然气状的烃类混合物，可以同时含有氮、二氧化碳、硫化氢及其他非碳氢混合物。"石油"是用于包括行业用语中称为原油、凝析油、天然气液和其他伴生物等各种物质的统称。

人类认识和利用石油有着悠久的历史，比目前能见到的文字记载都要早得多，甚至可以追溯到公元前 10 世纪。"石油"这一名称的形成和出现，在中国和外国都经历了许许多多复杂有趣的演变。

人类最初认识的石油是从地下或岩石缝隙出露的天然液态渗流物开始的，即今天石油家族中的"原油"（crude oil），是石油的基本形态，赋存于地下储集层内，在常温常压条件下呈液态，亦包括小部分液态非烃组分。

公元前五世纪，古希腊历史学家希罗多德（herododi，前484-前425)写的《历史·希腊波斯战争史》，记载了波斯（古国名，即今伊朗）居民手工掘井采取石油的情况。居住波斯湾地区的古苏萨人把石油称作"拉迪那凯（rhadinace)"，居住在伊朗高原西北部波斯雅利安系的米太人则称为"纳发萨"（naph—tha)。二者都具有"渗流""渗透"的含义，显然是通过直观观察得来的名称。

由于石油与其他固体矿物在形态和特性上有很大区别，在科学不发达的古代，人们无法做出科学合理的解释，在西方一些宗教和志怪类著作中曾给石油起过一些带有迷信色彩的神秘怪异名称："魔鬼的汗"，"发光的水""普罗米修斯的血""从天而降的神火"……

由于石油能够流动，有很强的渗透性，又有油脂类物质的滑腻感，因此在英语中被称为OIL(油)。为将这类存在于岩石中的"油"与其他动物油、植物油相区别，又称为rockoil(岩石油，rock即岩石)。大约在14世纪中叶，有人把希腊文字中的petra(石头)，与罗马文字中的oleum(油)组合成为一个新词Petroleum作为石油的名称，最早出现在14世纪英国王室宫廷的储藏物品单中，记录有英国国王爱德华三世（1327–1377）曾收到远征探险队送来的8磅石油（Petroleum)。1556年德国矿物学家阿格里克拉（Agricola)在一篇有关石油开采和提炼的论文中正式使用这一名称，一直沿用至今。

石油俄语称HeΦTb（聂夫期），据俄文著作解释，来源于波斯语HeΦTb俄文（聂夫塔)，意为渗流、渗透。也有资料认为来源于古波斯人从沥青中渗出的一种纯净的容易燃烧的液体"neft"（聂夫特)，即在希腊文著作中"纳发萨"（naphtha)。

中国是世界文明古国之一，也是认识与利用石油最早的国家之一。从东汉史学家班固（32–92）所著《汉书》开始，在历史史籍、方志、笔记杂著中多有记载，起了许多形象生动的名字。按出现朝代先后，择要罗列如下：

秦、汉	可燃水（《汉书》）
三国、晋	石漆（《博物志》）
南北朝	水肥（《水经注》）
隋、唐	石脂水（《元和郡县志》）
	石漆（《酉阳杂俎》）
	如膏者（《北史》）
宋	石油（《梦溪笔谈》）
	膏油（《武经总要》）
	火油（《吴越备史》）
	猛火油（《昨梦录》）
	石脑油（《本草衍义》）
	石漆（《新唐书》）
元、明	石油（《元一统志》）
	雄黄油（《蜀中广记》）
	硫黄油（《蜀中广记》）
	泥油（《物理小识》）
	石脑油（《本草纲目》）
	井油（《志异续编》）
清	石油（《大清一统志》）

以上名称一般指狭义的石油，即原油，不包括在常温常压条件下呈气态的天然气和固态的天然沥青、天然石蜡等。1935年商务印书馆出版的《新疆纪游》第十七章《新疆山脉水道考》所附《新疆戈壁金玉石考》有云："或谓古之所称玉膏，即今之石油也。"作者吴蔼宸（1891—1965，福建闽侯人）是前辈矿冶专家，毕业于北京大学工科采矿冶金门，曾到美国和前苏联考察，并曾任黑龙江省梧桐河金矿局总经理、河南省地质调查所所长，1932年应邀来新疆任

省政府矿业高等顾问。"玉膏"一名当亦有所据，或即《北史》所记今库车一带"有如膏者"。

与西方古代石油的一些名称多有迷信神秘色彩不同，中国古代石油名称根据其可流动性、有强烈油腻感的特征，多用水、油、漆、脂、膏等文字；石油一般从地下岩石中渗出或流出，部分名称中有石、泥、井等字样；石油易燃并火力很强，有些名称中有火、猛火字样；石油多含硫等有刺鼻气味，故也称硫黄油、雄黄油等。

沿用至今的汉语石油一词出自北宋科学家沈括（1031-1095，浙江钱塘人）晚年所著《梦溪笔谈》。沈括于宋神宗元丰三年（1080）任延州（今延安）知州，兼任鄜延经略安抚使，经考察发现"鄜延境内有石油，……生于水际，沙石与泉水相杂，惘惘而出。土人以雉尾挹之，乃采入缶中，颇似淳漆，燃之如麻……盖石油至多，生于地中无穷"。

自此"石油"一词被广泛接受，逐步取代了其他古代名称。近年有港台学人陈正祥教授《中国的石油》、台湾石油公司编《中国石油志》，引北宋李昉（925-996，今河北饶阳人）等编撰的《太平广记》："石油井在延长县北九十里，井出石油。取者以雉尾挹，采入罐中，燃之如麻，烟。"《太平广记》成书于宋太宗太平兴国六年，即公元981年。如此条资料可靠，中文"石油"一词可从《梦溪笔谈》上推110多年。国内有学者查阅现存几种不同版本的《太平广记》，均未找到此段引文。《太平广记》在宋代已残缺不全，现存版本均是据宋残本校正过的明清刻本，港台学者所据有可能是另一种不同的刻本。另据2000年7月28日《世界日报》（北美版）称：在甘肃敦煌莫高窟藏经洞的文献中，"石油"二字在908年（后梁开平二年）就有记载。如此论可靠，"石油"一词出现年代较《梦溪笔谈》早约170年。

新疆是我国石油资源丰富和开发利用较早的地区之一。成书于唐高宗显庆四年（659）李延寿撰《北史》，记载了龟兹（今库车地区）油苗："有如膏者，流出成川。行数里入地……"，并曾利用于医药，并作为贡品输往内地。清末曾任新疆布政使的近代学者王树枏（1857–1936，河北新城人）在其主持编修的《新疆图志·建置三》引《魏书·西域传》相同记载后注："即今石油也。"《魏书》成书于北齐天保五年（554），早于《北史》105年，但现在见到的《魏书》是宋以后据残缺本补齐，《卷一百二·西域》目录标明原文"缺"，并注明"西域，魏收书亡，此卷全写《北史》。"中国近代地质事业创始人之章鸿钊所著《石雅》《古矿录》中也均引《北史》作为是新疆石油的古矿史料。王树枏1909刊行的《新疆山脉图志》和1911年刊行的《新疆图志》中记载："石油，回人名'耶亚黑'，由石隙中流出。"此处"回人"指维吾尔人，"耶亚黑"即维吾尔语"yer yegi"，意为"地油"。现在维吾尔等新疆部分少数民族将石油称"聂夫特"（nifit)，属外来语，由俄语"聂夫期（HeΦTb）借词演化而来。

□　王连芳：曾任克拉玛依市政协副主席。

归帆离岸记文联

李显坤

若细论起来，人生历程中，在克拉玛依市文联有过两年多的工作经历，我感觉这归根到底都因着一个"缘"字。

这缘的起因，还在于文学。

想象从来没有梦绮丽，但记忆真还更奇妙。在人的脑海中，记忆的每一个片段都如同那风中明灭的光点，总是隐隐不熄。随着时间的流逝，反而有欲燃的势头，心中便泛起一种温暖。当然有时也一如水和沙滑过指尖，瞬间了如春梦去无痕。

青年时代，做过千姿百态的梦，有的梦是做过无数次的，一度就没离开过文学。

这个时代，在 20 世纪 80 年代。

那是一个属于整个年青一代的文学时代。在这个时代里，文学形而上、高而大，诗人和作家受到空前膜拜。这就使得文学占据了主宰地位，成为文艺的主流。青年如我的许多人，或更年长者，总会自觉或不知不觉地向文学靠拢，在阅读文学的同时，津津乐道地讲述着对小说、诗歌的满腔热情，并尝试文学创作。更有甚者，有的人视文学是万能的，幻想通过文学改变自己的命运。

正是在这样的氛围里，全国许多地方都纷纷建立文联。克拉玛依市文联也顺应潮流于 1986 年 3 月成立了。那一年，在部队锻炼三年的我刚回到地方工作。克拉玛依市、新疆石油管理局召开了第一次文学艺术工作者代表大会。

因体制原因，成立的新疆石油管理局、克拉玛依市文学艺术联合会，简称局市文联。1992 年 6 月 9 日召开了第二次文学艺术工作者代表大会后，改称为市局文联。2004 年 10 月因石油企业重组改制，局文联被撤销。2005 年 11 月 25 日克拉玛依石油文联成立，与克拉玛依市文联合署办公，一套机构、两块牌子，直至 2016 年 9 月后，石油文联分设，市文联进一步加强了机构建设。

市文联在成立之初，即加大了编辑发行工作，不断提升《克拉玛依文学》《玛依布拉克》两本文学刊物的办刊质量。《克拉玛依文学》为汉文版文学刊物，创刊于 1976 年 10 月。初为不定期刊，1980 年改为季刊，1989 年改为双月刊，后改为季刊并定名《新疆石油文学》。《玛依布拉克》为维吾尔文版文学刊物，创刊于 1976 年。初为不定期刊物，1989 年改为季刊。两本刊物的连年编辑发行，在全国石油系统和全疆都极有影响力。

为促进文艺发展，1986 年举办了"黑宝石"文艺评奖活动，此后每年评选 1 次。文联广泛组织开展了创作、出版、展览工作，同时积极开展学术交流活动，先后同中国石油摄影协会，新疆作家、摄影家、美术家、舞蹈家协会召开全疆摄影创作理论研讨会、工业题材创作理论研讨会、中国画创作理论研讨会等。这期间，摄影的影响尤巨，高锐的艺术照《轻歌曼舞》被选入新华社、中国图片社组织的巡回影展，在世界各地展出。赵承安的石油地质艺术照在第三届中国摄影艺术节上获最高奖"金像奖"，在中日大自然摄影赛上获最佳奖。

克拉玛依油田及城市建设的日新月异，使克拉玛依成为祖国"大西北的宝石"和石油"西圣地"，影响遍及长城内外，大江南北，全国著名文学家、艺术家吕远、田歌、莫言、魏巍、杨牧、田华、于洋、杨春霞、李维康、胡珍为、吴雁泽、罗天婵、阿来、毕淑敏、杨鸣山等先后到克拉玛依市进行访问、讲座、演出、采风等活动。

文联出版的众多文学期刊和各类出版物，因带有浓郁的石油及当地特色，很早就吸引了我的关注，能见到的几乎都读了个遍。

1997年市政府调整了几家部门的办公用房，在一栋独立小楼里，我所工作的市民政局在二楼，市文化局在四楼，市文化局副局长赵钧海通常上楼，都会经过我的办公室。此前虽未交谈过，但已知是位石油系统的知名作家，出版有小说集。后来主要从事散文创作，获得第六届冰心散文奖、第三届中华铁人文学奖、首届西部文学奖等。熟稔后，在我的办公室里聊天，谈到了他的小说集，对其中不少篇章记忆深刻，也聊到了克拉玛依的文化名人、诗人等，他很惊奇，我竟然都能说个大概。

2007年我申请了个新浪博客，开始在上面写散文，多是回忆少年和在部队时的旧事。那时，赵钧海已担任了市文联主席。听同事提起后专意看了我的博客，选了一组散文以《岁月有痕》为题发在《新疆石油文学》2007年第3期上，这组散文2008年入选新疆人民出版社克拉玛依建市五十周年文学作品丛书《散文随笔卷》，转年又入选了新疆人民出版社《新疆石油文学作品精选》（2007—2008）。这是除报纸的文艺副刊外，我第一次在纯文学刊物上发表作品和入选文学作品丛书，无疑是受到了一个很大的鼓励。随之，在赵钧海主席、刘龙平秘书长的推荐下，一组散文发表在中石油系统的文学季刊《地火》2007年第3期上。《杜鹃叫得春归去（外一篇）》更是刊发于新疆文联主办的《西部》2009年第4期上。

其后我与文联也加大了关联度。市民政局作为社团的主管部门，每年都会受邀参加市文联召开的工作年会。那时我正在市民政局先后担任副局长、局长，便多次参加文联的相关活动，这也使我对市文联工作和全市文艺界现状有了一定了解。

2016年8月，我由市城市管理行政执法局局长调任市文联主席，接了到龄即将退休的赵钧海主席的班，开启了一段"文化人生"。这次调动，很多人都很诧异，认为跨界太大了。其实，在赵主席的推荐下，市委主要领导是知道我喜欢文学的。

鲁迅曾经说，文艺是国民精神的光。担任市文联主席后，我希望自己做个内心有光的人，一边温暖自己，一边照亮他人。

我深知文联主席一职责任重大，立意为全市文艺事业的发展带好头，勤服务，做实事，为此拟定了三个计划，一是用半年时间，做一些调研，深度了解基层文艺的基本状况，以便逐步健全基层文联建设，激发基层文联活力；二是广交文艺界的朋友。当时我对作家较熟，但对于整个文艺界还需要进一步了解。以期通过提倡不忘初心，坚守正道，把社会效益放在首位，为人民创作佳作，为时代奉献杰作，实现人生境界和艺术境界的同步提升；文联要竭尽所能多出好作品、多出拔尖人才，这是我的第三个计划。我重点将视点放在80后、90后文艺梯队的建设上。

实际工作中，我一边广泛与文艺家谈心交友，一边创新工作思路开新局，努力承担起推动全市文艺繁荣发展的职责，既强调文艺工作切合实际，立足本土，又力求遵循新时代文艺发展规律。反复对文联的同志讲，文联的职责主要是组织文艺工作者开展文艺活动，开展文学艺术领域的学术研究与交流，对文艺家协会、学会、研究会进行指导工作。我们可以承认不同的风格，但绝不去做品级上的划分。以加强文艺家内部的团结，强调多一些包容，少一点内耗。我深知创作是艺术家的中心任务，作品是艺术家的立身之本。立业先立德，为艺先为人，将追求德艺双馨作为每一个文艺工作者一生的必修课，教育引导做讲品位、重艺德、深受人民喜爱的文艺工作者，积极努力多出好作品、大作品，出精品力作与经典之作。同时，大力开展各类艺术活动，做好文艺惠民等。

来文联后，我还担任了《新疆石油文学》的主编。为办出好刊，我严格秉持"文学性、严肃性、时代性、可读性"的办刊宗旨，带领编辑部一班人追求"荟萃文学精英，力推精品佳作"，力求保持文学作品的思想性、艺术性、时代性，来稿择优发表，选稿以质为先，杜绝人情稿，力争消灭错别字，保持了刊物的严肃性，并致力于挖掘和扶植文学新人。所出 8 刊，以优良的品质和高雅的风格赢得广大读者喜爱和好评。

积极组织开展了多项文化交流活动。2017 年，通过"请进来"，邀请中国作家协会会员马行、中国美术家协会会员陈十田、《上海文学》编审徐大隆等来我市举办展览或讲座，加强文化交流；通过"走出去"，与乌苏、奎屯、兵团第七师签订了文艺融合发展意向书，促进文化融合。派遣骨干参加各地的笔会、研修班等活动，加强交流合作。组织多渠道参加各类比赛，成绩喜人。

特别是 2017 年 7 月 16 日，与电视台等多家单位合办了中央人民广播电台第五届"夏青杯"朗诵大赛通德地产·瑞祥园北疆分赛区比赛颁奖晚会，2018 年 7 月 28 日，与《绿洲》杂志社、市作家协会、克拉玛依戏剧家协会朗诵社合办了《绿洲》读者见面会暨'克拉玛依诗群'诗歌朗诵会，均产生了广泛的社会影响。

在中国作协的部署下，上海作协和新疆作协于 2012 年起开展了文学"结对子"活动。以此为契机，8 月 31 日在我市开展了2018"上海——新疆文学周"启动仪式，"上海作家克拉玛依创作基地"正式挂牌成立，作为克拉玛依市文联党组书记、主席的我与上海作协副主席、杨浦区作协主席、复旦大学教授陈思和，代表克拉玛依市文联与杨浦区作家协会签署了《上海杨浦区作协与新疆克拉玛依市文联"结对子"协议》。上海作协党组书记、副主席王伟表示，此次一系列活动，是沪新两地作协交流合作的新起点，从原来上海市、新疆维吾尔自治区层面的交流到现在杨浦区、克拉玛依市层面的交流，双方合作走向了更深的层次，必定会产生更深远的影响。新疆文联党组书记张新生说，这是跨越四千多公里的相聚，沪新两地作家将彼此砥砺，携手共进，在习近平新时代中国特色社会主义思想指引下，为新时代谱写壮丽的文学篇章，共创"一带一路"上"各美其美，美人之美，美美与共"的璀璨文学风景。

2018年，市文联围绕改革开放40周年和克拉玛依建市60周年重大节点，推出《玫瑰诗笺——克拉玛依市花的前世今生》一书。早在1988年，玫瑰就被确定为克拉玛依的市花，表明了这地方的人们对改变自然环境有着强烈的愿望。出版此书，也体现了文联在促进克拉玛依旅游业发展，宣传好克拉玛依新形象方面的积极文化助力。

同时，为使人们了解克拉玛依的艰苦创业史，记录第一代石油人开发建设油田和油城的历程以及建市60周年来的文学成就，编辑出版了《一号井的故事》和诗歌、散文、纪实文学集等作品。

2018年6月24日至25日，新疆维吾尔自治区文联第八次代表大会在乌鲁木齐召开，新疆文艺界代表欢聚一堂，认真总结新疆文艺事业发展进程，共商今后新疆文艺事业发展大计。在此次文代会上，选举产生了新疆文联新一届领导机构，我也当选为新疆文联八届委员会委员。

正当积极调整思路，发力新作为时，2018年10月，我被调任市政协副秘书长一职。屈指算来，在市文联的工作只有两年多。仿佛一片归帆又离了岸，这时才发现，我已深深热爱上了文联和文艺工作。

在文联工作期间，常听有人说，文学是寂寞的，文联也是寂寞的。

这方面我是有共情的。就文学创作角度而言，写作需要一定的、相对的时间和空间。耐得住寂寞，是一种心境、智慧，包含着一种精神内涵。唯此才经得起繁华，克服掉浮躁，走向真实的自我。心也由此变得豁达，眼界更加开阔，思想才能得以不断升华，从而获得好的感悟，好的语境，好的创作。

但其益处在于不会分心、烦心、闹心，自是清心、静心、专心，把真心倾注在文艺工作者身上，全身心为协会和广大会员服务，便可为文艺工作者构筑一个心灵的家园，温馨的驿站，精神的高地。

对于现在的文联，我很自豪当时做了些打基础的工作。而今遇上了难得的繁荣机遇期。无论在创作、活动策划以及人文精神方面，都胜于以往，人员方面也趋向于年轻化，更有创造力。对于文联未来的发展，着重要提接地气和正能量。习近平总书记强调："文化自信是文艺工作者的安身立命之本，在任何时候，创作和活动，首先要考虑的就是要为人民群众服务。只有接地气的作品和演出，才能受到大家的喜欢，并得以保留和传承。另一方面，正能量的传播，也是文艺工作者无时无刻的历史使命，时刻要牢记重任在肩。"努力加以践行，文联工作必定将迎来光辉灿烂的未来。

□　李显坤：现任克拉玛依市独山子区党组书记、副主任。

迁建机场架起"空中公交"

杨晓燕

2023 年，我市共开通定期航线 15 条，实现了与疆内外 15 个城市的连接，预计完成民航旅客（当年）吞吐量 52 万人次。

开通更多航线，把克拉玛依机场打造成区域航空次枢纽是克拉玛依市委、市政府打造"空中"丝绸之路的举措之一。

而现在这一切验证了 20 年前我市百折不挠"迁建机场"决策的正确。

机场迁建形势迫切 据理力争舌战专家

老机场因陋停航

那是一次有高瞻远瞩战略眼光的会议。

"目前最迫切的是把机场迁走，给克拉玛依未来的发展腾出空间。"早在 1997 年的一次市政府常务会上，时任常务副市长的唐健说，"得给自治区经济计划委员会打报告，申请迁建克拉玛依机场。"

搞规划设计出身兼市规划委员会主任的唐健曾一次次地审视着克拉玛依地图：克拉玛依北边是青克斯山，西边是西大沟膨胀土带，遇水膨胀，稳定性差，东边是油田，只能往南发展，但老机场正好处在城市的南边，限制了城市向南扩展。中心城区发展扩大的出路在哪儿？该怎么发展？他多次思考，为城市未来的发展扩大寻找出路。

克拉玛依老机场建于 1958 年，因设施简陋，离市区太近，机场净空遭到破坏，同时，随着双水獭机型的退役，克拉玛依机场于 1998 年 4 月被迫停航。

因为城市发展的需要，机场进行搬迁，全国这样的例子很多。

1998 年 3 月 4 日，我市经济计划委员会给自治区计委上报了《关于申请迁建克拉玛依机场的报告》，报告中阐述了克拉玛依机场迁建的急迫性和必要性。

1998 年 8 月 12 日，时任自治区党委书记王乐泉在我市机场迁建报告上批复：原则上同意克拉玛依迁建机场。

机场建设必须由国务院与中央军委联合批文。为了获得批准，必须按照两条线层层上报。一条是克拉玛依市经济计划委员会将机场迁建的申请报到自治区经济计划委员会，自治区经济计划委员会同意后报到国家经济计划委员会，国家经济计划委员会征求民航局的意见，同意后才能上报国务院；另一条是克拉玛依先将申请报到新疆空军军部，军部站场处同意后，才能报到原兰州军区空军司令部，兰州空军报到中国空军司令部，同意后才能报到中央军委空军局。这两条线缺一不可。

从这时起，时任市经济计划委员会主任的邵景明便开始了长达三年之久艰难的"跑项目"之路。

好事多磨

为了机场迁建获得批准，邵景明几乎想尽了一切办法。

当时，疆内的博乐、哈密、吐鲁番、石河子都先于我市将机场建设的报告递交上去了。在众多等待批建的机场中，我市并不占优势。

按照国家规定，在已建机场服务半径300公里以内，不能再建机场。我市到乌鲁木齐空中直线距离正好处于乌鲁木齐地窝堡机场服务半径以内。

邵景明邀请自己大学的同学、国家民航总局科技规划司副司长李纯坚来克拉玛依考察克拉玛依机场。李纯坚看了老机场以后表示：这个机场是我国最原始的机场之一。这次考察为此后机场批建打下了一个基础。

市政府经过研究，决定派副市长阿不都热合曼·克里木和邵景明一起去北京协调"机场迁建"项目。

1999年初夏，阿不都热合曼·克里木和邵景明领命奔赴北京。

两人第一站到了国家计委交通司，邵景明说明了来意，管事的同志说："材料放在这里，回去等消息吧。"看着忙碌的办公室，两人只好道别。第一站就让两位体会到了办事的难度。

第二站是去国务院。国务院门岗制度很严，根据规定，门卫必须知道来访者要找哪个部门、哪个人，打电话通报确认后，才允许入内。第一次来跑项目，两人确实不知道要找哪个部门，哪个人。

他们站在国务院门口，一次一次打电话询问。几经周折，知道了要办事的部门的电话号码。这才将电话打进去，对方了解情况后告诉了门卫，才被放行进了国务院。

随着这次北京之行，前期工作已经告一段落，后续跑机场迁建项目就由邵景明一个人独自承担。

据理力争

1999年秋，在克拉玛依市驻北京办事处，我市邀请专家参加了"克拉玛依机场迁建可行性评估会"，参加评估的专家们对我市建机场表示质疑。

国家发改委交通司铁路航空处的一位处长问："克拉玛依有多少人？"

市领导说："30万人。"

"30万人建什么机场？"这位处长一听立刻说。市领导一时语塞。

邵景明赶紧解释："我们的机场是迁建，不是新建。"

"噢，迁建。"专家接着说："新疆目前机场的布局密度已经可以了，大同70万人的城市也只有一个支线机场。"

时任市规划局局长的薛德惠说："克拉玛依虽然是30万人口的城市，可是不能拿一般城市的人口来比较。克拉玛依的人来自天南海北，据我所知，在1990年以前，仅新疆石油管理局一家就有高级工程师6000多人。克拉玛依是新中国开发的第一个大油田，也是我国西北一个重要的石油城市，战略地位十分突出，长期以来，与石油部、其他油田联系频繁。另外，克拉玛依现有退休职工4万多人，不少人在内地买房养老，他们的子女还在克拉玛依工作，这种频繁的往来也不是一般城市所能比的。因此，不管是因公还是因私，克拉玛依人乘坐飞机的比率都是很高的。"

邵景明接过话头说："克拉玛依有很多高温高压、易燃易爆装置，应对突发事件，飞机最快；克拉玛依油田在新疆也有着举足轻重的战略意义。"他顿了顿又说："至于新疆机场的布局，我翻阅了一些资料，英国面积24万平方公里，就有128个机场，新疆的面积达160万平方公里，是英国面积的7倍，现在只有11个机场。机场的多与少是相对的，主要看经济发展的情况。克拉玛依人口虽少，但经济发展很快，潜力很大。"

……

我市参会的市交通局局长张家瑞等也在会上旁征博引，据理力争。

这次评估会之后，根据市领导要求，邵景明一人留在北京继续跑项目。他挨个将可行性研究报告送到每位专家手里。晓之以理，动之以情地给专家们讲克拉玛依机场迁建的必要性和迫切性。凭着真诚与热情，打动了这些专家，在评估报告上签字同意了克拉玛依机场迁建。后来，专家们反过来帮邵景明出主意、想办法，运用专业知识帮我市机场迁建过关。

三年辛苦跑项目 一朝获批泪如泉

鞋底磨穿

2000 年刚过完春节，市政府召开干部大会，市领导在进会场时碰到了邵景明，张口就问："你怎么还没到北京去？"

邵景明说："开干部大会不让请假。"

市领导说："赶紧走，赶紧走，一个月不行两个月，两个月不行三个月，项目跑不下来，你不要回来。"

其实，邵景明这才回来过年没多长时间。年前的腊月二十三，他还在北京。邵景明给家里打电话请示："机场迁建的申请报告，国家计委已交到总参了。腊月二十三了，我该回去过年了吧？"在得知要请示市领导后，邵景明又给市领导打电话："您能让我回去过个年吗？"市领导笑了，这才说："噢，快过年了，那就回来吧。"

一连三年，每年邵景明在北京的时间都在 7 个月以上。

长年待在北京，我市驻北京办事处接待科有时忙不过来，邵景明就帮着到机场接人。一来二去，大家戏称邵景明为"正处级接待科长"。

有时为了找一个主管人员，等个把月是常事。有一次，邵景明与国家经济计划委员会的一位领导约好见面，到了约定时间，他到了国家计委却找不到人,一问,才知道这位领导出国了。这一走,就得 15 天。邵景明的心情差极了。

人常说:"诗言志"。在北京跑项目的几年时间里,邵景明将自己的随感写成了"北京"系列,这里摘抄几首,从中可以看出他独自一人跑项目的酸甜苦辣。

北京愁

进京出差已数载,
酸甜苦辣谁晓得?
何当胜利凯歌归,
豪饮三天天天醉。

这首诗抒发了邵景明对胜利完成任务的渴盼。

正气歌

父母生我骨气傲,
不为升米半折腰。
如今我为机场事,
皮鞋磨穿折断腰。

这首诗生动表现了邵景明在京城跑项目的艰难和不易。
邵景明为了机场项目的辛苦情景从这些小诗上就可见一斑。

泪如泉涌

为了及时了解机场迁建项目的办理批复进程,邵景明细致地对报告进行"跟踪"。

以下是概要摘抄邵景明写在"克拉玛依市人民政府驻北京联络

处"便签上的"留京纪事"中的一部分：

1999年9月23日，咨询公司评估完毕；

1999年11月，咨询公司将评估报告交国家计委；

2000年2月15日，国家计委交总参；

2000年5月8日，兰州军区空军意见交空司；

2000年5月31日，空军将意见寄总参；

2000年6月11日，总参接到空司文件；

2000年7月4日，总参意见反馈给国家计委；

2000年7月13日，国家计委上午接到总参文件；

2000年8月24日，国家计委委务会通过；

2000年9月27日，国务院总理办公会通过；

2000年11月6日，国务院交中央军委；

2000年11月10日，中央军委交江泽民总书记

2000年11月17日，接到国务院、中央军委批文。

从这些简要的记录上，就可以看出邵景明是如何细致、精心地一步一步追踪报告的行踪的。

在北京的那些日日夜夜，只有2000年11月10日那天最让邵景明坐卧不宁。

那天，他接到了国务院秘书三局王副局长的电话：周五上午，你的报告已经放在总书记的办公桌上了。等江总书记批了，我再跟你联系。

接到这个电话，邵景明在心里默默祈祷，希望一切如愿。

周三，王副局长又打来电话告知邵景明：报告批了。邵景明一听批了，激动得仰天大喊。国务院、中央军委同意迁建克拉玛依机场了！

总书记签署的批件由国务院直接下发到新疆维吾尔自治区人民政府，到不了邵景明手中。他拜托国际工程咨询公司的主管人员给

他一个批件的复印件，好回克拉玛依复命。

主管人员电话中告诉他：明天早上 8 时准时到我办公室来拿，稍后，我要去开一个会。

2000 年 11 月 17 日早上 6 时，顾不上吃早饭，邵景明就出发了。北京塞车严重，他生怕去晚了。

接过批件的复印件，他拿在手上觉得沉甸甸的，就像拿起了他三年磨破嘴皮、磨穿鞋底跑项目的历程。这时，他才觉得肚子饿了。

他找了一个地方去吃早饭，那顿早饭吃得非常轻松、香甜，他感到浑身上下像脱去了深重的盔甲一样轻松。

当晚，邵景明又赋诗一首，名曰《北京喜》——2000 年 11 月 17 日接到国务院、中央军委批文。

> 晨披星光取批函，
> 饥寒难耐唯恐晚。
> 手捧批件甜如蜜，
> 笑声震天泪如泉。

此后，我市机场迁建项目正式立项，一步一步按照程序稳步推进。

2001 年 6 月 4 日，国家计委下发了《关于同意迁建克拉玛依民用机场工程可行性研究报告的批复》。

2001 年 10 月，民航乌鲁木齐管理局下达了《关于克拉玛依机场迁建工程初步设计及概算的批复》，确定克拉玛依机场飞行区等级指标为 3C，跑道长 2200 米、停机坪 10800 平方米，取消消防救援楼，航站区占地面积 10424 平方米，其中航站楼面积 3170 平方米，机场占地面积 204 公顷，工程投资概算 1.8694 亿元。

2003 年 1 月 9 日，我市空港有限责任公司成立，负责机场建设工作。

2003 年 8 月 8 日，经国家发展计划委员会批复，克拉玛依机场迁建工程正式开工。

地基处理陷泥沼　换土方案渡难关

地基处理遭遇拦路虎

我市新机场位于农业开发区西南，距市中心约 20 公里，占地 204 公顷。

这里的原始地貌为红柳、梭梭丛生的戈壁。2003 年 3 月 10 日，永安公司副经理、机场迁建工程空港公司特聘的工程部副经理岳建新走马上任后，第一天站在这片一踩陷一个脚窝的戈壁上，根本没有想到后面等待他的竟是一场意想不到的恶战和一抓一把蚊子、一刮风一身土的严酷环境。

事先，有关单位对克拉玛依新机场场址进行了地质勘探研究，结论为："地层结构较复杂……场地地基为不均匀地基，地基土为强冻胀性土……拟建机场地下的粉土、黏土及粉砂层中大多含有易溶盐，属于盐渍土地基，具有溶陷性，溶陷等级为 II 级，建议参照《盐渍土地基建筑规范》，选择浸水预溶加强夯或浸水预溶加预压的方法进行地基处理。"

在初步设计审查时，针对克拉玛依机场场址的地质情况，专家组提出了地基处理前必须进行地基处理试验的意见。民航新疆管理局在《关于克拉玛依机场迁建工程初步设计及概算的批复》中也明确提出：场道工程要提出切实可行的复杂道基处理方案。

2003 年 4 月 9 日，空军工程设计研究局派人来克拉玛依机场做土基处理试验。经过不断摸索、总结，试验得出了浸水预溶加强夯的处理方案，并通过了国内知名专家组成的专家小组的评审。

该地基处理方案步骤为打眼、灌砂、浸水、晾晒、强夯。方案要求浸水深度必须达到 6 米，经晾晒后，采用每米 200 吨的夯击能强夯三遍，第一遍和第二遍强夯的每个夯点夯 12 击，第三遍采用满夯的方法。

地基处理工程 2003 年 6 月开工，甘肃省机械化工程公司承担不良地基处理工程。按照地基处理方案，采用打眼灌砂法浸水。由于机场地层中大量分布着厚薄不均的黏土，地基处理陷入了一片泥沼，不仅效率极低，而且极易扭断钻头，遇沙土处则塌方。

令人大伤脑筋的是：黏土用水很难浸透，施工现场常常上面已经成了一片泥浆，下面还没浸水；而黏土一旦浸透水，又很难干。但是，为了降低土基含盐量、消除溶陷性，又必须采用深层浸溶的方法，否则达不到处理效果。

如此一来，厚薄不均的黏土因进行水分浸溶、消散水分处理，导致施工周期无限延长，很多区域的土基经浸溶、晾晒和消散后，黏土层以上覆盖的土体含水量已低到了需二次增水的程度，而黏土本身的含水量还处于接近饱和的状态，与最佳含水量指标相比严重超标，一经强夯，便出现橡皮土或是翻浆的现象。机场的地基处理陷入困境。

换土方案解决难题

原计划 50 天，最长用 75 天时间完成地基处理，没想到根本无法推进，这样必将延误工期。

当时，呼克公路正在施工，工地上集中有大量大吨位翻斗车。空港有限责任公司总经理宋鸿林灵机一动，何不换掉不良土质。他提出了置换土方的办法，可是，空军工程设计研究局的驻现场代表黄晓波不同意。

无奈之下，宋鸿林与黄晓波6月26日飞到北京，与空军工程设计研究局协商变更不良地基处理方案一事。可是，该局的地基处理专家周虎鑫博士并没有重视宋鸿林的意见。

从北京回来，宋鸿林、黄晓波等人对地基处理方案进行进一步论证，宋鸿林坚持换土—注水—强夯的方案，让施工单位先做了40米的试验段，结果证明置换土质—注水—强夯的办法很有效。

大家心里有了底，但是换土量很大，初步计算，要达到12万立方米，成本成为主要问题。

宋鸿林说："可以利用修路车辆闲置的间歇来拉土方，价格应该能够节省。"转头对岳建新说："换土需要大量运输车辆，你去谈，把价格压下来。"

岳建新对修呼克公路的翻斗车老板一说，老板们积极性很高，都觉得这活好干，同意参与。

起初，定价每换1立方米土3.6元，换完200米结账。车在没有路的松土里滚，半个车轮几乎都陷在土里，三四天就坏了，返修率太高，司机们纷纷不愿干了。但是，岳建新坚持不干完200米不结账，见司机们积极性不高，岳建新又提高价格，每立方米涨到9元，最后涨到11元。即便如此，成本依然控制在预算以内。

换土开始后，施工现场稍有一点风，就烟尘雾罩。作为现场管理人员，岳建新每天早上6时就从家里出门，开车到工地，晚上11时才回家。在工地上站一天，满身沙土。妻子让他把衣服、鞋子脱在门外，免得把家里搞得到处是沙子。他只好每天在门外脱掉外衣，赤脚进家后，再把内衣脱在门口的一张报纸上，接着冲进浴室洗澡，之后才能坐在餐桌前吃晚饭。做完这些，基本上就夜里12时了，儿子早睡了，他连和上小学的儿子说话的机会都没有。

2003年8月3日，周虎鑫博士来到克拉玛依，经现场验证，确定了置换土质—注水—强夯的地基处理办法，并提出了施工技术要求。这时地基处理才稳定推进起来。

8月份的一天晚上快11时了，有一处十几平方米的地基，在强夯时翻浆，必须补进一些戈壁料。宋鸿林带着岳建新和一些务工人员到农业开发区附近捡了一皮卡车别人盖房子剩的石头，拉回来填了进去，解决了问题。

相处了一段时间，在一次聊天中，周博士对宋鸿林说："我有点佩服你了。"

扩大面积处理地基

鉴于克拉玛依机场地基处理如此复杂，要深水浸溶、晾晒、强夯，不仅周期长，强夯震动也非常强烈，专家及空港公司建议地基处理应按照机场发展规划的方案进行处理，一次性将跑道、停机坪处理到位，避免出现机场建成后因需要再扩建时又要进行地基处理。否则，不仅增加施工难度和费用，还会导致机场长时间停航。后来事实证明，这一决策非常英明。

2003年8月21日晚9时，宋鸿林主持召开了空港公司第六次董事会，邵景明、王晓琳、李卫国等董事会成员参加会议。董事会研究决定：拟按照规划方案对跑道、联络道、停机坪地基进行处理。其中跑道延长400米，地基处理增加24000平方米，联络道加宽13米，地基处理增加1820平方米，站坪地基处理增加28250平方米。为了不耽误工期，在地基处理的同时，办理相关手续。

四天之后，宋鸿林在市政府常务会上汇报了应按照规划方案对跑道、联络道、停机坪地基进行处理的建议，常务会研究通过，同意机场跑道按2600米修建。

2003年9月5日，在空港公司二楼会议室，召开了关于跑道加长400米、停机坪、联络道增扩建的施工组织会议，会议要求，10

天内全部完成浸水。

甘肃省机械化工程公司安排了变更后的土基处理工作，开始 24 小时连续放水，施工人员要在现场控制水量。白天，毫无遮拦的太阳暴晒着，工人们还能忍受，可是太阳一落山，凶猛的大黑蚊子扑上来，就令人浑身难受。工人们戴着养蜂人戴的帽子，穿着厚厚的衣服在现场施工，只敢露出两只眼睛。"常常一抓就是一把蚊子，一抓一手血印子。"岳建新说，"就是这样防护，很多人身上还是留下了被蚊子叮咬之后的疤痕。"

到了 2004 年 7 月 5 日，历时一年，地基处理工程才终于完工，挖掉不良土 1.2 米深，换戈壁沙砾 1.5 米，仅换土土方量就近 20 万立方米。

虽然地基处理耗用了大量的时间，增加了换土施工，但是，比原定的设计方案措施可靠，经质检全部达到和超过了设计要求，被评定为优良工程。

完美过度到 4D 好事连串路路通

冒风险大胆决策

由于跑道延长、站坪扩大项目尚未获得批准，已处理过的扩建部分地基在后面的施工中又该如何处理？难题再次摆在宋鸿林面前。

2004 年 8 月，宋鸿林、乔淑文等人算了一笔账：机场跑道、联络道、站坪的基槽槽底与道面之间有 1.1 米高的结构层和面层，扩大处理的机场跑道、联络道和站坪面积达 54070 平方米，需回填的物料按碾实的体积计算为 59477 立方米。如果不按结构层施工要求敷设土工膜，以阻断毛细、防止冻胀和二次盐渍化，直接用戈壁土回填碾压，则会使已处理过的基础因为冻胀而降低密实度和二次盐渍化。这个方案显然不可取。

如果只敷设土工膜后，进行回填，需增加土工膜投资47万元和356万元的戈壁土回填费，这样虽可保护已被处理过的地基不被破坏，但回填土方的上层因没有封闭，还会二次盐渍化，也将造成极大的浪费。

上述地基冻胀和二次盐渍化的问题，并不仅仅是理论上的分析判断，在机场的地基处理过程中，就曾有过教训。2003年入冬前，按照专家论证会的意见，对已处理完地基的1600米跑道抢时间铺设了土工膜并虚填了50多厘米厚的戈壁砂砾，有效地保护了已处理的地基，第二年开春，没有发生因冻胀造成密实度下降的问题。而其他已经经过两遍强夯尚未完工的地基，因无法延续下道工序进行铺设，越冬后出现了大面积冻胀，降低了密实度，不得不在第三遍强夯时，加大了夯击能，增加了夯击数后，密实度才达标。

"延长的400米跑道，也按照结构层设计做到一定的层面后，选择可靠、适宜的方案将面层予以封闭，确保结构层不受损害，待机场扩建时再完成剩余工程，这样可以避免重复投资，还可大大缩短后面扩建的工期，保证机场的正常通航与运营。"宋鸿林向市政府进行了汇报，得到首肯后，空港公司将跑道、站坪进行了延长，并将扩大部分按标准结构层进行了处理，表层覆盖了戈壁土，进行封闭保护，只剩下水稳、沥青混凝土等道面没做，为机场后来的扩建打下了非常好的地基处理基础。

3C 到 4D 完美蜕变

2003年12月28日，在机场地基处理进行当中，我市发展计划委员会就向自治区发展计划委员会提交《关于加长机场跑道、扩建站坪的请示》，12月29，自治区发展计划委员会又向国家发展和改革委员会提出《关于申请克拉玛依机场加长跑道、扩建站坪的请示》。

"先斩后奏"，让宋鸿林心里很不踏实，那阵子，他按照邵景明主任指点的程序，频繁地飞北京去跑机场扩建的事，他调侃自己那阵子"比空姐飞得都勤"。

有一回，宋鸿林和海南航空公司派到空港公司任副总经理的赵新民一起到国家发展和改革委员会去跑扩建的事，在国家发展和改革委员会的值班室等人，赵新民因为旅途疲倦，站着睡着了。

幸运之神永远照亮有准备的人。2005年，国家投资体制改革，民航体制改革，我国航空市场放开了，机场扩建的手续简化了，10亿元以下的投资由国家审批改为省市自治区核准。这一历史机遇，给克拉玛依机场由3C改扩建到4D提供了千载难逢的好机会。

2005年8月25日，克拉玛依市发展和改革委员会向自治区发展和改革委员会再次提交了机场改扩建的请示，并抄报民航新疆管理局、空管局。9月7日，自治区发改委下发了《关于核准克拉玛依机场改扩建工程项目的通知》，同意跑道向西北延长400米，站坪由原先10800平方米扩建为39050平方米，航站楼扩建1147平方米，改扩建初步概算9017万元。

2005年7月13日，机场改扩建工程陆续开始。

原先在延长的400米跑道的结构层以上覆盖着起封闭保护作用的20厘米厚的戈壁土，必须先用铁锹人工清理完，才能做水稳、沥青混凝土施工。

当时，新疆军区八师正好在克拉玛依拉练，应施工单位空军十总队的邀请，全体官兵给予了大力支援，出动了30多辆军车，700多名官兵用了一天时间，就清完了400米长、60米宽的跑道，为及时摊铺沥青道面创造了条件。

2005年9月30日，机场跑道加长400米沥青混凝土道面摊铺完成；航向台、全向信标台、自动气象观测系统的搬迁和设备调试完成。

2005 年 10 月 13 日，新机场跑道、通讯导航系统、助航灯系统全面接受国家民航总局校飞中心的飞行校验。

第一次校飞，因设备线路故障，有一个数据没有出来。按计划，国家民航总局校飞中心接着要到伊犁机场测试，如果设备处理不好，就得再找时间进行飞行校验了。这样，不仅这次飞行校验费 2 万元白花了，下次再来校飞还得再花几万元费用。当晚，空管局设备公司的马德荣副总等连夜进行数据处理，宋鸿林陪着熬了一个通宵。

10 月 17 日上午，校飞重新开始。13 时零 7 分，校飞飞机 B—3582 最后一次降落在克拉玛依新机场跑道上，新机场的飞行校验正式结束。

6 天连续对克拉玛依新机场飞行校验，仪表着陆系统、全向信标/测距仪、东南近台及机场主、次降方向助航灯光系统等所有机场设施的运行数据经过校飞调试，均达到了合格的标准，为克拉玛依新机场正式试航奠定了坚实的硬件基础。

2005 年 12 月 20 日，我市机场改扩建工程通过竣工验收。仅用了 5 个月，花了 6000 万元，克拉玛依机场就完成了从 3C 机场到 4D 机场的蜕变。

2006 年 2 月 24 日，克拉玛依机场迁建及改扩建工程顺利通过民航新疆管理局组织的行业验收。

三年甘苦喜迎首航

2006 年 4 月 10 日 11 时 30 分，在震耳欲聋的锣鼓声中，一架波音 757 客机平稳地降落在我市新机场跑道上。

历史将记住这一时刻，由我市自筹资金 2.6 亿元建设的克拉玛依新机场正式启用。这是我市停航 8 年之后的第一次复航。

机舱门打开后，时任自治区人民政府主席司马义·铁力瓦尔地和自治区人民政府副主席宋爱荣等领导先后走下舷梯。他们是专程来参加我市新机场首航庆典仪式的。

"真是一流的跑道。"机长呼守文不由自主地感叹道。

时任市委书记的唐健在庆典仪式上说：感谢自治区及有关部门对新机场建设的支持，使克拉玛依架起了走向自治区和全国的空中桥梁。

司马义·铁力瓦尔地发表了热情洋溢的讲话，他表示：在'十一五'开局之年，克拉玛依开通空中航线，是一件大喜事。克拉玛依新机场的建成和复航，对克拉玛依社会、经济、旅游等方面的发展将起到不可估量的推动作用；通航拉近了克拉玛依与国内其他省市及世界的距离，信息沟通将更便捷，克拉玛依在北疆区域的重要性将更突出。

司马义·铁力瓦尔地在市委书记唐健等人的陪同下，参观新机场。唐健拉住宋鸿林的手说："这才是我们机场建设的功臣。"司马义·铁力瓦尔地赞叹地说：这是我见过的最漂亮的支线机场。

司马义·铁力瓦尔地主席说的没错，克拉玛依机场确实很漂亮，机场的航站楼像一架即将起飞的飞机，轻盈别致，宽敞明亮；15个单体布局疏密有致，尤其是机场内绿化早在 2004 年 4 月，还没有修进场道路时就开始栽种了，为机场增添了一片翠绿。

站在参加庆典的人群中，空港公司的副总经理王劲心潮起伏。3 年，一千多个日日夜夜，空港公司的员工们为了今天的首航，付出了太多太多的心血，大家用汗水交给了全市人民一份满意的答卷。他下意识地伸开了左手，中指下一道 3 厘米长的弧形伤口清晰可见，这道伤口是他在搬设备时留下的，成了他建设机场永远的纪念。

实现"要我飞"到"我要飞"转变

首航后，我市新机场每日有一个往返克拉玛依、乌鲁木齐市的航班，由法国产 ATR72 型飞机执飞，该机运营载客量为 68 人。

同时，由我市经停乌鲁木齐市至北京、西安、武汉、郑州、青岛、南京、敦煌、大连、广州、济南、银川、南京等 12 个城市的一票到底服务开通，不需办理二次乘机手续，就可实现当日启程，当日到达。

乌鲁木齐国际机场由于受地形条件影响，每年冬春季节常因浓雾而关闭。克拉玛依新机场是距乌鲁木齐最近、气候条件最好的机场，能同时停 5 架飞机，通航的当年就接纳了乌鲁木齐机场 29 架次备降航班。

由于克拉玛依新机场的机坪面积有限，停机位太少，不能为乌鲁木齐国际机场提供更多的备降服务。

2006 年 9 月，为解决乌鲁木齐国际机场备降机场不足、备降机位太少的实际困难，时任自治区人民政府副主席宋爱荣在克拉玛依视察时，做出了扩建克拉玛依机场停机坪的指示。

当年 10 月 4 日，机场停机坪改扩建工程正式开工。停机坪向西北方向扩建，新扩建机坪长 256.5 米，宽 130 米，扩建机坪按 5 架 D 类飞机滑入推出要求设计，在扩建站坪的顶端新建一条垂直联络道滑行道，长 146 米，道面宽 23 米，两侧各设 7.5 米宽道肩。

经过一年的建设，克拉玛依机场停机坪改扩建工程顺利建成，机场停机位由 5 个增至 10 个。

2007 年 9 月 28 日，我市机场停机坪改扩建工程通过竣工验收，为国庆献上了一份厚礼。

随后，结合"背靠内地，拓展干线，深耕疆内，优化支线，积极探索，跟进国际"的民航发展思路，我市积极谋划航线拓展和运营工作，国内一线城市、中心城市、疆内串飞、环飞的航线陆续开通。

到 2019 年夏航季客流高峰期，我市机场开通航线 26 条，通航点达到了 25 个，其中疆外航点 9 个，疆内航点 16 个。随着航线的增多，克拉玛依人及周边地区旅客，从克拉玛依出发，当天到达北京、上海、广州、西安、成都等国内一二线交通枢纽城市不再是梦想，当天到达疆内任何一个地州市也是平常事。"在飞机上就吃个饭、打个盹，到家啦。"76 岁的张焕珍老人从郑州直接飞到克拉玛依，高兴地对前来接机的儿子说。

幸福航空和乌鲁木齐航空先后驻场克拉玛依，结束了克拉玛依基地航空公司的历史，实现了"要我飞"到"我要飞"的转变。华夏航空等新的运营企业，优化了发往内地的航班时刻和班期，打造"空中公交"，形成了干支结合的区域中心航空网络。

到 2019 年 12 月 31 日，我市机场累计完成旅客吞吐量 86.95 万人次，货邮吞吐量 698.46 吨。

克拉玛依机场方便了百姓出行，拉近了与疆内外及世界的距离。

□ 杨晓燕：现任克拉玛依市作协秘书长、克拉玛依区作协主席。

克拉玛依供水事业发展简史

（1955 年—2010 年）

邹文庆

时光荏苒、星移物换。历史铸就了一个"动人的神话"——克拉玛依。

克拉玛依因油而生、因油而兴，又因水而美。克拉玛依的历史离不开水，克拉玛依的建设更离不开水。那蜿蜒流淌的白杨河水弹奏出克拉玛依人对水的一腔深情；那滚滚而来的引水工程河水，谱写了一曲曲克拉玛依人为水而战的雄浑壮歌。

克拉玛依供水事业的发展沿革，油田供水职工为水而奋斗的历史大致经历了以下几个阶段：

第一阶段：用骆驼、汽车拉水，建中拐水站

克拉玛依从开发建设之初，就出现了用水与找水的问题。

1955 年 10 月 29 日，一号井喷油，揭开了克拉玛依史册上崭新的一页。成千上万的优秀儿女，从祖国的四面八方云集到这片未曾被开发的热土。

会战初期，第一个困难就是缺水。钻井、工程建设，无一不需要水，人更需要水……。而极有限的水连生产都不能保证，生活用水便更紧张了，每人每天一盆水，洗了脸又洗脚，沉淀后再洗衣服。"没有草，没有水，连鸟儿也不飞"，这是当时克拉玛依自然面貌的真实写照。

克拉玛依最早发现可以供生产生活之用的水源来自于中拐（距现在的市中心40余公里）玛纳斯河流域的苇湖。人们先是用骆驼，之后用太拖拉水罐车（也叫锋钢车，为捷克斯洛伐克进口车）从中拐一带的苇湖一路跋涉拉运到油田。

据采访原运输处处长、老劳模、老司机（1952年就在独山子开车，之后来到克拉玛依）郭进忠说："戈壁上没有路，用骆驼驮水到克拉玛依，后来就用汽车拉"。

另据原运输处老司机王利智（原中国人民解放军57师整编改为石油师的三团汽车团战士，1956年2月来克拉玛依，最早开的是太拖拉车）说："我是1957年2月开太拖拉汽车从中拐拉水到克拉玛依的"。

1956年5月，克拉玛依矿务局成立了克拉玛依水电站，标志着有了第一个管水的单位。

克拉玛依人一直进行着寻找新水源的工作。

1956年5月，地质调查处水文队在前苏联专家波·阿·苏特林的帮助和当地群众的协助下，先后找到了包古图河和达尔布图河两个水源。其中包古图河可日产水40000余立方米，达尔布图河可日产水150000余立方米。

地质队员与水文工们找水与观测水的条件十分艰苦，他们住帐篷、睡地窝子；顶烈日、冒严寒，一心为了找到更多的水源。工作生活虽然又苦又累，但是同志们却很乐观，当时曾流传着这样一句话："出门是山，对面见山，一副面孔；看着流水，听着水声，一种语言；有山有水，有苦有乐，胜似神仙。"

1956 年 10 月 26 日，一支由 36 名原中国人民解放军王震所部二军（其中有二军四师、五师、六师）的转业军人组成的队伍，由朱进魁同志带队，乘坐大卡车，一路高唱着"中国人民解放军进行曲"开赴中拐，开始了油田第一个水站的建设。

当年的中拐，满目沼泽，芦苇丛生。

谈及当年的艰苦生活，《克拉玛依日报》2008 年 12 月 3 日第三版庆祝建市 50 周年栏目中"那年那月，曾有多少人为水而战"一文中有这样一段：

"当年的中拐是一片沼泽，什么都没有，偶尔能碰见几个牧民和羊群路过。大家在牧民废弃的牛羊圈里，割上几捆芦苇一铺就当家了，又用芦苇搭起地窝子当机房，人拉肩扛地把机器安装就位。

初冬，他们跳进苇湖开挖抽水池，双腿常常被冰茬子刺破，大家在冰凉的水中一待就是一两个小时，冷得实在坚持不住了，就跳到地面上烤一烤火，缓过劲来继续干。天黑了，大家点起火把照明再接着干，每天工作长达十几个小时。

到了夏季，由于机房狭小，在茫茫的芦苇丛中，四十多度的气温让人闷得喘不过气。最难忍受的是小咬、牛虻、蚊虫，从早到晚轮流叮咬人。晚上休息了，人们还时常被野猪和蛇惊醒。当时，由于交通不便，后勤物资运输困难，站上的面粉、蔬菜也常常断顿。"

艰苦的环境致使有的人病倒了，关成汉同志就是因劳累过度患上了严重的胃病和鼻出血。有一天，他胃病发作，鼻腔流血不止。当时站上没有汽车又没医生，队领导要派人送他去矿区治疗，但关成汉拒绝了，他说："油田开发等着水，我有病本来就影响了工作，怎么能再派人送我？"后来，他硬是一个人步行四十多公里的路，走到第二天中午才赶到矿区。

在建设水站期间，这些来自王震将军麾下的转业军人，发扬南泥湾时期"自力更生、丰衣足食"的精神，利用业余时间在水站周围开垦了四亩菜地，当年就获得了丰收。

经过30多个日夜苦战，这里开始为矿区供水（继续用汽车拉）。第二年，中拐水站建成投产。之后，他们又铺设了四十多公里长的输水管线，建成大拐、三泵站两个转水站，完成了日输水能力3000立方米的供水系统。

1957年5月，克拉玛依第一条输水管线通水，管线全长42千米，由 Φ200mm 钢管铺成，日输水能力为3000立方米。中拐水站产的水通向了克拉玛依，至此结束了克拉玛依靠汽车拉水的历史。1957年，中拐水站的年供水量达38万立方米，1958年达83万立方米，1959年达112万立方米，保证和促进了油田生产生活。

1959年，水站职工又挽起袖子，卷起裤腿，打土坯，绑苇把子，自力更生先后盖起了机房、宿舍和食堂。到了秋季，大家还组织了一台自编自演的晚会，节目有口琴独奏、山东快书和小魔术等。后来，有的同志结了婚把家属接到了水站，就在水站安了家。曹树清同志的儿子就是在水站出生的，他给儿子取名为"光辉"，寓指创业前途光明。孟马尔同志的第一个孩子也是在水站至克拉玛依的途中出生的，孟师傅为了纪念那难忘的创业生活，给孩子取了一个标志着创业的名字"新建"。

1961年，石油矿物局党委为表彰中拐水站的工作，特授予水站一面"艰苦创业中拐水站"锦旗。

第二阶段：开发百口泉地下水

20世纪50年代后期，克拉玛依的原油生产跨上了新台阶，需水量增大，而中拐水站的水已远不能满足需要。油田出现了"油层压力下降、原油产量下降、油气比上升"的两降一升被动局面。

寻找水源的人们夏战三伏，冬战三九，跋涉于东至白杨河、乌尔禾，西到包古图河、骆驼脖子；北从谢米斯特山，南止玛纳斯河方圆 4000 多公里的地带踏勘、查找水源，并相继在白杨河、克拉苏河、达尔布图河区域建立了 17 个水文观测站。最近的观测站离克拉玛依 80 公里，最远的达 200 多公里（经采访原供水公司退休人员、地质副老总梁东山落实），而且观测站大多建在险要峻峭的河床峡谷，或遮天蔽日的密林中。

有一次，水文观测站职工王有绪前去达尔布图河沿线观测河流流量，当他测完导线返回驻地时，发现自己迷了路。他在峡谷里转悠了几天，随身携带的水和干粮都喝完吃尽了，饥渴使他晕倒在地上。幸亏被小拐兵团的一位同志发现，把他带回了驻地。

终于，人们发现了新水源——百口泉。

百口泉，好像是天上的星星洒落在了人间，因而又名星星泉。在这里的红柳簇中及梭梭柴旁，随处可见清清的泉水从细细的泉眼向外流淌。地质勘探人员惊喜地发现了这一现象，他们把泉水舀回去进行化验，得知这一带的泉水不仅清澈干净而且水质也非常好。勘探人员乘胜追击，他们以百口泉为中心，在其方圆 50 多平方公里的广阔区域扩大踏勘，获取了许多地质资料。

1960 年，在获得大量百口泉水源水文资料后，矿务局决定开挖一条暗渠，将百口泉的水引向克拉玛依。

1960 年 1 月 28 日，红旗招展、锣鼓震天，已于前两天预埋的炸药全线鸣响。百口泉到克拉玛依的水渠破土动工。矿务局抽调 2000 多人组成会战队伍奔赴百口泉工地，开始了开挖百—克暗渠的大会战。

当时正是国家困难时期，参战职工强忍着饥饿的煎熬，勒紧腰带，挥镐挖渠。百里战场，一片红火。（据采访原供水公司老劳模，百克暗渠工程参加者、副处长刘光浩说，开工时间正好是大年初一。参加挖渠的还有农十师、工四团等兵团的人。挖的暗渠有 10 多米深，2.5—3 米宽。）

《克拉玛依日报》2008 年 12 月 3 日第三版庆祝建市 50 周年栏目"那年那月，曾有多少人为水而战"一文中有这样一段描写：

"1960 年初春，全局两千多人组成的会战队伍迅速进驻百口泉，百里战场，红旗招展。

那时，几乎没有挖掘机、推土机一类的机械化设备，挖沟全靠镐头、铁锹、钢钎一点点地'啃'。当时正值三年困难期间，大家连肚子都吃不饱，还干着力气活，许多人因为营养不良、劳累过度得了浮肿病。但参战职工依然强忍着饥饿和疾病的煎熬，挥镐大干。

在会战中，队与队之间、个人与个人之间还开展了劳动竞赛。有许多小姑娘，从初次抡镐舞锹到日创土石方的高记录，不断受到指挥部的表扬，反过来更刺激小伙子们创造更高的记录。1960 年 10 月的一天，矮壮青年王学本和大个子青年张九州拼上了，两'虎'相争，他们一连干了 19 个小时，结果王学本创下了挖土方的最高纪录。

为了会战，有的年轻人推迟了婚期，有的人轻伤不下火线。至暗渠全线竣工时，大多青年都受到了立功嘉奖。

那个年代，暗渠挖掘、混凝土浇筑是一种比较复杂的施工方式。由于缺乏技术和经验，人们为此付出了血的代价。"

1961 年 2 月，长 75 千米，设计日输水能力 5 万立方米的百一克暗渠竣工投产，该暗渠被称作克拉玛依的生命线。

2000 年 8 月 8 日，在引水工程通水暨克拉玛依市第一个水节庆典之日，为了缅怀先辈的英雄业绩，石油管理局供水公司在先烈长眠的暗渠旁修墓立碑，以示纪念。这一天，公司百名团员青年来到墓地，举行了重温入团宣誓的仪式。

1964 年 6 月，管理局决定水电分家，实行专业化管理，由此而成立了供水大队。

第三阶段：开发白杨河水水系

1967 年，新疆维吾尔自治区批准开发白杨河水源。经过勘查，决定采用建拦河型水库和明渠输水的方案。

1969 年 6 月，白杨河水库及引水渠道全面动工。

1972 年 5 月，历经三年奋战，白杨河水库和与其配套工程输水渠道（后称为白克水渠）竣工。水库设计库容为 3560 万立方米，输水渠道全长 72.2 千米。自此开辟了油田第二水源，也称作克拉玛依第二条生命线。

1973 年 6 月 12 日，新疆石油管理局供水管理处（同时履行克拉玛依市自来水公司的职能）成立，它标志着油田供水事业进入了规模化管理、科学化发展的轨道。

1974 年至 1975 年，供水处在百口泉组织了开发四纪水的会战。年轻的一代供水人，在冰雪荒原上排除万难，以最快的速度建成了年增水 100 多万立方米的集水廊道及回灌工程。

随着克拉玛依市人口的增加和城市建设的发展，水质的问题被提上议事日程。

1975 年 5 月，供水处简易净化水装置投产，实际处理水能力为 10000 立方米／日。

当历史的车轮跨入 20 世纪 80 年代。从党的十一届三中全会确定工作重点的转移，到党的十四大提出发展社会主义市场经济，改革开放的春风劲吹，油田供水事业也进入高速发展的时期。

1979 年 5 月 15 日，第二座大型水利工程调节水库破土动工。

1980 年 9 月，调节水库与配套工程扬水泵站同时竣工投产。调节水库设计库容为 1900 万立方米，该水库的建成解决了油田冬季储水、用水的紧张局面。这一年，为了适应百联站新采油区的需要，供水处在百口泉水源地新建百联 1、百联 2、百联 3 三口深水井。百口泉水源由线状开采走向面状开采。

还是在这一年，第一净化水厂建成投产，设计水处理能力为 40000 立方米 / 日。

1981 年 5 月，供水处输水首站开工，12 月 31 日建成投产。

1983 年，供水处建成 188 三级水源并交百口泉采油厂使用。

1983 年 7 月，因抗旱夺水的需要，克拉玛依开始兴建污水处理试验站。11 月 3 日，第一期工程投产，设计处理污水能力为 5000 立方米 / 日。

克拉玛依地处准噶尔盆地西北边缘，年降水量仅 105 毫米。随着石油生产和城市建设的迅速发展，水资源已倍显紧张。以 1983 年为例，白杨河年径流量只有 3550 万立方米。

供水人开始将找水的目光投向了天空，从 1983 年开始，供水处逐步进行夏季人工降雨、冬季人工降雪工作。

1984 年 7 月，供水处成立人工降雨组，在白杨河盆地进行"人工影响天气"作业试点。第二年，又在额敏山区进行此项工作并常年观测。

1987 年 10 月，供水处人工影响天气作业队成立。多年来，这支队伍踏雪山、淌急流，战严寒、斗酷暑，扎根荒原降雨雪。在那些恶劣的环境里，时而烈日当空，万里无云；时而乌云翻滚，电闪雷鸣，甚至突降冰雹，大雪纷飞。

加药、点火、高炮作业……，在这些特殊的岗位上，人工影响天气作业队的队员们完全忘了自我。当绵绵山脉落下绒绒白雪，当白杨河畔上空挂起丝丝雨帘，那正是他们为增储水源、调节气候而创作的佳作。

人工影响天气作业自始至终历时 15 年，这项工作在克拉玛依缺水的年代曾留下了不可磨灭的一页。

伴随着油田生产与克拉玛依城市建设步伐的加快，供水处不断加大基础设施建设。

1985 年 11 月，第二净化水厂破土动工。1986 年 5 月 26 日，成立第二净化水厂，1987 年 4 月 28 日，水厂竣工投产。

1986 年 3 月，供水处末端车间新泵站（直接给克拉玛依供水的泵站）动工建设。1987 年 10 月 12 日，末端车间老泵站与新泵站正式切换，新泵站独立运行，转水能力为 68000 立方米 / 日。

1989 年，是一个旱水年。由于干旱缺水，克拉玛依所辖区域与单位先后实行分区分片定时限额供水。

1989 年 5 月，供水处开始铺设第一净化水厂至末段泵站的 Φ630 管线，1990 年 6 月 20 日竣工投产。

1989 年 7 月，白杨河水库扩建工程，即黄羊泉水库及其配套工程 14.5 公里长的引洪干渠开工。

1991 年 5 月，黄羊泉水库及其配套工程完工，该工程可为油田稠油开采和原油加工提供 50000 立方米 / 日的新水源。

1991 年 5 月 18 日，白杨河水库首次向黄羊泉水库放水。初始实测进水量为 3.19 立方米 / 秒。

1991 年，供水处在包古图河下游进行水文地质勘探，为红浅区的稠油开发提供了 7000 立方米 / 日的水源。

1992 年 3 月 18 日，供水处建成第三净化水厂。10 月 21 日，水厂试运行，设计能力为 50000 立方米 / 日，建筑面积为 1612 平方米。

1992 年 6 月 24 日，石油管理局责成供水处在博尔塔拉蒙古自治州阿拉山口岸建成了自来水公司，在中哈边境开了一个对外开放的窗口。

1992 年 12 月，百口泉区域新打 10 口抗旱井全部完工，增加产水能力 50000 立方米／日。

1994 年 1 月 2 日，新疆石油管理局水质监督检验站（供水处水质化验中心）成立，并于 1995 年 10 月通过了自治区技术监督局计量认证的审核。

1994 年，建成长 20.5 公里的第二暗渠。

1999 年，供水处成立了营销所，自此有了专门负责水销售的部门。

以上主要生产设施的建成投产，使水的产、供、验、销诸环节进一步配套完善，逐步完成了水从生产型向生产经营型的转变。

"科学技术是第一生产力"。依靠科学技术，从 20 世纪 60 年代开始，供水处相继完成了百口泉井排从深井泵到潜水泵的改型，实现了有线遥控到微机联网控制，从机械式计量装置到超声波装置等一系列重大科研项目，并用之于生产。

第四阶段：兴建大型引水工程

经过近半个世纪的发展，油田供水事业已经有了突出的进步，克拉玛依年获水量近一亿立方米。然而，工农业生产及市民用水总需求量已达每年 2.4 亿立方米。根据测算，每产一吨原油，必须有五立方米水来保证，而 1996 年克拉玛依的原油产量已达 700 万吨。由于缺水，油田注水逐年减少，原油产量因此自然影响；以石油化工为依托的地方经济也受到限制，市民用水特别是高温期常常出现紧张局面。

在党中央和自治区党委的关怀下，在历届市局党委的努力下，从根本上解决克拉玛依水资源的问题终于有了希望。

1996 年 10 月 12 日，国家计委批复了引水工程相关报告。11 月

13 日，克拉玛依市新疆石油管理局引水工程农业开发指挥部成立。

1997 年 5 月 16 日，市局党委在书剑苑召开引水工程誓师大会。引水工程全线总长 400 余公里，由引水工程河流水利枢纽工程、总干渠工程、西干渠工程和风克干渠工程组成。石油管理局组建了 18 个会战团，共 6000 余人开赴自北屯县至克拉玛依近五百公里的施工战线，开始了前所未有的浩大的渠道开挖引水工程。

引水工程作为新疆有史以来最大的水利工程，被列为国家级大型水利工程，标志着一个关于生命之水的崭新时代的到来——利在当代、功在千秋、惠及子孙。

在工程施工期间，供水处第 12 会战分团施工的渠道因优质高速而被树为样板段。

1998 年 3 月 16 日，在风克干渠（风城水库至西郊水库）工程段，供水处率先拉开了克拉玛依穿城河开工的序幕。

1999 年 9 月 14 日，风克干渠试通水。这个干旱的边疆城市有了人工河流，源源不断的水从茫茫戈壁流来，经九龙潭至西郊水库穿城而过。

2000 年 4 月，供水管理处更名为新疆石油管理局供水公司。

2000 年 6 月 24 日，为纪念将给克拉玛依带来沧桑巨变的巨大的引水工程，克拉玛依市人大常委会第二十五次会议决定，从 2000 年开始，将每年的 8 月 8 日定为克拉玛依市"水节"。

2000 年 8 月 1 日，引水工程完工试蓄通水。

2001 年 7 月 20 日，三平水厂正式投产，设计产能 10 万立方米/日。

2001 年 8 月 1 日，引水工程全线完工。

引水工程包括以下水利设施：

水库：风城水库，设计库容 1 亿立方米；三平水库，设计库容 3300 万立方米；西郊水库，设计库容 3800 万立方米。

渠道：西干渠（引水工程源头至风城水库）、风克干渠（风城水库至西郊水库）。

公路桥、输水渡槽、排洪渡槽和涵洞等建筑 554 座。

引水工程完成的总土方量，以 1 立方米方计算，可绕地球 3 圈半，这是一个人间奇迹。

引水工程完工后，新疆石油管理局成立了西干渠管理处，专门管理西干渠和风城水库。而从风城水库出水闸至西郊水库间的所有水利设施均归供水公司管辖，其中包括风城水库、风克干渠、三平水库、三平水厂、西郊水库、第五净化水厂（2010 年 8 月 10 日开工）。

一条条渠道、一座座水库、一个个水厂的投产运行，使供水职工肩上的担子更重了。无论春夏秋冬，好天气坏天气，职工们都要随时到渠道或水库大坝，进行检查和维修。

在钻入暗渠工作时，里面狭窄潮湿，人在其中打着手电，躬腰淌水，艰难而行。

在洪水季节，渠道被暴雨和大水冲垮是常有的事。供水职工干群一心、团结奋斗，以一不怕苦、二不怕死的英雄气概谱写了一曲曲抗洪抢险的赞歌。

1994 年 4 月 28 日，白杨河洪水以 320 立方米 / 秒的流量汹涌而下。730 水文站站房被洪水包围、侵入，职工的生命受到威胁。但他们仍坚持测水，保护设备与附近农牧民的安全。经两昼夜 48 小时的搏斗，洪水终于被制服，确保了当年克拉玛依生产生活的用水。

1997 年 4 月 23 日，克拉玛依再次发生特大洪水。

从白杨河水库经引洪干渠流向黄羊泉水库的洪水，犹如决堤的黄河水一般激流而下，将渠坝削为平地，把大块大块的水泥板掀入水底。供水处从领导到工人，从机关到基层，昼夜奋战在抗洪蓄水第一线。经过 17 天 408 个小时的搏斗，黄羊泉水库成功蓄水 4816 万立方米，使来年的油田用水得以保障。

在地底下，有着蜘蛛网似的供水管网。一旦某一地段水管线破裂，职工们会立刻赶赴现场抢修，以保证水流畅通。

各净化水厂，每年有几千万立方米的水在这里处理、净化，保证市民用上安全合格的自来水。

水质化验中心的职工定期定点取样，精心化验，克拉玛依市饮用水水质完全符合国家生活饮用水卫生标准。

2003年至2009年，多位党和国家领导人、省部级领导人先后视察克拉玛依供水处风克干渠、九龙潭、西郊水库、造林减排基地等处。

西郊水库区域经过多年建设，形成有"悉尼歌剧院"式建筑、莲花灯、游乐园、雕塑、钓鱼池、观鱼台、西海湾广场、儿童戏水池等集建筑与游玩于一体的特色区域，成为克拉玛依一道靓丽的风景线。

2004年，为了使西郊水库至大农业基地的管道随时畅通，确保西郊水库水质洁净，供给大农业基地合格的水，石油管理局决定在西郊水库南大坝水闸处修建拦污栅。

11月15日，供水公司将西郊水库的蓄水放至最低水位。12月22日，拦污栅工程动工。2005年4月5日，经过一个冬季的紧张施工，在风克干渠通水前，拦污栅工程完工通水。

2007年6月4日，调节水库除险加固大修工程开始施工。

2009年，黄羊泉水库除险加固大修工程开始施工。

从发源于谢米斯特山，汇集了数条河流的白杨河水，与引水工程河流河水，流经了山地、牧区、草原、戈壁，经水文站职工的观测、适时放水，又经白—克水渠和西干渠、风克干渠，流入各个水库，再经泵站将水打入各净化水厂，经过沉淀、处理、净化、加氯，一部分水输往各个油区；一部分水输进末段泵站，最后将水送到千家万户。克拉玛依的自来水真是来之不易啊！

从创业中拐水站开始，克拉玛依供水事业已经走过了近七十年的历程。克拉玛依的产水量以 2001 年计，一天的供水量相当于 1957 年的 130 倍。

饮水思源，岁月峥嵘；放眼未来，前程似锦。克拉玛依人在漫长的里程中创建的油田供水业绩，将如同油田创业史与克拉玛依建设史一样，永载克拉玛依史册！

□ 邹文庆：曾任供水公司宣传科长、高级政工师，退休后担任《立交桥》主编。

一段不能遗忘的历史

——克拉玛依矿务局

陈　鹏

克拉玛依市是一座因油而生、因油而兴的城市，是在油田勘探开发过程中，伴随着勘探开发规模的不断扩大，逐步建立并发展繁荣起来的。

早期的克拉玛依城区，是为油田生产服务的生产生活区。在克拉玛依建市前后的一段时间里，如今的克拉玛依区、白碱滩区至乌尔禾区之间广阔的油田勘探开发生产区域上，人们的生产生活是由新疆石油管理局克拉玛依矿务局负责管理，并接受新疆石油管理局克拉玛依矿区党委的领导。

对于现在的克拉玛依人来说，已经很少有人知道并了解，在克拉玛依市的城市发展历程中，曾经有那么一段时期被叫作"矿区"，曾经有那么一个单位叫"克拉玛依矿务局"。

序　言

有关准噶尔盆地西北缘——克拉玛依地区的含油情况，史料早有记载，近代以来就开始在准噶尔盆地南缘的独山子地区开采石油。

新中国成立之初，全国年产原油仅 1 万吨，石油产品供应异常紧张，能源储备情况不明，头上还戴着"贫油国"的帽子。加紧石油资源的勘探进程，尽早寻找到可供开采的石油矿藏，成了当务之急。

1950 年，中苏石油股份公司成立后，加紧在准噶尔盆地南缘的山前坳陷区进行勘探，并在独山子油田钻井采油（独山子油田在新中国成立前即已初步开发）。1953 年最高年产原油 7 万吨。由于开发采用溶解气驱动，从 1954 年开始，尽管新井大批投产，仍然难以改变产量下降的局面。寻找新的勘探突破点，探明新的能源储备势在必行。

1955 年，随着石油勘探尖兵挺进黑油山地区，克拉玛依 1 号井出油，准噶尔盆地勘探前景出现曙光。1956 年，在石油工业部部长助理康世恩主持下，石油勘探突破了在山前坳陷，见了构造就打钻的小打小闹的原始勘探模式，在全国首次运用了整体解剖二级构造带的勘探新方法，也就是"撒大网，捞大鱼"的方针，在克拉玛依—乌尔禾油区展开了大面积勘探，成效非常显著。

当年 5 月 11 日，新华社发布消息：克拉玛依地区已经证实是一个很有希望的大油田。

1956 年 9 月 1 日，新疆石油管理局克拉玛依矿务局成立，标志着新疆的石油工业开始了崭新的篇章。到 1962 年 9 月 18 日石油部批准撤销克拉玛依矿务局时，克拉玛依油田已初具规模，既有力地支援了当时大规模经济建设对能源的需要，同时也为新疆乃至全国石油工业的发展积累了宝贵的经验、培养了大批人才奠定了坚实的基础。

1956年前克拉玛依地区早期的石油勘探

（一）关于克拉玛依地区石油矿藏的早期记载

克拉玛依是维吾尔语、哈萨克语"黑油"的意思，得名于准噶尔盆地西北缘加依尔山东南麓，即今克拉玛依市东北角的一片天然沥青丘。历史上，克拉玛依又名青石峡。有关克拉玛依地区的含油情况，近代以来，史料记载颇多。

早在1898年，俄国驻迪化（乌鲁木齐）领事就协商租赁开采青石峡（克拉玛依）石油，被新疆地方当局拒绝。

1907年出版的《塔城直隶厅乡土志》也有青石峡（克拉玛依）产石油的记载：青石峡……距城东南六百余里，有石油井，产煤油，俗称石油。

1905～1909年，俄国地质学家 B.A. 奥布鲁切夫曾三次到准噶尔盆地进行踏勘性地质考察，著有《边缘准噶尔》一书，描述了黑油山（克拉玛依）沥青丘和乌尔禾沥青脉，将准噶尔盆地列为具有含油远景地区。

成书于1911年的《新疆图志》中记载：青石峡西北距塔城六百余里，在苏海图山之南，与绥来交界。峡中产石油，流溢山麓，质极稠浓，晒干成块，取以熔垫火车轨道，坚而耐久。向有土人开采，用以点灯。

1941～1942年间，前苏联地质学博士 H. II·杜阿耶夫在克拉玛依—乌尔禾地区作过路线调查，认为这个地区石油生成于中古生界的志留—泥盆系沉积，运移到上面的地层形成油藏。由于构造运动使其褶皱变形断裂，在一定程度上破坏了已形成的油藏。

（二）中苏石油股份公司时期的初步勘察

1950年，中国和前苏联两国签订合作协议，成立了新中国石油工业第一家中外合资、中苏合营的企业——中苏石油股份公司。中苏石油股份公司成立后，开始着手在克拉玛依地区开展地质勘察。

1951 年，中苏石油股份公司的 B·C·莫依先柯领导的 4/51 地质详查队，在克拉玛依 200 平方千米的区域内完成了 1∶2.5 万的地形测量和地质填图工作，描述了这一地区的油气苗和沥青丘，认为石油是在古生界地层生成后沿裂缝游移到上部侏罗系地层，是有希望的含油区。

1952 年，中苏石油股份公司的古申率领一个电法勘探队，从独山子到克拉玛依，横穿准噶尔盆地作了第一条剖面线，并且在克拉玛依地区作了面积调查，确定了克拉玛依是向东南方向倾斜的大单斜，发现了克拉玛依的构造阶地和后来的油田东部隆起。

1952 ～ 1953 年，中苏石油股份公司由捷列肯领导的一支浅钻队，在克拉玛依黑油山地区进行了轻便钻井工作。他们以侏罗系砂岩为目的层，钻了 4 口构造浅井，各井都有不同程度的油气显示。根据 4 口浅井的钻探结果，捷列肯指出：克拉玛依地区有有工业价值的油藏存在，并提出今后勘探的方向应向构造的东南方向发展。

1954 年，为了进一步查清克拉玛依一乌尔禾地区的地质和含油情况，中苏石油股份公司派前苏联专家 JI·H·乌瓦洛夫在克拉玛依至乌尔禾地区开展地质普查。由队长 JI·H·乌瓦洛夫、地质师张恺等 10 人组成的 4/54 地质调查队，在克拉玛依一乌尔禾地区完成了 2515 平方千米 1∶10 万的地质普查，确定了 3 口探井（包括黑油山 1 号井，后称克 1 井）的井位。同时，JI·H·乌瓦洛夫还收集了许多关于克拉玛依一乌尔禾地区的地层、构造和含油气等方面的新资料，并参考了相邻地区几年来地面地质、地球物理和钻井方面的资料，提出准噶尔盆地南北缘在石油的生成、运移和储存方面统一而完整的概念，进而指出，属于盆地北部地台区的克拉玛依是很有含油远景的地区，并建议对黑油山沥青丘露头以南、玛纳斯河以北约 30×30 平方千米的广大地区开展行详细的地球物理勘测和深井钻探。

（三）1号井出油揭示克拉玛依是有希望的含油聚集带

1955年1月1日，中苏两国宣布中苏石油股份公司全部移交中华人民共和国，中国政府决定在中苏石油股份公司的基础上成立新疆石油公司。新疆石油公司领导采纳了JI·H·乌瓦洛夫等人的建议，经过讨论和详细论证，批准独山子矿务局拟定的＜黑油山地区深钻探总体设计＞。同年1月在北京召开的第六次全国石油勘探会议决定：在黑油山地区"为探明侏罗系地层的含油气情况以及准噶尔盆地西北缘的地质构造，在获得浅钻补充资料之后，开始打两口探井，其计划工作量为2400公尺（米）"。

1955年7月3日，石油工业部成立，李聚奎任部长，全面加强了对石油工业的生产建设工作。7月6日，克拉玛依（黑油山）第一口探井——1号井开钻。10月29日，1号井完钻出油，揭示了克拉玛依是有希望的含油聚集带。11月26日，新华社报道了克拉玛依1号井出油的振奋人心的消息，随后时任国务院副总理陈云、李富春召集石油工业部负责人，指示要加强克拉玛依的勘察工作。12月，石油工业部部长李聚奎来克拉玛依现场检查勘探情况，传达党和国家要求加速石油工业发展的指示，要求新疆石油战线加强克拉玛依地区的勘探工作。在石油工业部勘探司司长唐克带领的工作组指导下，新疆石油公司编制了《克拉玛依地区钻探总体规划》，准备在黑油山地区部署31口探井，以扩大钻探范围。

克拉玛依矿务局成立

（一）新疆石油公司独山子矿务局克拉玛依钻探处成立

1号井的出油，标志着克拉玛依地区的勘探前景出现曙光。但由于当时中国在石油勘探理论研究方面还比较薄弱，对油藏的认识还存在分歧，针对下一步的勘探究竟是单纯以构造作为钻探对象、还是整体钻探克拉玛依一乌尔禾大单斜，也就是在克拉玛依地区的储量评价上产生了两种截然不同的观点。因此，对是否在克拉玛依进行大规模勘探以及如何进行大规模勘探仍无定论。

1956年1月，石油工业部在北京召开第一届石油勘探会议，正在前苏联率团参观的石油工业部部长助理康世恩给会议写来书面意见，指出小盆地和构造复杂地区不易找到大油田，应集中力量在大盆地和地台上展开区域勘探。这个建议为会议所接受，石油工业部迅速把勘探重点从山前坳陷及山间小盆地移向大盆地。第一届石油勘探会议要求"加紧黑油山的钻井工作和试油工作，争取今年上半年查明黑油山构造的工业价值"。

"1956年2月26日，毛泽东、周恩来等中央领导听取了石油工业部部长李聚奎、部长助理康世恩关于克拉玛依1号井出油情况和勘探前景的汇报，对克拉玛依地区的含油情况表示关注。3月1日，新疆石油公司独山子矿务局克拉玛依钻探大队成立。1956年3月6日，时任国务院副总理陈云召集地质部、石油工业部领导何长工、李人俊、康世恩讨论加速石油勘探的问题，指示"应进一步壮大石油勘探力量，克服一切困难，在两三年内查明一两个大的产油区域"。根据指示精神，4月7日，石油工业部在给时国务院副总理陈云、李富春、薄一波的报告中，把准噶尔盆地作为重点勘探地区，认为克拉玛依是有希望的石油聚集带，应集中力量，大力勘探。"（引自《新疆通志·石油工业志》）

1956年4月14日，中共新疆石油公司委员会第二次全体会议通过决议：各方面的工作都要"首先满足黑油山的需要，在全公司范围内掀起一个支援黑油山，开发黑油山，到黑油山去的热潮"。会议决定成立克拉玛依钻探处。

1956年4月19～28日，石油工业部部长助理康世恩率领工作组和前苏联专家组组长安德列克到克拉玛依—乌尔禾油区实地考察，在独山子听取了对勘探部署不同意见的讨论后，康世恩和安德列克都支持中方地质人员（包括苏方的少数专家）提出的剖面勘探部署意见。4月23日，位于1号井西南方向2 000米的4号井完钻喷油，证实克拉玛依确有不受背斜控制的地层超覆圈闭油藏存在，为在克拉玛依地区展开大规模勘探提供了有力的依据。在康世恩主持下，新疆石油勘探的重点由准噶尔盆地的南缘转向西北缘，作出了＜克拉玛依—乌尔禾钻探工作的决定＞，决定采取"撒大网，捞大鱼"的方针，在克拉玛依至乌尔禾长130千米、宽30千米的广大范围内，从红山嘴、小拐到夏子街部署了10条钻探大剖面，扩大勘探。

1956年5月1日，新疆石油公司独山子矿务局克拉玛依钻探处成立，秦峰兼任处长，只金耀兼任分党委书记。同日，正式将原称"黑油山油田"更名为克拉玛依油田。

（二）新疆石油管理局克拉玛依矿务局成立

为帮助油田尽快开发，1956年5月4日，新疆维吾尔自治区党委发出指示：要求各级党组织和政府、全疆各族人民支援克拉玛依油田建设。5月11日，新华社向国内外发布消息：石油工业部负责人在全国石油工业先进生产者代表会议上宣布：新疆准噶尔盆地的克拉玛依地区已经证实是一个很有希望的大油田。5月23日，《人民日报》发表社论《加速发展石油工业和石油勘探工作》"更多部门进行配合"。

1956年6月26日闭幕的新疆石油公司第一次党员代表大会作出决议："加强克拉玛依—乌尔禾探区的钻探工作，迅速扩大储油面积，在今后两三年内，基本探明克拉玛依—乌尔禾油区，并将开发设计资料取全取准，争取早日投入生产，这是公司党的一项艰巨而光荣的任务。党的领导必须把重点转向这个地区。各部门特别是干部配备、基建、器材供应、机械修理和运输，必须首先满足这个地区的需要。"

由此，新疆石油公司的工作重点正式转向克拉玛依—乌尔禾探区。大批的人员、物资开始调往克拉玛依。1956年6月，第一支来克拉玛依参加石油工业建设的转业部队——中国人民解放军原北京军区"石油钻探团"，到达克拉玛依矿区。

随着克拉玛依地区的勘探工作力度逐步加大，为适应克拉玛依勘探规模逐渐扩大的工作局面，以便于更好地实行集中统一管理，由新疆石油公司更名后的新疆石油管理局决定在克拉玛依钻探处的基础上成立克拉玛依矿务局。

1956年9月1日，经石油工业部和自治区党委批准，新疆石油管理局克拉玛依矿务局和中共新疆石油管理局克拉玛依矿区委员会成立，只金耀任局长，张之林任党委第一书记。克拉玛依油田开始投入大规模勘探开发。当年，克拉玛依油田21口井投入试采，采油1.64万吨。

1962年9月矿务局撤销。

克拉玛依矿务局时期的油气勘探开发

（一）油气勘探

克拉玛依油田的发现，促使准噶尔盆地石油勘探重点由南缘山前构造带转向盆地地台区，重点是盆地西北缘。

按照区域勘探—预探—集中钻探的程序，钻探、地球物理勘探、地质调查互相穿插，互为依据，加快勘探步伐。

1956年，完成西北缘地面地质调查。1955～1960年，在车排子—红旗坝区域进行27.5个队年地震勘探、11个队年电法大地电流和垂向测深及重磁力勘探；在车排子—乌兰林格沿露头边缘和一些浅层局部构造钻132口地质浅井，证实边缘露头区有重质原油存在；有3个地质专题研究队年进行地层、构造专题研究，初步搞清地面、地下地层对比程序，对比划分了三叠系克拉玛依组含油砂岩组段；研究了构造和油气藏类型。

1956～1960年，先后在西北缘夏子街、玛湖东背斜、车排子、六十户、红旗坝等地区钻15口预探井和参数井，在夏子街构造见到油气显示。

克拉玛依—乌尔禾10条大剖面的钻探，获得重大进展。克拉玛依毗邻的西南和东北方向，1956年发现红山嘴、白碱滩以及乌尔禾3个含油有利地区。1957年在这3个地区进行详探，以后又扩大到白碱滩—乌尔禾之间的百口泉，首先在白碱滩获得突破。

1957年5月28日白碱滩59号井出油。1958年先后发现百口泉油田和乌尔禾油田，1959年发现红山嘴油田。到1960年底，克拉玛依—乌尔禾油区共钻探井和估价井506口，从而发现了克拉玛依、百口泉、乌尔禾、红山嘴4个油田。

1960年，全国石油工作重心转向大庆油田的开发。从1961年开始，用于新疆石油勘探的投资大幅度减少（1961年相当于1958年的1/10、1959年的1/5，1962年又减少1/2），大批勘探队伍调走。克拉玛依油田进入调整期。

1961年以后，新疆石油管理局抽调80多名地质技术人员组成油田研究大队，开始从构造、油层变化、油气水分布特征、油层液体性质、原油储量核实与调整方案编制等6个方面对克拉玛依油田开展研究。

（二）石油钻井

克拉玛依1号井出油后，根据"撒大网，捞大鱼"的勘探方针，在克一乌油区从红山嘴、小拐到夏子街的广大区域内部署 10 条大剖面，以第三剖面（克拉玛依向南至中拐）和第六剖面（乌尔禾地区）为先期目标，在开钻地区甩开钻探。当年用 5 台钻机，开钻探井 16 口，完钻 1 口，进尺 2.40 万米。1957 年 5 月 28 日，白碱滩钻井大队 1232 钻井队所钻 59 号井出油，发现白碱滩油区（即克拉玛依油田六、七、八区）。1957 年 12 月 16 日，乌尔禾钻井大队 3224 钻井队所钻 132 号井完钻，1958 年 1 月 15 日射孔后，日产油 2.2 吨，发现乌尔禾油田。1958 年 2 月 12 日，乌尔禾钻井大队 3257 钻井队所钻 230 号井完钻，4 月 12 日试油，日喷油 15.8 吨、天然气 960 吨，发现了百口泉油田。

1958 年 8 月 29 日，白碱滩钻井大队 3254 钻井队所钻 193 号井完钻，9 月 4 日出油，9 月 19 日正式投产，10 毫米油嘴日产油 272 吨；改用 7 毫米油嘴，日产油 138 吨，是克拉玛依油田第一口高产井。红山嘴钻井段 1214 钻井队所钻 80 号井，1957 年 5 月 29 日完钻，1959 年 2 月重新试油，4 毫米油嘴日产油 36 吨，发现红山嘴油田。

1958 年前，克拉玛依油田各钻井队钻井速度普遍比较低。1958 年 3 月，克拉玛依矿务局张云清钻井队（1219 钻井队）率先提出"月上千（米），年上万（米）"的奋斗目标，向各钻井队挑战。于是在管理局的领导下，迅速掀起了全钻井战线劳动竞赛的热潮，当月张云清钻井队（1219 钻井队）月钻进 1 155 米，率先实现钻井进尺月上千米。其他钻井队也纷纷采取有力措施，摸索高效技术，狠抓管理，使钻井速度与钻井技术得到普遍提高。当年有 78 个井队共 250 队次实现"月上千（米）"，全年完成钻井进尺 62.75 万米，相当于 1957 年钻井进尺的 3.82 倍，对加快油田开发速度、降低钻井成本起到重要作用。

克拉玛依矿务局在展开大剖面区域钻探的同时，还在已经出油的克 1 井以南以东、克一乌断裂以北的湖湾区，按排距 5000 米、井距 2 000 ~ 3 000 米部署详探。1956 年动用 11 台钻机完钻探井 32 口，有 25 口获得自喷油流。1957 年在油田中部的二中区开辟第一生产试验区，1958 年在该区进行注水开发试验，当年完钻开发井 27 口。到 1960 年，克拉玛依—乌尔禾油区共钻探井（不含地质井）495 口，进尺 62.77 万米（其中克拉玛依油田探井 383 口，进尺 41.54 万米）。

1961 年油田进入开发调整阶段，为重新认识和研究油层性质，开始在油田内部钻检查井和资料井。1961 ~ 1962 年，共钻检查井、资料井 169 口，进尺 12 万米，取岩芯 1.26 万米，平均岩芯收获率 86.75%。

（三）油气生产

1956 年 8 月 1 日，克拉玛依油田 25 号井开始试采，当年投入试采 21 口，采油 1.64 万吨。1957 年油田中部二中区开辟第一生产试验区，开采中三叠统下克拉玛依组油层，按井距 200×200 米、250×250 米两种方案布井进行试生产，连同试采井共 74 口投入生产，年产油 7.03 万吨。

1958 年，克拉玛依油田原油生产正式列入国家计划，当年原油产量达 33.38 万吨。1959 年 1 月 19 日，克拉玛依油田第一批东运原油在红柳河装铁路槽车运往兰州炼油厂，当年原油产量达到 96.13 万吨。

克拉玛依油田开发设计是中苏科学文化技术协作项目之一。按照由我国石油工业部科学研究院和前苏联国家计划委员会全苏石油科学研究所共同编制的《克拉玛依油田一区、二区、三区和四区初步开发设计》和 1960 年的修改设计方案，主要采用边内切割行列注水、两排注水井夹五排或三排采油井、克上和克下两个油层一套井网合注合采，设计生产目标是 1962 年产量达到 400 ~ 450 万吨。

1958 年二中区投入开发。1959～1960 年七东、一区和二东 3+4 区克下组投入开发。这几个区的油层物理性质除七东区较好外,其余均属中低产油藏。到 1960 年底,共有采油井 864 口,年产油 163.67 万吨,占当年全国天然油产量的 39%,是 1970 年前克拉玛依原油年产量最高水平。

由于克拉玛依油田的开发设计依据的资料没有反映地下的实际情况(油层实际是非均质砾岩油藏,而设计则是在均质的砂岩油藏基础上搞的),同时又没有认真贯彻石油工业部关于"克拉玛依油田开发要'先瘦后肥',要保护好高产区做后备……"的正确指示,工作中既盲目注水,又单纯追求高指标、高产量,甚至违反规定采用放大油嘴的办法在开发区"放卫星",致使油田地下能量受到严重破坏。到 1960 年上半年,已注水开发两年之久的二中区注水见效范围只限于注水井排相邻的一线部分生产井,二三线生产井很少见效或根本不见效,仍处于消耗地层能量开采状况;大层段合采合注使得注入水单层突进,水淹、水串严重,层间干扰严重,油层动用程度很差,以致出现"两降一升":地层压力下降,由原 8.6 兆帕降到 6.8 兆帕;单井日产量下降,由试生产的 15 吨降到 4.5 吨;油气比上升,由原始的 50 立方米/吨上升到 300 立方米/吨,预测 1961年 10 月将有一部分油井停止自喷。其他已开发区如一西区出现的情况更为严重。

1960 年 9 月,石油工业部余秋里部长带领工作组来克拉玛依油田蹲点,全面调查分析油田生产管理及开发情况,提出了加强三队两线(注水队、采油队、修井队、克独输油管线、百口泉输水管线),康世恩副部长责令打检查井,取好岩芯,重新认识油藏,为油田调整提供科学依据。1961 年,克拉玛依原油产量大幅度下降,年产 105 万吨。1962 年,克拉玛依油田原油产量继续下降,年产 85.5万吨。

1956～1960年克拉玛依油田原油产量（%）

年份	1956	1957	1958	1959	1960
克拉玛依原油产量（万吨）	1.64	7.02	33.38	96.13	163.67
新疆原油产量（万吨）	4.82	9.54	35.73	98.2	166.23
全国天然油产量（万吨）	58.85	86.05	146.51	276.26	419.62
克拉玛依原油产量占全疆（万吨）	4.2	73.58	93.42	97.88	98.46
克拉玛依原油产量占全国（万吨）	2.79	8.16	22.71	34.79	39

（四）输油炼油

随着克拉玛依、百口泉、乌尔禾油田的陆续发现，迅速提高油气集输能力提上了克拉玛依矿务局工作日程。1958年5月1日，克拉玛依至独山子输油管线动工。1959年1月10日，克一独输油管线建成投产，年输油能力53万吨。这是中国陆上第一条长距离输油管线，开创了国内长距离输送原油的历史。

1959年3月19日，白碱滩至克拉玛依输油管线竣工，全长24千米，日输油量600吨。1959年4月，克拉玛依至独山子输油管线副管动工兴建，1960年1月1日建成投产，年输油能力50万吨。后来，该管线投产后腐蚀严重，1964年拆除。1959年11月，克拉玛依至独山子第三条输油管线动工修建，1962年10月建成投产，全长147.17千米，年输油量达85万吨。

克拉玛依油田开发之初，原油都运至独山子加工，所需成品油又由独山子运来。随着克拉玛依油田的大规模勘探开发，自用油需求量增长很快，迫切要求就近供应用油。为此，1958年3月，克拉玛依矿务局筹建炼油车间，自焊3口蒸馏釜生产汽油、煤油、柴油，日加工量30吨左右。该车间同年7月交给运输处管理，后扩建改称为"三八"炼油厂，并增加了6口釜。1959年3月20日动工兴建克拉玛依炼油厂，由克拉玛依矿务局领导。1959 年 8 月，常压蒸馏装置建成投产，10 月，原"三八"炼油厂停产。

克拉玛依炼油厂原为提供油田用油的自给性炼油厂，以生产汽油、煤油、柴油为主。第一套常压蒸馏装置年加工能力 15 万吨，除 1960 年加工量增至 19.53 万吨外，1970 年前一次性加工量都在 10 万吨以下。1961 年建成与常压蒸馏装置配套的减压蒸馏装置，提高轻质油收率，改善了切取润滑油馏分的条件。原计划配套建设的裂化、焦化装置由于国民经济实行调整而停建，釜式氧化沥青装置和酸碱洗装置仍然因陋就简建成投产。随着克拉玛依低凝固点原油的发现和利用，重建了常压蒸馏装置，扩建和改造白土、酸碱洗等精制装置，扩大了润滑油生产，该炼油厂由此发展成为年综合加工原油能力 12 万吨，能生产一批高档润滑油产品的燃料 -- 润滑油的小型炼油厂。

1962 年克拉玛依矿务局撤销，该厂由新疆石油管理局直接领导。

克拉玛依矿务局时期的油田建设

（一）供水工程建设

在勘探初期，克拉玛依附近没有水源，用水要用骆驼、汽车等从远处拉运。克拉玛依油田发现后，为解决油田生产和职工生活用水问题，1956 年决定引玛纳斯河下游苇湖的水济克。为此，1956 年 9 月 24 日中拐至克拉玛依输水管线工程动工，1957 年 5 月 22 日全线通水。管线全长 42 千米，日引水能力 3000 立方米，结束了克拉玛依依靠汽车拉水的历史。1958 年日输水能力达到 6000 立方米。1959 年中拐水量锐减。1960 年玛纳斯河至中拐段基本断流，1961 年输水管道停用。

油田投入大规模开发以后，用水量急剧增加。由于水源不足，无法保证油田的注水量，造成了油田注水被动的局面。1959年5月，经过勘测，决定开发百口泉地下水资源，修建百一克水渠。由于准备工作不充分，水渠修建工程没有很好展开。1959年底，矿区用水已经十分困难。中共克拉玛依矿区党委决定把修建百一克水渠作为1960年的重点工程。1960年1月28日，百一克水渠正式破土动工。

工程上马初期，由于国家正处于三年困难时期，生活条件艰苦，生产设施缺乏，加之对工程的艰巨性和困难估计不足，所提出的"七一"通水、"八一"通水和"十一"通水等预定目标均无法实现。1960年9月，石油工业部部长余秋里到水渠工地视察，实事求是地表扬了水渠工程建设者们，指出：春节能够通水也是很大的胜利。矿务局干部、职工受到很大鼓舞，干劲倍增，为水渠早日通水日夜奋战。1961年2月，全长75.56千米的百一克水渠终于全线通水，日供水8000～10000立方米。暂时满足了油田生产和职工生活用水需要。

（二）供电工程建设

油田勘探初期，是采用柴油发电机组发电供电。1955年在黑油山临时机修厂内建砖木结构发电房，安装苏制K一153型50千瓦柴油发电机组1台。

1956年设黑油山电站，增装2台苏制B2-300型220千瓦柴油发电机组后，总装机容量达490千瓦。1959年4月拆除。

1956年4月，在住宅区内建木框架板皮草泥墙临时电站，安装2台K一153型千瓦柴油发电机组。以后又安装2台苏制B2-300型220千瓦柴油发电机组。1958年4月拆除。

油田勘探开发过程中，在暂时无法供电的新区和边远地区，曾建若干临时柴油发电机组，勘探任务结束或具备供电条件后即行停用拆除。如 1957 年设立的乌尔禾电站，最大规模时有 3 台苏制 B2-300 型 220 千瓦柴油发电机组，装机容量 660 千瓦，后于 1986 年停止发电。

1957 年市区中心电站动工兴建，1958 年 4 月投产发电，占地 2000 平方米。初期安装 4 台 VD－25 型 265 千瓦柴油发电机组（至 1961 年拆除 2 台、1964 年拆除 2 台），1959 年安装 2 台捷克产斯格达 BS－350 型 440 千瓦柴油发电机组（至 1967 年拆除），1961 年安装 4 台苏制 B2-300 型 220 千瓦柴油发电机组（至 1961 年拆除），1962 年又安装了 6 台苏制 Bд30／35-2 型 440 千瓦柴油发电机组。

1960 年白碱滩火力发电厂动工修建，当年建成 2 台 1 500 千瓦的汽轮发电机组，1961 年投产发电。

（三）机修、通讯和公路运输建设

机械修理

克拉玛依油田开发伊始，设备的维护修理主要依靠远在 100 多千米外的独山子承担，这给勘探开发工作带来了诸多不便。为了改变这一状况，1956 年 11 月克拉玛依矿务局机械修理厂成立，同时在各主要单位均设置了机修车间或修理部。1958 年开始大修苏制贝乌－40、C－1000、乌兹特姆钻机、瑞典和国产 B－3 钻机，以及 B2-300、K－153 柴油机，有力地保障了油田开发会战的顺利进行。1962 年克拉玛依机械修理厂自制搪瓦机、研磨机等 30 多台工艺设备，建成损坏设备"进厂—验收—解体—鉴定和修理后总装—马力试验—检验—喷漆—交库—出厂"大修流水作业线，基本做到作业流水、工序专业、工装配套、工艺定型、柴油机大修后平均运转 7 000 小时、年修能力达到 400 台左右。

通讯建设

石油勘探开发区域范围广，作业单位分散，部分单位流动性大，为便于生产经营的集中管理和指挥，需要灵活、方便、高效的专用电信网络为之提供服务。从 50 年代石油勘探开发起，以克拉玛依为中心的石油专用电信网便已开始逐步形成。1956 年，克拉玛依矿务局中心电台设立。同年，在克拉玛依黑油山地区安装了 40 门苏式电话总机。1957 年，克拉玛依矿务局机关安装 100 门磁石总机，钻井处在白碱滩安装 50 门磁石总机。1958 年，克拉玛依矿务局机关和黑油山总机合并扩容为 300 门。1959 年，输油大队、克拉玛依炼油厂各自安装 20 门磁石总机。进入 60 年代后，克拉玛依油田先后安装 20～100 门磁石或共电（以磁石为主）式总机 11 部，总容量 1 350 门，共装电话 1 198 部。

公路运输

1955 年初，为配合在克拉玛依地区进行的勘探工作，开始修筑独山子至克拉玛依 150 千米简易公路。随着克拉玛依矿务局的成立，油田勘探开发逐步展开。1956 年 10 月，独一克简易公路改造为三级公路，沙砾路面，后延长至和什托洛盖，全长 282 千米，1957 年底全线通车。同时还修筑了由干线通往中拐、夏子街和乌苏至卡因地克等 29 条探区简易公路，总长 338.81 千米。

克拉玛依油田发现后，1956 年 9 月设在甘肃敦煌的青海石油勘探局运输处调派太脱拉汽车 91 辆来新疆拉运油田物资。1957 年该处改称石油工业部运输公司，为克拉玛依油田拉运物资的汽车一度增加到 183 辆，并接收了新疆石油管理局柴油车 250 辆。在"全国支援克拉玛依"的号召下，1955～1957 年自治区交通厅运输局先后派出 623 辆汽车，承担修筑独一克公路沙石料运输和克拉玛依油田设备物资的长途运输，共完成货运量 35 万吨，货物周转量近 5 000 万吨千米。1959 年 6 月，为承担克拉玛依原油东运任务，自治区交通厅石油运输公司成立，至 1961 年 12 月，共派汽车 1 438 辆，东运原油 28.2 万吨。同时，新疆生产建设兵团和乌鲁木齐地区机关也在克拉玛依油田运输紧张的困难时期，派来大批车辆，给予有力支援。

在克拉玛依油田勘探开发过程中，自 1956 年开始，共形成东西两条汽车运输线：东线自甘肃张掖至克拉玛依（单程 2 000 多千米），运送内地支援油田建设的物资及设备；西线自霍尔果斯口岸、伊犁三道河子码头至克拉玛依（单程 500 多千米），运送从前苏联和东欧国家进口的钻机、油罐车、锅炉、钢管、重晶石粉和水泥等，日均货运量 300 吨左右。1957 ~ 1962 年运输线路主要有：克拉玛依—乌鲁木齐—鄯善—哈密（东线），克拉玛依—乌鲁木齐—南疆探区（南线），克拉玛依—博乐—伊犁（西线），克拉玛依—塔城（北线），以及独山子—克拉玛依等线。年均货运量达到 270 万吨左右，保障了油田勘探开发的顺利进行。

（四）矿区建设

勘探开发初期，克拉玛依没有一间像样的房屋，从领导到工人都住帐篷和自挖自建的地窝子。克拉玛依油田发现后，1956 年下半年在距黑油山西约 3 000 米处建起第一批土木结构的职工宿舍 107 幢，面积 4 万平方米，建成土木结构的克拉玛依矿务局办公室、职工食堂。1956 年 12 月，石油工业部厂矿长会议决定在克拉玛依建钻井基地和电站、输电线路、供水工程、机修厂、汽修厂、矿区公路以及相应的生产设施。

1957 年由石油工业部玉门设计院编制矿区建设规划，将矿区划分为工业区和居住区，中间以 40 米宽防护绿化隔离带分开，并确定方格网状道路走向。1957 年建成砖木结构的钻井俱乐部（60 年代初改为人民电影院）和临时职工医院（后改为办公用房和职工住宅）。居民区向东西两个方向发展，同时在居民区以南修建机修厂、柴油机大修厂（后两厂合一）和中心电站。1958 年建成规格标准较高的三层楼房中苏友谊馆和二层楼房职工医院住院部，1959 年建成两层楼房的第一招待所。

至 1960 年，矿区房屋建筑面积达 37 万平方米，一座石油新城初具规模。1961～1962 年矿区建成科学研究所和设计处两座简易楼房。

克拉玛依矿务局时期的技术革新与应用

（一）油气集输和油田保温

克拉玛依油田进入大规模开发后，由于资金器材短缺和冬季低温等油田自身条件较差，油气输送和油田保温成了必须妥善解决的难题。在油气输送方面，如果沿用独山子或其他油田采用的选油站生产流程和锅炉保温，需要的资金器材较多，当时难以实施。设计人员就根据克拉玛依油田油井多、原油黏度和凝固点低的特点，采用了密闭集输流程进行油气输送，这在全国尚属首次。经过不断摸索完善，这种流程既节省了投资，又便于操作管理，且提高了效率，成为较长时间内在油田应用的合理的油气集输流程。

油田保温没有囿于传统锅炉保温法的束缚，在技术人员的协助下，油田职工突破油田不能用明火的禁忌，创造了一套"土法保温"技术，解决了冬季低温条件下的油井生产和原油集输保温问题。在当时的资金设备极有限的条件下，这种因陋就简的保温方法对保证油田较快开发起了重要作用，"土法保温"以后改进完善为井口热油循环保温和计量站保温，确保了油田保温的科学性和安全性。

（二）井架钻机整体搬迁

1955 年以前，钻井设备的搬迁基本上采取分件拆卸搬迁再行就位安装的办法，一部中型钻机搬迁安装需要 15 天，大型钻机搬迁在一个月以上，工作量既大，所需时间又多，加之拖运机力不足，极大地制约了钻井进度的提高。1956年，安装大队乌苏尔安装班首次采用中型钻机三大件（井架、钻机、泥浆泵组）整体搬运，成组件地安装，将原需安装时间缩短到3～5天。1958年，安装技术人员根据克拉玛依地形平缓的特点，采取了井架不放倒、不拆卸和钻机一起整体拖运，使安装时间缩短到1～2天。以后推广到大型钻机搬迁，也实行井架立体拖运，使安装时间从一个月缩短到3～5天，为钻井进度大幅度提升打好基础。

（三）油田分层工艺

根据克拉玛依油田油藏储层多、不同油层间岩石物理性质差异大、层与层之间存在互相干扰的油藏地质特点，在油田开发和调整中，科研技术人员成功地创造和推广了一套适应克拉玛依油田地层特点的分层工艺新技术。

封隔器技术

1960年，为适应油田"三选"（选择性采油、选择性注水、选择性压裂）的要求，钱莘樵等研制了卡瓦式封隔器，以后又由张瑞吉等人研制了支柱式封隔器，应用之后，实现了一部分油井的油、套管分采、分注。1961年以后，根据油田分采、分注、分层压裂技术的需要，克拉玛依矿务局采油处、采油一厂井下管柱研究室、采油工艺研究大队等单位先后研制了K1、K3水力密闭式封隔器，几经试用，都能达到一定的分注、分采效果，但由于使用中有些技术问题一下子不好解决，以致没有广泛使用或用过一阶段后又停用了。

不动管柱分层压裂工艺

压裂是改造油层的重要增产措施。1957年11月在克拉玛依油区二中区41号井采用原油做压裂液，进行了油田第一次压裂作业。为了根据需要有效地压开不同的目地层，1961年以后采用了一套分层选择性压裂工艺和工具。1961.年经过 351 次地面试验，实验成功投球选压工艺，压开不同油层，对改造低渗透层、增加注水或采油量起到很好的作用。经过不断完善，和新型压裂液配合使用，形成具有克拉玛依油田特色的"低比重球、缓交联压裂液分选压工艺"，获得石油工业部 1982 年科技成果二等奖。

1962 年试制成功的滑套封隔器选择性压裂，一次可以完成 4 个层位的油层压裂，使效益倍增，在油田上得到广泛推广。

分层测试工艺

1962 年针对苏制井温仪外径大、灵敏度低和施工时井口密闭不易解决的问题，采油二厂测井队研制成功传压式测温仪，解决了在生产井寻找出液层位的问题。此后，1965 年采油工艺研究大队测试组研制成浮子式流量计和波纹管式小压力计，解决了测试掌握注水井井下流量和油层分层压力的问题。60 年代末以后，又研制成功了75 型找水仪，可以在油井生产状态下连续测试分层资料，成为人们掌握油田分层动态的重要工具。

（四）火烧油层试验

克拉玛依油田有一部分高黏度高比重原油，用一般注水方法开采，成效低。为了探索提高这部分原油采收率的方法，从 1958 年开始，进行火烧油层的技术试验，取得较好成果。

火烧油层是通过点燃一口井的油层，利用重质油成分在高温下形成的油焦作燃料，再通过地面压风机连续不断地供应空气助燃，形成一个移动的热源，提高油层温度，降低原油黏度，在热力和高温气、水的驱动下，使原油比较容易地从邻近的油井里喷出来。这一试验从 1958 年 7 月开始研究，进行室内模拟和小型现场实验后，于 1959 年点燃黑油山露头 2.5 米深的油层，燃烧 37 小时；1960 年 1 月和 1961 年 10 月又两次在 18 米深的浅井中点火成功，分别燃烧 21

天和 34 天，为进行工业性试验做了可行性准备。

（五）新产品的试制

1955 年以前，新疆只能生产 9 个普通的燃料油品种。1955 年以后，陆续开始生产石油焦、沥青和润滑油。当时认为克拉玛依原油抗氧化安定性差，黏温性能不好，不能生产高质润滑油。至 1959 年，石油新产品品种才不过 16 个，润滑油只有两种。进入 60 年代，由于国家建设对能源的迫切需要和采油技术的进步，经过研究和试验，突破了原有的认识，增加了润滑油生产品种。特别是从 1960 年开始，组织科学研究所等单位，对克拉玛依原油进行普查和评价，发现低凝原油井近 400 口。

克拉玛依低凝固点原油的发现，为发展优质润滑油生产提供了一大优势。从 60 年代初期开始，炼油技术人员和广大职工先后试验成功并成批投入生产了几十种国家急需的短线油品，其中比较重要的有航空和坦克冬用特种燃料、精密机床的各种主轴油、冬用火车车轴油、一 4513 变压器油、冷冻机油等。

矿务局与地方的关系

（一）全国支援克拉玛依

克拉玛依油田的勘探开发是在非常艰苦的条件下展开的，得到了全国各地的大力支援。1956 年 5 月 14 日，《人民日报》发出号召"迅速支援克拉玛依油区"。国务院组织 13 个部委支援克拉玛依，全国 16 个省（市、区）的 35 个城市的工厂企业为克拉玛依生产各种设备和器材，同时从前苏联和东欧等 6 个国家进口油区急需的钻探设备和器材。

中共新疆维吾尔自治区委员会指示各级党组织、各级政府和全疆人民支援克拉玛依油田建设。自治区人民委员会连续召集有关厅局长开会,专门讨论采取紧急措施,解决克拉玛依油区的物资器材供应问题。来自自治区交通厅、水利厅、商业厅等部门的大批物资迅速运往克拉玛依。

1956年6月,新疆军区工程大队、新疆生产建设兵团玛纳斯河水利工程处、乌鲁木齐市水利局和乌鲁木齐市水利工程处等单位派出3 500多人来到克拉玛依,帮助完成包乎图河到克拉玛依45千米长水管道的定线工作、扩展和加固独一克公路以及矿区厂房和住宅等工程建设。1956年6~7月间,玉门矿务局两个试油队先后到达克拉玛依探区,担负起繁重的试油任务。1956年7月,乌苏县派来缝纫小组支援克拉玛依,为石油工人缝制衣被等生活必需品。1956年9月,新疆军区生产建设兵团抽出大型卡车180辆支援油区运输物资。1956年12月,塔城专区动员了1 000峰骆驼来到克拉玛依帮助驮运过冬木柴。来自全国尤其是新疆各地方的援助,有力地支援了克拉玛依油田的开发建设,帮助克拉玛依矿务局渡过了一道道难关。

克拉玛依矿务局在抓紧油田生产建设的同时,也尽可能地支援地方生产建设。1960年,为帮助地方发展经济,克拉玛依矿务局派出精兵强将帮助沙湾县修理农机具,培训技术工人,帮助乌苏县抢收麦子;同时还支援给沙湾县、塔城县、乌苏县、托里县、额敏县等地方钢铁、农机、燃煤等大量物资。

(二)矿务局与克拉玛依市的关系

随着克拉玛依油田勘探进程的逐步展开,来自全国各地的大批人员云集克拉玛依,克拉玛依的职工和家属人数迅速增加,矿区规模不断扩大,为了更有效地做好矿区建设和后勤保障工作,妥善解决好职工和家属的衣、食、住、行问题,更有力地保障油田生产的顺利进行，同时也为更好地促进克拉玛依的发展，1957年1月24日，新疆维吾尔自治区人民委员会第十四次会议决定设立克拉玛依市，并报请国务院批准进行建市的筹备工作。

1957年3月18日，国务院同意成立克拉玛依市筹备委员会，进行克拉玛依建市筹备工作。1957年6月10日，以中共克拉玛依矿区党委第一书记只金耀为主任的筹备委员会开始了建市的筹备工作。1958年5月29日，国务院全体会议第七十七次会议正式批准设立克拉玛依市。新疆维吾尔自治区党委决定，克拉玛依市不再另设党委，由中共新疆石油管理局克拉玛依矿区党委行使市委职权，矿务局局长秦峰兼任克拉玛依市市长。1962年底，克拉玛依矿务局撤销后，由新疆石油管理局党委代行市委职权。克拉玛依市成立后，矿区建设、市政建设开始同步进行，克拉玛依市政建设和油田发展紧密结合起来。

矿务局的撤销和成就

（一）矿务局的撤销

1960年9月，石油工业部余秋里部长带领工作组到油田检查指导工作，发动技术干部和工人，系统地调查分析油田生产情况，确定了以采油为中心、巩固和提高已有油井生产能力，逐步改变油田被动局面的工作方针，决定停止油田以外的勘探工作，把工作重点转移到开发管理好油田上来。从1960年下半年开始，先后抽调548名干部和1 640名技术工人加强"三队（采油队、注水队、修井队）两线（供水、输油管线）"，整顿"前五队（钻井队、试油队、固井队、测井队、射孔队）"，把提高工程质量和取全取准油井资料作为首要任务；调集80多名地质技术人员组成油田研究大队，系统地对油田地质、构造、地层、油气水分布、开发动态进行研究，以便重新认识油田，进一步核准、核实含油面积和储量。

从 1961 年开始，新疆石油工业贯彻国民经济"调整、巩固、充实、提高"的方针，结合自己的实践，在油田内部补打 124 口检查井和资料井，取出 15 万米大直径岩芯，分析 36 044 块岩芯样品，测定了 125 910 个数据。测得各种测井曲线 4 317 千米，进行了 300 多万次小油层对比和大量的油田综合研究。

克拉玛依油田的调整期正值国家经济困难时期，当时石油工业正集中人力、物力、财力开展大庆会战。克拉玛依油田暂时出现资金器材缺乏、生活困难的现象。为了更深入地了解掌握油田一线情况，便于及时决策，新疆石油管理局决定将机关从乌鲁木齐市明园地区迁往克拉玛依。1962 年 3 月 5 日，新疆石油管理局机关由乌鲁木齐迁驻克拉玛依，与克拉玛依矿务局机关合署办公，直接指挥和管理克拉玛依油田各生产单位。1962 年 9 月 18 日，克拉玛依矿务局撤销，所属各厂、处由新疆石油管理局直接领导。1962 年 11 月 19 日，撤销中共新疆石油管理局克拉玛依矿区党委，中共克拉玛依市委职权由新疆石油管理局党委代行。

机关迁至油田一线，加强油田各项工作速见成效，至 1962 年底，基本搞清了克拉玛依油田的地下情况：是以砾岩为主，在纵向和横向上变化都很大，呈窝窝状分布的低渗透性油田。根据油层特点编制开发调整方案，全油田分区组织实施：将原设计的行列注水改为以面积注水为主；将克上、克下两个主要油层合采合注改为两套井网分采分注；调整和完善地面配套工程。这些科学求实的系列举措，为进一步稳定油田产量打下了基础。

（二）矿务局的成就

克拉玛依油田，是中国石油工业首次大规模勘探开发的一个大油田，是第一次在盆地地台区找到不受局部背斜构造控制的大油田。克拉玛依油田的发现，是中国石油工业勘探思想的一次大解放，是中国石油勘探史上的一个重大突破，在理论和实践的结合上，对指导新疆乃至全国的石油勘探有着重要的意义。

克拉玛依油田的勘探开发，是在中国石油工业缺乏充分的技术和经验准备、基础极为薄弱的情况下展开的。克拉玛依油田勘探过程中，边勘探、边摸索、边总结所取得的经验教训对今后石油工业的发展有着非同小可的借鉴意义。

与此同时，克拉玛依油田也锻炼出了一大批优秀的石油职工和科研技术人才，为以后派出得力队伍支援大庆油田乃至全国各油田的开发建设做出了贡献，进而夯实了新疆石油工业大发展的基础。

□　陈鹏：现任克拉玛依市委史志办（市档案局）方志科科长。

民革克拉玛依支部历史沿革

陆敬义

1985 年夏，由民革新疆区委会委派区委组织部长王再勤，宣传部长朱国林指导，由杨世东、吕忠义、关丽娜、周永华、魏耘、杨曼苏、秦芙蓉、王洪杰、朱今朝等同志牵头成立民革克拉玛依小组。

办公地点：白碱滩医院

民革党员人数：9 人

开展主委活动情况：学习贯彻中国共产党第十二届中央委员会第三次全体会议精神，积极参与社会主义现代化建设

1. 学习讨论：组织支部党员学习中国共产党第十二届中央委员会第三次全体会议精神，深入理解全面建设小康社会的目标和任务。

2. 社会调研：开展社会调研活动，了解公众对小康社会建设的期望和需求，提出相应的政策建议。

3. 社区建设：组织支部党员参与社区建设活动，推动社区文化、环境、教育等方面的改善和发展。

4. 宣传引导：通过宣传栏、发放宣传资料等形式，向广大群众普及小康社会建设的意义和路径，引导他们积极参与。

1987 年 3 月 7 日，由民革中央组织部、中共自治区委员会统战部、中共克拉玛依市委统战部同意，民革克拉玛依支部成立，选举支吕忠义、杨世东、关丽娜、蒋民智、周永华五人为第一届支委会委员。选举吕忠义为主任委员，杨世东为副主任委员。

办公地点：司法局

民革党员人数：10 人

开展主委活动情况：贯彻中国共产党第十二届中央委员会第六次全体会议精神，促进国家现代化建设和科技创新

1. 学习研讨：组织支部党员学习中国共产党第十二届中央委员会第六次全体会议精神，深入理解科技创新对国家现代化的重要作用。

2. 科技讲座：邀请科技领域专家来支部举办讲座，分享他们的科技创新经验和前沿科技动态。

3. 科技项目：支持民革党员参与科技项目的申报和实施，推动科技创新成果的转化和应用。

4. 宣传推广：通过宣讲、媒体宣传等形式，向广大群众普及科技创新对国家发展的重要意义，引导他们积极支持和参与。

1993 年 11 月 18 日，民革克拉玛依支部第二次全体会议选举关丽娜、汤从军、朱力中、闵夫胜、秦芙蓉为第二届支委会委员，选举关丽娜为主任委员，汤从军为副主任委员。

办公地点：司法局

民革党员人数：13 人

开展主委活动情况：学习贯彻中国共产党第十四届中央委员会第三次全体会议精神，推进市场经济体制建设

1. 学习讨论：组织支部党员学习中国共产党第十四届中央委员会第三次全体会议精神，深入领会建立社会主义市场经济的重要意义。

2. 经济研究：成立研究小组，深入研究市场经济体制建设中的关键问题，提出相应的政策建议。

3. 经济论坛：组织经济论坛或研讨会，邀请经济学家和企业家分享他们对市场经济发展的思考和经验。

4. 宣传引导：通过宣传栏、发放宣传资料等形式，向广大群众普及市场经济体制的原理和优势，引导他们积极适应和参与市场经济。

1997 年 11 月，民革克拉玛依支部第三次全体会议选举闫夫胜、王洪杰、关丽娜、朱力中、秦芙蓉为第三届支委会委员，选举闫夫胜为主任委员，王洪杰为副主任委员。

办公地点：武装部

民革党员人数：13 人

开展主委活动情况：贯彻中国共产党第十四届中央委员会第七次全体会议精神，促进国有企业改革和发展

1. 学习研讨：组织支部党员学习中国共产党第十四届中央委员会第七次全体会议精神，深入理解国有企业改革的重要性和紧迫性。

2. 企业调研：开展国有企业调研活动，了解企业改革的需求和困惑，提出相应的政策建议。

3. 政策解读：邀请相关专家进行国企改革政策解读，向支部党员介绍改革的方向和举措。

4. 宣传推广：通过宣讲、媒体宣传等形式，向广大群众普及国企改革的背景和意义，引导他们支持和参与。

2000 年 12 月，民革克拉玛依支部第四次全体会议选举李新兵、秦芙蓉、董长合、张奇峰、浦世照为第四届支委会委员，选举闫夫

胜为主任委员，王洪杰为副主任委员。

办公地点：老市政府东侧小二楼

民革党员人数：13人

开展主委活动情况：学习贯彻中国共产党第十五届中央委员会第五次全体会议精神，推动全面建设小康社会、推进科技创新和信息化建设等重要主题。

1. 学习讨论：组织支部党员学习中国共产党第十五届中央委员会第五次全体会议精神，深入理解全面建设小康社会的目标和任务。组织支部党员学习中共十六届四中全会精神，深入领会科技创新和信息化建设对国家发展的重要意义。

2. 社会调研：开展社会调研活动，了解公众对小康社会建设的期望和需求，提出相应的政策建议。

3. 社区建设：组织支部党员参与社区建设活动，推动社区文化、环境、教育等方面的改善和发展。

4. 宣传引导：通过宣传栏、发放宣传资料等形式，向广大群众普及小康社会建设的意义和路径，引导他们积极参与。

2007年10月13日，民革克拉玛依支部第五次全体会议选举董长合、李新兵、秦芙蓉、张奇峰、浦世照、孙秀英为第五届支委会委员，选举董长合为主任委员，李新兵、秦芙蓉为副主任委员；

办公地点：森林公安局一楼

民革党员人数：16人

开展主委活动情况：贯彻中国共产党第十六届中央委员会第七次全体会议精神，推进社会主义文化建设

1. 学习讨论：组织支部党员学习中国共产党第十六届中央委员会第七次全体会议精神，深入理解社会主义文化建设的重要性和紧迫性。

2. 文化活动：组织文化活动，如书画展览、文学讲座等，推动

优秀传统文化的传承和创新。

3. 文化交流：促进与其他文化团体的交流合作，扩大文化交流的范围和深度。

2011 年 11 月，民革克拉玛依支部第六次全体会议选举董长合、孙秀英、张奇峰、李新兵、孙朝夕、朱石其、陆敬义为第六届支委会委员，选举董长合为主任委员，孙秀英、张奇峰为副主任委员；

办公地点：森林公安局一楼

民革党员人数：17 人

开展主委活动情况：学习贯彻中国共产党第十七届中央委员会第六次全体会议精神，党的十七大及历届全会精神。

学习研讨：组织支部党员学习中国共产党第十七届中央委员会第六次全体会议精神和党的十七大及十七届历次全会精神。

2. 经济调研：开展经济调研活动，了解经济社会发展的实际情况和问题，提出相应的政策建议。

3. 社会服务：组织支部党员参与社会服务活动，如扶贫帮困、环保宣传等，推动经济社会发展的可持续性。

2016 年 06 月 23 日，民革克拉玛依支部第七次全体会议选举陆敬义、师雅丽、张奇峰、曹西群、郭立辉、刘江、孙朝夕为第七届支委会委员，选举陆敬义为主任委员，师雅丽、曹西群为副主任委员；

办公地点：森林公安局一楼、工商银行 4 楼

民革党员人数：23 人

开展主委活动情况：学习贯彻中国共产党第十八届中央委员会第五次全体会议精神，推进全面依法治国。

1. 学习讨论：组织支部党员学习中国共产党第十八届中央委员会第五次全体会议精神和党的十八大及十八届历次全会精神。

2. 法治宣讲：邀请法律专家进行法治宣讲，向支部党员普及法律知识和法治观念。

3. 法律服务：组织支部党员参与法律服务活动，为群众提供法律咨询和法律援助。

4. 宣传推广：向广大群众普及全面依法治国的理念和实践，引导他们积极参与。

2021 年 07 月 06 日，民革克拉玛依支部第八次全体会议选举陆敬义、师雅丽、曹西群、张奇峰、郭立辉、王军、刘宏涛为第八届支委会委员，选举陆敬义为主任委员，师雅丽、曹西群为副主任委员。

办公地点：工商银行 11 楼、中银大厦 11 楼（现）

民革党员人数：27 人

开展主委活动情况：学习贯彻中国共产党第十九届中央委员会第五次全体会议精神，推动绿色发展和生态文明建设。

1. 学习研讨：组织支部党员学习中国共产党第十九届中央委员会第五次全体会议精神，深入理解绿色发展和生态文明建设的重要性和紧迫性。深刻理解中国式现代化的本质及要求。

2. 环保行动：组织支部党员参与环保行动，如植树造林、垃圾分类等，推动绿色发展和生态文明建设。

3. 环保宣传：开展环保宣传活动，向公众普及环保知识和绿色生活方式，引导他们积极参与环保行动。

4. 政策解读：邀请相关专家进行绿色发展和生态文明建设政策解读，向支部党员介绍相关政策的目标和举措。

□ 陆敬义：现任政协克拉玛依市第九届委员会常委，克拉玛依区政协第三届委员会常委，民革新疆区委会第九届委员会委员，民革新疆区委会直属克拉玛依支部主委。

改革开放以来我市教育事业的发展

严宝根

教育是民族振兴的基石，教育公平是社会公平的基础。改革开放的 40 多年，是党和政府高度重视和大力发展教育的 40 年，是教育事业取得跨越式发展、国民素质明显提高的 40 年，是全面实施素质教育、教育体制改革取得实质性进展的 40 年，是促进教育公平制度建设显著加强、更多惠及贫困地区群体的 40 年。我市教育依据国家教育体制改革前行，伴随油田发展而发展。自 1978 年实施改革开放至今，我市教育工作者砥砺拼搏，在创新课堂教学和深化教育教研上取得了双丰收，各项工作走在自治区先进行列。克拉玛依教育成功转型，引起了国内教育界的关注，中央电视台教育栏目、克拉玛依日报曾几次报道克拉玛依教育改革带来的巨变和取得的可喜成绩。

1978 年，全国教育工作会议后，教育部重新修订颁发了《全日制中学暂行工作条例（草案）》，规定全日制中学"实行党支部领导下的校长分工负责制，学校的一切重大问题必须经过党支部决定"。我市坚决贯彻执行条例（草案），市教育局在全市召开教育工作会议，贯彻落实《条例》（草案）细节，做到分工明确，责任到人，提升了各校的工作效率。

中共十一届三中全会后，市教育事业出现新局面，中高等教育和技术教育得到迅速发展。先后恢复克拉玛依、独山子两地2所石油技工学校。1982年，建立新疆广播电视大学克拉玛依分校。1985年，成立新疆石油教育学院。全市基本形成普通全日制学校教育体系和成人教育体系。

从1979年8月至80年代中期，石油管理局和市政府联合投资修建了市一中教学楼，新建了四中（现高级中学）、五中、六中、七中教学楼及各中小学的校舍，理化生教学实验室、图书馆，学生的课桌椅和老师的办公桌椅得到补充，教师的住宅条件得到改善。

针对当时教师学历低，师资队伍不稳定，无法满足日益增长的生源需要等问题，局市党委决定：一是创办克拉玛依师范学校，培养急缺师资，二是到内地招聘教师，以解决师资紧缺问题。经过几年的内培外招，全市各校教师的学历达标达到100%，彻底改变了学校师资结构，提升了全市整体教学水平。

1982年春，局市党委提出要在五年内培养10000名大中专毕业生的号召，市政府通过加速大中专院校的建设，加大招生培养力度，成人高等教育考试，选送职工到内地高等院校委培，成人函授和自学考试等途径，到80年代末，克拉玛依建成了从学前教育、普通中小学教育、中等技术教育到成人高等教育的完整教育体系，全市基本普及了高中阶段教育，整个教育水平迈上了新台阶。

1985年，教育部发布《中共中央关于教育体制改革的决定》（简称《决定》），《决定》提出"教育要面向现代化、面向世界、面向未来"。我市各校积极抓落实，采取多种形式探索培养国家所需人才，形成了新的教育格局。

80年代中期，克拉玛依建起了一所新型经营管理模式的聋哑学校。学校由石油管理局投资修建，市政府提供办学经费补助，单位报销定额学费，民间进行经营管理，招收克拉玛依及周边地区聋哑儿童及残疾青少年，自此开创了克拉玛依残疾人教育。每年的毕业生，由政府协调用人单位解决就业问题。2013年9月，聋哑学校与克拉玛依市第六小学、第十九小学培智班合并，并更名为克拉玛依特殊教育学校。

1985年，全国教育改革提出扩大学校的办学自主权，并提出科教兴国战略，加快了我市教育体制的改革进程。

1986年《中华人民共和国义务教育法》颁布，自此，我市中小学教育经费增加，经费来源增加，各校办学条件得到进一步改善。

随着政府财政对教育投入的逐年加大，到1988年，局市中学发展到27所，有教职工2627名，在校学生2.09万名；小学39所，教职工2260名，在校学生2.46万人。

从1979～1992年间，应试教育发挥着主导作用，我市基础教育得到长足发展，小、初、高升学率取得全面丰收，民汉考生高考录取率逐年提升。市教育系统按国家统一要求，开展了扫盲和学历教育，大规模成人教育取得可喜成效。到1992年底，全市拥有大中专院校5所、完全中学22所、初级中学4所、小学24所、技工学校2所、职业中学5所、聋哑学校1所、职工学校24所。

1993年2月13日，中共中央、国务院在总结广大教育工作者改革实践经验的基础上，制定发布了《中国教育改革和发展纲要》，纲要提出"两基"：到20世纪末，实现基本普及九年义务教育，基本扫除青壮年文盲。克拉玛依市政府积极响应，教育局具体抓落实，并在规定时间内，基础教育通过了自治区"基本普及九年义务教育""基本扫除青壮年文盲"评估验收。

1997年，石油行业内部实行重组，推行主辅业分离、政企分离、专业化管理等改革措施，对油田教育从学校设置、办学体制、投资体制等各个方面提出了新的改革要求。同年7月，市油田党委决定，将油田各厂处所属幼儿园、中小学全部移交克拉玛依市政府集中统一管理，市教委具体负责抓实施。经整合教育资源，最终拓展成为为社区居民服务的社会公益事业单位。

1998年，国家开始在中小学实施素质教育，即："中小学由'应试教育'转向全面提高国民素质的轨道"。市局教育中心根据自治区教委《关于在我区中小学全面推进素质教育的意见》的要求，于年初在克拉玛依市第二小学、第九小学、第十一小学进行素质教育试点。市人民政府、新疆石油管理局联合下发了《关于全面推进素质教育的决定》，出台了《克拉玛依市、新疆石油管理局实施素质教育规划》《中小学素质教育评估方案》《市局教师工作量综合考核办法》等具体措施。各校组织教师学习，并根据其本校实际，制定切实可行的实施方案。

2002年，市教育局制定《克拉玛依市教育现代化战略研究》，明确了全市教育中长期规划目标，制定和实施了《克拉玛依市中小学办学纲要，并对全市所有中小学进行高标准改扩建。

2006年，新修订的《中华人民共和国义务教育法》发布，至2008年秋，全市初中义务教育免除学杂费。

自2005～2007年，市教育局连续三年对全市三届初中毕业生进行了综合素质评价。在评价中体现综合性、发展性和过程性原则，把形成性评价与终结性评价有机地结合起来，更加注重通过学生的发展过程，获取学生的全面信息，既体现了对学生的基本要求，又注重了学生的个体差异和个性发展。

2008～2010年，市教育局以综合素质评价改革工作为契机，充分利用综合素质评价改革优化学校的各项管理工作，引导各校逐步建立适应基础教育课程改革需要的教育教学管理制度。通过将逐步完善的综合素质评价结果应用于初中毕业和高中阶段学校招生制度的实施，引导全社会树立正确的人才观和质量观，营造全面实施素质教育的良好氛围，从而积极稳妥地构建适合我市实际的学生评价体系。自此，社会、教育工作者及家长的教育观念逐步发生改变。随着改革的不断深入，素质教育贯穿于德智体美劳等各个教学环节，教学质量也在逐渐提高。

"八五"至"十一五"期间，克拉玛依教育在课程改革及教学方法上进行了大胆尝试，积极改善办学环境，强化精细化管理，注重办学特色，引领学生个性发展，教育教学工作上取得新突破，教育研究开创新局面。

1995-2000年期间，中、小学坚持党支部领导下的校长负责制，实行"德、智、体、美、劳"量化目标管理，综合办学水平逐年提高，自1991年进入自治区先进行列后，一直保持领先水平；我市职业技术教育摆脱困境，走出低谷。

2001-2005年期间，新疆石油学校正式挂牌成立克拉玛依高级职业技术学院。中、小学教育进行了多项重大改革：直属中学实施全员聘用制、校长任期目标责任制。制定实施了《克拉玛依市自治区基础教育课程改革实验区实验方案》。出台了《克拉玛依市全面推进"双语"教学工作的决定》《特级教师、学科带头人和骨干教师选拔管理办法》。五年间，适龄儿童入学率、小学毕业合格率达100%；初中毕业率达98%；高中毕业率达90%，高考成绩迈入自治区先进行列。

2006-2010年期间，在政府的大力扶持下，教育经费投入逐年增加，基础教育持续、健康发展；教育互联网覆盖全市中小学、幼儿园，各种教学功能馆、室配备齐全；办学条件和办学效率得到快速提升。

为适应教育快速发展的需要，繁荣教育科学服务的方式，强化部门协作，统一资源调配，教育上提出了"152"工程，即一个目标：争创疆内一流综合教研中心。五个支撑：教育科研中心、课程建设中心、教师培训中心、监测评价中心和信息服务中心。两个依托：学科教学基地和名师工作室。全市教学成绩取得新突破，其中小学适龄儿童入学率、巩固率稳定在 100%；初中入学率 100%，巩固率 99.5% 以上；普通高中入学率 80.5% 以上，普通高考文理综合平均上线率 96.8%。小学、初中、高中教师学历合格率分别为 99.95%、99.46%、93.87%，各项教育指标均居于全疆各地州市前列。2009 年，克拉玛依市被教育部评为"全国推进义务教育均衡发展先进城市"。2010 年，我市第六中学开设俄语特色班。

"十二五"期间，为贯彻落实拉玛依市委、市人民政府提出的打造一流教育及自治区党委提出"以现代文化为引领，以科技、教育为支撑"的战略决策，把"办好人民满意的一流教育"作为全面建成小康社会全国先进市和高品质城市建设的重要内容，不断深化教育领域各项改革，加速推进教育现代化进程，使教育教学工作不断向优质、内涵、高效、特色方向发展。

为实现此目标，2011 年市政府在深入调研的基础上，指示财政预算要优先保证教育经费，与此同时，克拉玛依工程教育基地建设正式启动。2012 年 9 月至 2013 年 7 月，克拉玛依市先后派出五期138 人次优秀教师和教育管理干部，赴北京十一学校开展挂职研修及培训，从学校文化、课程结构、课堂教学、学生管理等方面进行了全面深入的观摩和实践，教育理念得到了根本性转变，专业素养得到了有效提升，思想得到了有效统一。同年，党校和电视大学改由市政府投资和管理。

为解决好人民群众日益增长的对优质教育资源的强烈需求和优质教育资源相对不足的矛盾，我市克难攻坚，以优秀等级通过国家义务教育均衡发展督导评估，义务教育迈入高位均衡发展新阶段；适合我市实际的首个省域内副中心城市教育现代化水平监测指标体系成功构建，教育现代化发展的定位和思路更加清晰，信息化教育得到快速发展；教育体系结构更趋完善；中国石油大学（北京）克拉玛依工程学院正式运作，厚博学院采取民办公助的模式办学实现招生；学校校园文化建设取得进展，教育品牌及特色逐步形成；北京师范大学克拉玛依附属学校、"加拿大高中班"合作项目深入实施；中俄友好学校正式构建，"名校长名师培养工程"有序开展；"教育云"技术及"大数据"平台在教育科学决策、教学改革和学生综合评价中得到有效发挥。

2012年9月，我市与加拿大大新斯科舍省派特森教育集团合作开办加拿大高中班，为克拉玛依及全疆准备出国留学的优秀学生提供一个优质教育平台，创造直接进入世界名校的机会。同年，我市还与北京师范大学按照"国有联办、协议管理、机制创新、自主办学"的原则，合作开办了北京师范大学克拉玛依附属学校。

2013年4月，为在全疆率先实现教育现代化总目标，克拉玛依市人民政府与北京十一学校达成合作办学协议，市第一中学与之对接，学校全面引进、借鉴北京十一校的办学理念、办学方式、管理机制以及初、高中课程体系，推行以"扁平化""联邦制""分布式""制衡型"为特征的现代教育管理模式，实行学生学分制、走班制、导师制、课程选修制，小班化教学。（同年，克拉玛依职业技术学院划转市政府投资和管理。）到2014年9月，双方合作的学校扩大至6所，其中高中1所、初中2所、小学3所，优质品牌学校的引领示范和带动作用得到了充分发挥。

2013年10月，我市所辖四区均以优秀等级通过教育部督导组关于推进义务教育均衡发展工作的督导评估，评估结论：克拉玛依市教育发展理念超前，特色明显，内涵丰富，义务教育学校校际间综合差异系数不超过0.31，远低于国家规定的0.65，公众对教育的满意度调查结果均在94%以上。2014年，我市参与研究实践的两项国家级课题《情境教育实践探索与理论研究》和《普通高中育人模式创新及学校转型的实践研究》获得国家级教育教学成果特等奖。2015年，克拉玛依市教育局被确定为全国教育管办评分离综合改革试点单位，我市"在全疆率先基本实现教育现代化"的目标如期实现，并形成全方位对外交流开放格局。2015年10月经教育部批准，中国石油大学（北京）克拉玛依校区正式挂牌建设，2016年开始招生，从此克拉玛依有了全国985系列的高等学校。

"十三五"期间，我市实施科教兴市和人才强市战略，加速推进教育现代化建设步伐，在更高起点上促进我市教育转型跨越、提升品质，更好地回应人民群众日益增长的对优质教育资源的强烈需求，不断增强教育对区域经济社会发展的服务能力。2016年，我市高级中学开办中俄班，逐步形成了传统与现代融合、中西合璧、大众教育与英才培养教育相结合的创新教育体系，构建了"高质量、有特色、多样化、可选择"的教育格局，满足了社会对教育多样化的需求。

根据《国家中长期教育改革和发展规划纲要（2010～2020年）》和《自治区"十三五"教育事业改革和发展规划》，结合我市经济社会和教育事业改革与发展实际，教育上开展了创办适合每一位学生发展的教育。坚持把提升教育品质作为改革发展的核心任务，围绕推进教育治理体系和治理能力现代化的总要求，以丝绸之路经济带核心区文化科教中心建设为重点，以建设中亚地区一流教育和具有国际竞争力的人才培养高地为总目标，全面深化教育领域综合改革，加速推进教育转型跨越，大力提升教育发展品质和综合服务水平，努力实现提供个性化教育，满足个性化成长；教育力求多样化，丰富教育形式，为学生个性化发展创造可选择的教育环境，到2020年，全市全面实现教育现代化，初步形成西部地区高端人才培养基地及中亚地区一流的教育和人力资源开发中心，打造具有特色和吸引力的国内品牌教育。通过"联合办学、委托管理、远程教育合作、吸收国内外先进教育理念，学习借鉴中外名校的先进办学经验"等多种途径，推动教育变革，引领教育体制机制改革不断向纵深发展。

2016年6月18日至19日，受教育部委托，中国教育学会在我市举办"基础教育国家级教学成果特等奖育人模式创新及学校转型实践"推广会，来自全国21个省市及疆内各地州市的教育专家、学者及教师1500余人参加了此次会议，我市向全国同行展示了克拉玛依教育及学校转型变革的成果，受到与会领导及各方来宾的一致好评。

2016年7月，教育部基础教育课程教材发展中心将克拉玛依市第一中学确定为"全国课程改革骨干教师研修基地"。

2018年，克拉玛依市"教育转型助推教育现代化"案例被21世纪教育研究院评为2018年度"地方教育制度创新奖"，同时，我市教育转型变革专题报道登上央视新闻中心庆祝改革开放40周年特别节目《印记》；我市"以区域推进教育转型，加速人才培养模式变革实践研究"课题获得自治区基础教育教学成果一等奖和国家级基础教育教学成果二等奖。

2019年，市教育局制定并印发《克拉玛依市教育转型变革巩固提升年实施方案》，继续深入落实《课堂教学成长年活动实施方案》，组织召开以基础教育质量监测、家校一体德育路径、中高考研讨交流、深化课堂教学改革，提升教育转型变革等主题的校长论坛6期；持续开展教研员对全市各学校课程构建、资源研发等工作实施全过程指导，坚持每周进校园开展常态化调研、每周开展市级大教研工作，帮助学校进行课堂教学改革诊断把脉；持续开展"一师一优课""一课一名师"的评选推送，组织参加首届自治区青年教师优课评选活动；组织开展"教学能手暨优质课比赛"评选活动，共有1423名中小学、幼儿园教师报名参加，共评出教学能手97名，优质课一等奖81名，优质课二等奖81名，有力促进我市教师队伍快速成长。

该年，市教育局制定《克拉玛依市教育机构外籍教师管理实施细则》（克教发〔2019〕24号），加强全市教育机构外籍教师管理，进一步规范涉外教育机构办学行为，持续做好对外合作办学工作。

贯彻落实国家有关教育信息化和人工智能发展的重要文件精神，积极发挥信息化对我市教育转型的支持和推动作用。成功举办克拉玛依市首届教育信息化论坛，推进"互联网＋教育"的智能办公和智慧校园新建设、新模式，提升我市教育信息化应用和服务水平。我市作为全疆唯一受邀城市参加"第五届中国教育创新成果公益博览会"，荣获教博会最高奖项—优秀教育成果SERVE奖。

2020年，制定教育系统贯彻落实《新时代爱国主义教育实施纲要》实施方案，建立市青少年法治教育实践基地，引入推广《中小学德育学堂》项目，全市36所学校获自治区级文明校园，1所学校获"全国未成年人思想道德建设先进单位"，市教育局荣获教育部"美好生活 劳动创造"主题读书活动先进单位。坚持开展"民族团结一家亲、同心共铸中国梦"民族团结联谊活动和民族团结"细胞工程"，深化"三进两联一交友"活动机制。

市教育局党组研究制定并印发《关于深入推进克拉玛依教育文化变革的实施意见》，明确了未来我市教育改革发展的总体目标和主要任务，指导全市教育工作者以文化变革驱动教育转型变革，持续巩固提升转型变革成果，加速实现更高质量的教育现代化。2020年7月14日，《中国教育报》第5版《教育转型需要凝聚变革共识》深度报道我市教育文化变革，受到国内同行的广泛关注。

克拉玛依市获选国家级"基于教学改革、融合信息技术的新型教与学模式"实验区，对我市持续深入推进信息技术与教育教学融合创新，打造高品质教育，以及引领地区联动、推动区域教育转型、提升克拉玛依城市形象意义重大。克拉玛依市教育综合改革案例入选《2020 中国教育蓝皮书》。

市教育局推进《克拉玛依市中小学校长职级制实施意见（试行）》的落实，建立校长职级制配套制度，进一步推动学校"去行政化"，促进校长专业化发展，积极推进教育家办学、专家治校。调整学校党政正（副）职岗位设置人事管理制度，对学校党政正（副）职不再设立管理岗位，统一设置为专业技术岗。同时，加强教育管理人才梯队培养。制定《关于落实教育文化变革加强教育管理梯队人才建设的实施方案》，组织管理人才梯队成员参加政策研讨会，深刻领会政策文件精神，把握教育发展脉络。

2021 年，我市加强"全国课程改革骨干教师研修基地"和"普通高中新课程新教材实施国家级示范校"建设，组织"普通高中育人方式变革"和"分层教学、选课走班"专题培训和中小学管理干部、骨干教师赴北京十一学校及其加盟校学习。利用上海智力援克政策，做好"影子校园长""沪克"访问学者、名师提升等培训项目组织实施。全年完成国家、自治区培训项目 14 项，组织实施市级重点培训项目 19 项、专题讲座 4 场，累计参与培训 23000 余人次。与此同时，新疆医科大学厚博学院成功更名为新疆第二医学院，成为自治区第二所公办医学类本科院校，克拉玛依开放大学完成综合改革，为实现克拉玛依高等教育高质量发展奠定坚实基础。

2022 年，我市聚焦立德树人根本任务，对接教师队伍发展需求，以推进育人方式变革为中心，以提升"双新""双减"政策实施能力为重点，组织全市教师培训工作，支撑全市教育高质量发展。全年共完成国家、自治区培训项目 17 项，设计实施市级培训项目 15 项、上海智力援克项目 7 项，覆盖教育管理干部、骨干教师 19260 余人次。

市教育局深入贯彻市人才领导小组工作会议精神，在教育系统广泛宣传"1+2+15"人才新政。开展人才工作"大走访、大调研、解难题、促实效"专项行动，共计走访学校 36 所，开展座谈交流 548 人次、收集调查问卷 5015 份，深入大中小幼学校开展了人才工作专项调研行动，形成《克拉玛依市教育系统人才工作专项行动调研报告》，为进一步做好人才工作提供参考。开展人才选拔推荐工作，组织召开自治区"天山英才"评审推荐会、市领军拔尖人才评审推荐会、市首届"油城名师"评审推荐会，向自治区教育厅推荐自治区"天山英才"教育领军人才 5 名，评选出市领军人才 3 名、市拔尖人才 5 名，市"油城名师"50 名，并进行三年定向跟踪培养，发挥高层次人才的辐射引领作用，进一步激励全市教师队伍专业成长，有力推动教育系统人才梯队建设。

40 多年来，我市经过不断深化教育改革，教育水平经中国教科院综合检测，克拉玛依市信息化水平、终身学习水平等均居全国第一。克拉玛依市的教育现代化水平总体较高，已高于全国平均水平；处于各省会城市及东部沿海地区领先地位，处于中西部地区发展高地，居于各省级副中心城市首位，超过国家 2020 年教育规划目标。

改革开放 40 多年来，我市民办教育逐渐兴起，弥补了我市教育盲点，家庭教育为教育合力作出了积极贡献。家长学校、早教中心，在学前教育中，家庭、社区、教育机构相互合作，促进了学前教育的全面发展。新时代的今天，教育备受政府高度重视及社会各界广泛关注。特色教育在各校得到提倡，校园文化建设成为各校的亮点和名片。教育体系日益完善，全方位教育体系基本形成，教师素质明显提高。

40 多年的教育改革，让全社会达成了一个共识：教育的本质是立德树人。改革的目的是更好地培养华夏优秀的儿女，为国家培养高素质复合型人才。教育事关国家经济发展与政治稳定，事关民生，事关祖国的未来，全社会都应负起责任来。

十八大以来，我市为丰富人民群众文化生活，提高广大市民文化素质及科学素质，全市创建社区市民学校 90 多所，并创新配备了优质师资，开办了书法、绘画、声乐、器乐、舞蹈、模特、时事政治、党史学习教育、法制教育、科普教育、农牧民科技培训、《中华人民共和国民法典》、《国安法》等各种学习班，受教收益人数逐年增加，提升了广大市民的人文及科学素养，提升了城市文化品位，为这座现代化石油城注入了新的活力。

如今的克拉玛依教育，育人环境得到了净化，教育管理部门风清气正，政府将教育投入纳入优先考虑，办学规模逐年扩大，幼儿教育及特殊教办学环境得到极大关注，师资配备齐全，中小学教学质量及教育科研成果位居自治区前列，中、高等教育得到普及，各校将德育教育、中华优秀传统文化教育、爱国主义教育、理想信念教育、人生价值观教育及信息化教育穿于整个教学过程之中，极大地满足了各民族学生受教育的多种愿望，并为国家输送了大量的可塑人才，社会满意度得到大幅提升。

走进新时代，扬帆正是最当时。进入"十四五"后，克拉玛依市政府按照党中央深化教育改革方针，紧紧抓住立德树人根本任务，大力发展素质教育。在市委的正确领导下，克拉玛依市教育迎来了新的蓬勃发展时期。我市与上海对接成功，获得智力援建。克拉玛依市教育正借助上海丰富的人力资源和先进的办学理念、经验，加大师资教师队伍建设，强化教育教研相辅相成，助推克拉玛依教育在新时代再创新辉煌，引领教育朝着良性健康的方向持续发展。在中华民族伟大复兴征程中，克拉玛依"一流的教育"必将为国家输送更多的高端人才，为建设现代化石油城和促进地方经济快速发展做出更大的贡献！

　　□　严宝根：江苏泰州市人，高级英语教师，克拉玛依市政协第六届委员、第七届常委，克拉玛依区文联作协副主席，新疆作协会员，中国文化协会艺委会主席。

流金岁月

打造"永不卷刃的尖刀"

——劳动英雄张云清的人生

赵登钊

　　1202 钻井队是从玉门、克拉玛依走向大庆、全国的英雄模范钻井队。这支英雄模范钻井队就像象中国石油工业钻井队伍的"特种部队",与铁人王进喜的 1205"钢铁钻井队"并肩作战,在最困难的时候、最困难的地方,冲锋夺冠,攻垒拔寨,屡建伐功,被石油工业部命名为"永不卷刃的尖刀"!

一

　　张云清生于 1925 年 5 月——故于 2011 年 10 月 16 日。祖籍陕西乾县。1929 年,河南、陕西大旱,赤地千里,饿殍遍野,父母饥饿离世,乳名"全福"的张云清成为孤儿,童年至成年,靠打工为生。23 岁时,在亲戚帮助下娶妻成家。在家境贫寒,走投无路情况下,1948 年 2 月,他决然投身革命。1950 年 10 月,张云清调 57 师司令部警卫连任排长。从那时起,他就在张文彬的直接领导下工作。

　　1951 年,在大生产运动中,张云清受到师部表彰与奖励。开完会，他兴奋的心情还没平静下来，政委把他叫了去，他满以为又有新的任务，谁知道政委找他谈心，拉家常。政委亲切地问他："小张，你参加革命多长时间了"张云清："差不多三四年了"。政委又问："这些年你回过家没有？""没有"。张云清又说："不但没回过家，也没通过信。因为打仗没有停，我也没写过信"。"你家里有些什么人？"政委问。张云清回答："父母早去世了，我是有家也没有家，上无片瓦，下无立锥之地。家里只有媳妇和一个孩子，还寄居在丈人家。我走的时候，孩子刚刚出生。因为投奔革命队伍是秘密行动，因此当时没有给家里任何人打招呼"。"什么"？政委听了不禁吃惊："这么说家里直到现在还不知道你参加革命？"张云清苦笑着说："那个时候，家乡没解放，还是白区，不能给家人说，说了非但走不了，还会给家里人带来麻烦。我是硬着心，瞒着亲戚和家人寻找游击队的，直到现在他们娘儿俩是生是死还不知道。听到这里，政委一下沉默了，心有感动，抑制着感情，在张云清肩头拍了几下，什么也没说，转过身去，沉思良久，然后转过头来责备张云清说："好你个张云清，家里情况是这样的，为什么不早吭声？"

张云清嗫嚅着说："大家情况一样，都是撇开家里人参加革命的，有什么好说的。"政委说："我就听说你多年与家人音信断绝，今天找你问个明白。现在你听着，这也是师部的考虑，给你一个礼拜时间，赶快回去，把老婆孩子接到部队里来。"

由于事情来得突然，心理上没有准备的张云清听了十分震惊。只是一个劲地抓着政委的手，眼中含着泪水，张着嘴巴"我、我、我……"什么也说不出来。政委笑着说：别哦、哦、哦的了，还楞着干什么，去，向连队交工作，赶快动身吧。张云清带着师首长的关怀，回到家。妻儿都认不出他了，所有人也都认为他不在人世了。妻子在家给他设了灵堂，每逢过年祭祀都要带上儿子在他灵前烧香、化纸、磕头。张云清和妻儿从此团聚，他把母子接到汉中成了随军家属。

1952年8月1日，57师奉毛泽东主席命令改编为石油工程师，张云清依然是警卫排长。1952年，张云清所在连被编入"钻井建设团"。这年3月，师部在延安枣园组建了"石油钻井教导团"，警卫排骨干在师部安排下，参加了"石油钻井教导团"学习，张文彬政委在张云清他们进入学习前，特别叮咛说：你们警卫排在这次学习中，要做学习的模范，要学习延安精神，保持发扬警卫排的光荣传统，希望你们将来成为中国石油一把尖刀！张云清和警卫排战友，克服文化低学习技术困难，牢记政委教导，坚定信心，刻苦学习，取得了优异成绩，警卫排被师部授予"模范集体"，张云清被授予"一等学习模范"等光荣称号。同年7月，燃料工业部石油管理局以石油师为主，抽调一批专家、技术人员、工人组建石油钻探局。张文彬政委任局长兼党组书记，副师长张忠良、参谋长陈寿华、政治部主任秦峰任副局长。钻探局建立"延安钻井大队"，张云清任钻井队副队长。这期间，张云清用教学的钻机在延安周围打了许多探井，口口探井都见到了石油。

1953年，1202钻井队在玉门组建打的第一口井，打了三个月，最后把钻具墩入井底，人们称这个队是"豆腐队"。张政委听说后，放心不下，为了加强对这个队管理，提高钻井水平，迅速扭转"豆腐队"局面，他决定让张云清提前结束在延安枣园学习，赶快回队。他说：由我们警卫战士组建的这个队伍不能是这个样子，一定要把它变成一个老虎队，打出我们军威来！

张云清回队后，按照张政委指示精神，做扎实细致的思想工作和业务管理工作，充分发挥党团组织的作用。团结一班人，带动全队，很快就把党团员和生产骨干的积极性调动起来了。1956年5月，1202钻井队只用22天时间，就打出一口井，创造了当时玉门的最高纪录，获中央慰问民族地区代表团授予的一面锦旗。

克拉玛依传来发现大油田的消息，如战斗号角激励着张云清钻井队每个队员。"老政委"点将调 1202 钻井队入疆参战。全队 50 多名将士接到组织指令后，当真是高兴坏了，大家欢腾雀跃，摩拳擦掌，恨不插翅飞到新疆。离开玉门那一天，王进喜到车站送别张云清时说"老张，我还要和你打擂比武呐，你就走了。"张云清说："咱们在克拉玛依打擂比武，我在那里等着！"

二

1956 年 8 月，张云清到克拉玛依没几天，张文彬局长和只金耀就接见了他们。一见面，张文彬就说：你们钻井队现在很有名气了，所以我才指名点将要你们来。这里是个大战场，生活环境和生产环境都非常艰苦，尤其是任务特别艰巨。能不能经得住考验，在克拉玛依打出我们石油师警卫排的威风来，这就看你们了。张云清说：请首长放心，我们会以实际行动作出回答。10 月份，张云清钻井队钻的第一口井是沙 6 井。这口井是在漠风呼啸、天寒地冻条件下开钻的。由于钻工们早已铆足了劲，因此干得很猛，进尺快，没料到距离油层相差几百米井段发生了井喷。祸不单行，就在全队投入压井制服井喷时，又突然发生了卡钻事故，在处理卡钻时，又手忙脚乱把井架拉垮了，连钻具也掉进了井里。

这一连串事故发生，对刚到新疆会战的 1202 钻井队来说，其打击是够惨重的。有工人气得大声开骂，"我们算什么青年突击队，简直是一帮熊包！"全队士气低落到极点。张文彬得知情况，就和曹进奎等领导来 1202 队看望大家。

一见面，张云清愧疚地说："政委，我们没干好，闹出这些事故来，太丢人了，我请求处分。"张文彬见张云清开口就做检讨，便笑出声来。他语重心长地说：云清，再好的将军也有马失前蹄的时期。我们干的是前人没有的事业，失败和挫折是难免的。青年突击队要经得起困难的考验，只有百炼才能成钢啊！张文彬又说：有什么困难就随时找我对我讲，我相信你们跌倒了能爬起来，打出咱们警卫战士的威风，使1202队成为战区一支领先的标杆钻井队，这是我特别希望的。

张文彬在最困难时期关心、支持、鼓舞他们，还请来前苏联专家帮助排除查事故，在技术上进行现场指导，使1202钻井队不到一年时间，扭转被动局面，冲出了低谷。

打第二口井，1202钻井队扬眉吐气，一展雄风。这口井位于克拉玛依近郊，张云清井队以雷厉风行的速度，仅用一个星期就钻完了，而且因井质量、取芯收获率、各项技术指标都达到了设计要求，受到油田领导表扬。

1958年，"大跃进"浪潮在全国各地推开，克拉玛依油田勘探会战进入产能建设会战，这场恶仗越打越大了。这个时候，张文彬和其他领导把一切精力放在如何快速在北疆建成一个全国最大的产油基地上，钻井速度决定着油田建设的速度。百事集于一身的张文彬，把焦点放在钻井速度上。1957年，克拉玛依油田共有75个钻井队，队平均年进尺仅2193米。钻井速度上不去，张文彬忧心焦虑。他把有关人员叫来研究，张云清首先发言说：我们1202钻井队有把握提高钻井速度。张文彬急忙问：提高多少？"听说玉门王进喜队最近提出月进尺要上千米，他王进喜能上千米，我张云清就能上千米，而且做到保质保量"。张云清紧接着说：只要能实现进尺月上千米，我们就能达到年进尺一万米。所以我们队研究提出"月上千、年上万"的进攻目标。张云清这个目标一提出，在整个克拉玛依引起了震动。有人点头，有人摇头，有人怀疑观望，甚至说什么的都有。张文彬等领导当然是点头的。会后，张文彬不放心，和张云清交谈，他说：这月上千、年上万的指标提出非常大胆，是钻井史上一个创举。你能不能给我谈一谈实现这个指标的依据和保证措施。

张云清说：这个我想过了。我们队目前月进尺400米至500米，这中间包括因井搬家、安装和检修时间，如果能够缩短非钻井时间，采用高压、快钻、大泵量的钻井方法，钻速提高一倍以上是可以实现的。

张文彬长听了后，一边点头，一边琢磨，最后以坚决的口气对张云清说：月上千、年上万，这个指标是解决了思想的，是可以达到的，既然提出来了，那就只许成功，不许失败。

遵照张局长指示，围绕这一钻井指标，张云清充分动员职工，千方百计，从管理到钻井大胆改进，缩短时间，节约材料，大家住在井场，克服困难，脱皮掉肉地干。终于在1958年3月，实现了诺言，首创月上千米纪录。

第一炮打响之后，鼓舞了张云清钻井队士气，也鼓舞了兄弟钻井队。孙玉廷钻井队提出"生产'大跃进'，干劲赛武松；钻透戈壁滩，追上张云清"的口号。洪福斌钻井队又提出"三至四月四口半，全年一万加一千"的口号，表示了要超过1202钻井队的决心。

这样一来，形成了一个你追我赶热火朝天的劳动竞赛局面。然而，水涨船高，1202钻井队骑在了老虎背上，只有朝着前冲了。那个时候，人们为了拿下新中国第一个大油田，当真是革命加拼命，无私无畏，勇往直前。1202钻井队四月、五月连连上千，六月份进尺跃上双千，八月份钻井进度达3951米，创了当时月进尺全国最高标杆。当玉门景春海钻井队提了月上二千、三千米的消息传到克拉玛依时，张云清非常激动，觉得这种竞赛太有意义了。他心想，全国最高标杆队的牌子绝不能在我手上丢失，我们1202钻井一定要把夺冠的旗子插到天山上！9月份，张云清钻井队创造了日进尺510

米，月进尺4310米高指标。1958年1至10月份，钻井进尺18532米，提前实现了"年上万"誓言。

从此，在张文彬培育下成长的1202钻井队，在创业石油征途中，转战南北，屡建奇功。

1958年11月，张文彬组建"新疆野战营"，亲率1202钻井队赴四川参加川中会战。那时，张云清已担任新疆石油管理局钻井处副处长，马德仁为队长。张文彬负责龙女寺探区会战。会战打响，各钻井队之间拉开了"放卫星""创标杆""夺红旗"的劳动竞赛。张文彬特别叮咛张云清等说：咱新疆的同志来到四川，要虚心学习，认真请教，在新疆你们是卫星队，到四川，我希望也放它几个卫星，有没有信心。

"坚决完成任务，拿下川中油田！"野战营全体指战员如同宣誓，异口同声，喊声震天。

战斗刚开始，由于各路参战队伍对川中地层情况生疏，钻具折断现象非常严重，有时一天断4次，有一个钻井队竟断了40多次。一定要找到原因！张文彬来到1202钻井队现场，他说：要认真组织职工学习先进经验和方法，研究出对策来。

张云清遵照张局长指示，经过多次向先进队请教，终于找出了解决问题的方法，将钻具折断现象彻底排除了。在四川会战半年，1202钻井队共打出2口井，为当时小钻机开发南充油田开辟了道路，受到四川石油管理局表彰。1202钻井队荣获"为油而战突击队"称号，张云清个人荣获"为油而战红旗手"称号。离开四川回到新疆，张文彬局长给张云清钻井队赠送八个字："戒骄戒躁，标杆不倒"。

回到克拉玛依，1202钻井队一鼓作气，不仅保持着全国最高标杆队荣誉，月月超额钻井任务，而且连创月上4000米，年上双万米新纪录。这一时期，1202钻井队已成为闻名全国的英雄钻井集体，张云清个人连续三年被自治区、新疆石油管理局授予先进个人。

1959年10月，张云清终生难忘。张文彬局长亲自向张云清传达组织决定，让他代表1202钻井队英雄集体，光荣出席全国群英会。在首都北京人民大会堂，张云清和全国各条战绩的英雄模范人物一起，受到了伟大领袖毛泽东、刘少奇、周恩来、朱德等党和国家领导人的亲切接见，同时受到了隆重的表彰。当大会将一面由周恩来总理题写的"劳动英雄"金字奖牌授予张云清时，他感觉经受了一次永久性的关怀、鼓舞和人生最幸福的洗礼！

全国群英会结束后，张云清坐在返回新疆的列车上，心潮起伏，思绪万千。他首先想到的就是"老政委"张文彬。从他当石油师警卫排长起，每一步成长，都离不开政委的鼓励和支持。获此殊荣，与政委长期栽培分不开，荣誉归党和人民，功劳归于团结战斗的英雄模范集体。

三

1960年，中国发现大庆油田。2月份，石油工业部在哈尔滨召开动员会议，当月，张文彬带领英雄钻井队1202钻井队和地质勘探队数千人队伍冒着严寒，从克拉玛依出发，向东北进军。

会战打响之后，张文彬负责指挥的第三探区萨尔图形成了会战的主战场。会战初，张云清担任第三探区钻井指挥部副指挥、副书记，李敬任指挥。2月至4月，是会战酝酿阶段。第三探区在萨尔图地区先打了3口探井，喜获高产工业油流，每口井都是60吨。于是以萨尔图为中心的大庆石油会战轰轰烈烈推开了。张云清和他的战友，怀着穷则思变，奋发图强，为祖国寻找大油田的强烈热望，心里装着为党和国家争气、为中华民族争光、把石油落后的帽子甩到太平洋里去的信念、无私忘我，为会战奉献力量成为每个人的自觉行动。会战打响，时至寒冬，粮食匮乏，大多数会战职工以苦为乐，以苦为荣，经历考验。

大庆会战开始，团队与团队之间自发地展开劳动竞赛。你无条件上，我也无条件上；你放卫星，我也放卫星；你要挑战打擂台，我就敢应战。张云清说张文彬是一个特别能带队伍作战、特别能打硬仗恶仗的指挥员。他把群众争先创模竞赛活动引导组织得好。他特别注重人的精神和队伍性质的培养，争先进、树典型活动，在第三探区搞得高潮迭出。在第三探区萨中指挥部召开"石油大会战誓师大会"上，隆重推出了王进喜、马德仁、段兴枝、薛国邦、朱洪昌五大英雄、五员虎将。五位英雄披红戴花，骑坐高头大马，战区领导干部为5位英雄牵马，绕场一周接受大会检阅。这5名英雄，都来自张文彬领导的探区。1205钻井队长王进喜，是大庆会战第一英雄。马德仁接张云清，任1202钻井队长。他破冰清理泥浆管线，宁肯自己冻成冰人，也要保证开钻。段兴枝是来自四川的钻井队长，薛国邦是来自玉门的采油队长，朱洪昌是施工队长。

特别是铁人王进喜典型，使铁人精神形成了。一个学铁人，做铁人的劳动竞赛活动，在大庆、在全国推开。

张文彬在树立典型、培育英雄精神、创英雄业绩上，独树一帜，方法多样，使后进变先进，先进更先进。

1961年，大庆开展了"超功勋、夺王牌"竞赛活动，这是张文彬用这种方法培养典型，创最佳业绩的一个生动范例。

那时，大庆工委得到消息，前苏联有一个叫格林尼亚钻井队，在前苏联依尔巴库油田用11个半月，钻井进尺达31341米，创造了全前苏联最高纪录，被苏共中央和前苏联部长会议授予"功勋钻井队"称号。消息对会战中的大庆工委领导是个新的启示。余秋里、康世恩、张文彬把希望投向了钻井指挥部。争取超过苏联"功勋队"，为国争光。张文彬把党工委领导亲笔书写的一对条幅作为礼物送给了李敬和张云清他们。条幅写道：

创奇迹超功勋，争夺世界冠军；
保质量安全，永树全国标杆。

在张文彬策划指导下，经过精心部署，1961 年 1 月 1 日，钻井指挥部在萨尔图召开职工大会，发出了"超功勋，高速建设大庆油田"动员号召。

这一竞赛活动，把竞赛的档次和目标提高了。不仅仅是国内队与队之间的竞赛和竞争，而且是国与国之间的竞争。张文彬特别要求活动在 1202、1205、1203 钻井队开展。这几个队都是大庆的标杆队，优中之优，强中之强。1202 钻井队是石油工业部授予的"全国红旗钻井队""卫星钻井队"和"钢铁钻井队"，第二任队长是大庆五面红旗之一的马德仁、三任队长王天琪；1205 钻井队也是石油部授予的"钢铁钻井队"，队长王进喜；1203 钻井队是后从新疆调来的一个标杆队。这几个队，要赶超前苏联功勋队，具有一定优势。1205 钻井队铁人王进喜在动员会上发言说：我们一定超过功勋队，压倒功勋队。中国人连死都不怕，还怕困难吗？搞石油的找不到石油，搞打井的打不过前苏联人，不能为国争光，有何面目立于世间？1202 队干部工人早就憋不住气了，他们说：前苏联人能打 3 万米，我们就能打 4 万！有的说，我们能打 5 万，还有的说能打 10 万。人人连夜表决心，写请战书，制定赶超"功勋队"奋斗目标，当场写出了"猛创进度居首位，世界水平我为魁"的豪迈誓言。

年钻井进尺超过 31341 米，谈何易！

旧中国 1907 年钻探第一口油井，至 1949 年 24 年间，钻井总进尺不过 71000 米。1202 钻井队从 1953 年建队至 1957 年，累计进尺不过 3 万米。在一年内超过前苏联"功勋队",突破 3 万米大关的确不是轻而易举。有志者,事竟成。钻井指挥部态度坚定,把超"功勋队"作为工作重点,领导干部深入钻井队,与职工共闯难关,特别是 1202 钻井队三位新老队长,和井队干部夜以继日,运筹帷幄。1961 年 3 月开钻至 11 月 27 日,苦战 8 个月,全年钻井 8 口,进尺达 31746 米,在时间上比前苏联"功勋队"提前了 2 个月,一举超过了前苏联"功勋队",夺得冠军。

在开展超前苏联"功勋队"活动期间,作为大庆会战指挥部主管生产副总指挥的张文彬,自始至终关注活动的开展。在 3 个标杆队中,虽然势均力敌,时有上下,但他特别注重 1202 队情况。1202 队在队伍素质,管理和技术上都具有一定优势。尤其在作风上保持了人民军队那种招之能来,来之能战,顽强拼搏,攻无不克,战无不胜和压倒一切的气概。更重要的是,他希望抓住 1202 钻井队这一典型,促其更上一层楼,把钻井速度再提高一步,把全探区钻井生产带动起来。如果说个体英雄已有铁人王进喜,英雄团队就非 1202 队莫属了。张文彬是这样想的,因而,每逢他下基层检查工作,不管顺路不顺路,他都要让司机把车拐到 1202 队来,看一看井场,查一查管理措施,了解进展动态;看一看宿舍,检查职工生活状况,到食堂尝一尝野菜包子苦不苦,涩不涩,帮助解决井队职工困难。

这一年,大庆党工委授予 1202 队"永不卷刃的尖刀"称号。

四

1964 年 6 月,张文彬赴华北会战。他离开大庆时,还念念不忘超"功勋队"1202 钻井队,他叮咛张云清他们,要继续发扬石油师的光荣传统和战斗精神,为国家富强,人民的幸福奉献一切,不怕牺牲，不怕困难，争取更大的成绩。张云清和超"功勋队"每个职工不仅牢记老政委的叮咛，而且被他这种博大的胸怀，深厚的感情所感动，他的话一直鼓舞着这群征战石油的英雄健儿。

1202钻井队，这个以石油师警卫排基础组建、成长的"超功勋"钻井队，从玉门转战克拉玛依，再从克拉玛依出发，先后出征四川、大庆、江汉、辽河、华北6个油田会战，行程6万公里，英勇奋战，百折不挠，足迹跑遍了半个中国，为发展中国石油工业，建立了不朽的功勋。

1966年，回到大庆的1202超"功勋"钻井队，仍然向世界钻井高峰不断冲刺。他们以一个钻头、16小时30分、钻井1000米钻井新纪录，所谓"张云清千米钻头"品牌，缘于此。

1966年初，钻井指挥部接受了大庆会战党工委下达的"队年钻井进尺5万米"任务。这项活动，主要在两个劲旅钻井队1202钻井队、1205钻井队间展开。上半年，两队双双突破了5万米大关。张云清和王进喜名字同登龙虎榜。正在胜利油田指挥会战的张文彬闻讯十分高兴，特地从1500公里外打来长途电话，向大家表示祝贺。他说：我代表石油师8000将士谢谢同志，希望同志再接再厉，挑战美国的"王牌"钻井队，打出世界最高水平。当时所谓美国的"王牌"钻井队，年进尺达9万米，1966年12月底，1202钻井队超过10万米，压倒和超过了美国的"王牌"钻井队，创造了世界石油钻井的最高纪录。在这光荣时刻，赴四川会战的张政委，再次打来祝贺电话。

1966年12月，张云清等排除干扰，顶着压力，顽强拼搏，还没到年终，1202队、1205队就双双登上了10万米高峰，把美国"王牌"钻井队远远甩在后头，一举实现了超"功勋"夺"王牌"震惊国内的目标。

同年，张云清钻井指挥部被石油工业部授予"大庆钢铁战线"

模范集体荣誉称号，1202 钻井队被石油工业部授予"永不卷刃的尖刀"光荣称号，1202 钻井队被石油部授予"钢铁钻井队"荣誉称号。为此，张文彬政委还专门从四川会战前线打了电话，表示祝贺。

五

1967 年，1202 钻井队、1205 钻井队双双上万米后，钻井指挥部特别高兴和振奋，决定给两个队各奖一头肥猪。

1968 年，党中央为了保持石油企业稳定，对大庆、新疆等油田实行了军事管制。张云清任大庆油田生产办主任。

1969 年，张云清任大庆油田副指挥、副书记。

1970 年 11 月 15 日，"铁人"王进喜因胃癌去世，终年 47 岁。一个"宁可少活二十年，拼命也要拿下大油田"的英雄，倒下去了，大庆人痛心，国人痛心。

1972 年，正当大庆党政领导恢复工作，生产秩序逐渐好转，原油产量回升，年产原油突破了 3000 万吨时，病魔向张云清逼近，周围人都很吃惊地说：怎么也是胃病？住院期间，宋振明、陈烈民等领导多次到医院看望张云清。他刚出手术室醒来时，宋振明抓住张云清手说：张指挥，咱们大庆是多难呀，王进喜同志不幸过早地离开了，你可要挺住！可千万保重啊！

1975 年，张云清回长庆油田工作，任副指挥、副书记，这是他和政委战斗过的地方。1978 年 6 月下旬，全国石化第二次工业学大庆会议在大庆油田召开。会上张云清喜出望外，见到了阔别 14 年的"老政委"张文彬。久别重逢，人事沧桑，难免激动。

当时，宋振明任石油工业部部长的老政委张文彬是副部长。这次会议，长庆油田勘探开发工作引起了宋振明、张文彬重视，调整和加强了领导班子，张云清任长庆油田指挥、副书记，制定了长庆油田远景发展规划，颁发了一年之内要把长庆油田建设成大庆式企业的进军令。

老政委张文彬鼓励张云清说：云清，我知道这些年你身体不太好，但是两次大的病魔没将你压倒，这就说明你行！长庆困难大，我们都知道，这就需要继续发扬"永不卷刃的尖刀"精神，发扬我们大庆钢铁战线的拼命精神，去组织带领大家把长庆的建设搞上去。

1982年，"老政委"张文彬率队来长庆油田视察，实际上是来检查验收长庆油田和张云清等的工作。老政委不无感慨地说：好，很好，长庆的同志干得不错，实际情况比我们想象的还要好。想当初，我们石油师的同志在延安枣园、四郎庙一带打井时，陕甘宁盆地的油气勘探是个什么样子？还没有一个眉目，一口井月见油几公斤、几十公斤呀！那个时候根本想不出能有这么大的场面。这是在我国中部、大西北革命老区建成的油田，其意义重大。无论过去在老区工作的同志，还是没有到过老区的人们，看了都会鼓舞的，会感谢长庆的同志们的。这得感谢你呀云清！李敬同志去了新疆（时任长庆油田主要领导），我们在你身体不佳的情况下，给你压这副担子，别说你担心，我们也担心啊！看来现在这个担心的没必要了，三大基地已建成，职工生产、生活条件有所改善，从"干打垒"搬进了楼房；文化、教育、科研、卫生、后勤供应等各行各业已经形成体系规模，踏上了发展的步子。现在可以放心地向党中央、国务院汇报了！

老政委对长庆油田发展、职工改善生活等问题作了指示。按照张文彬讲话精神，张云清和长庆油田领导班子，很快制定出了建设长庆、发展长庆的《前三后五年规划》。老政委视察长庆油田后20年，长庆油田油气当量年产达1500万吨以上，在中石油集团中已是

"油老二",在低渗透油气田勘探开发技术上达到世界先进水平。

"永不卷刃的尖刀"1202钻井队,战功赫赫,英雄辈出,为中国石油工业输送了大量优秀人才。从1953年到1985年,这个队为国家输送技术人才和管理人才123人,培养技术工人760人。培养的模范标兵,如大庆五面红旗之一的马德仁,优秀指导员韩荣华曾任克拉玛依1237钻井队指导员、大庆1202钻井队指导员、第一钻井大队教导员及大庆油田领导,后任中华总工会副主席,学铁人带头人屈清华,钢铁钻工吴全清等代表英雄人物二百多人。培养的领导干部一百多人,其中局级以上领导干部10多人。"学铁人带头人"屈清华,曾在中央组织部工作,后任石油工业部钻井司司长。

岁月流金,往事并非如烟。耄耋之年的张云清对"老政委"张文彬感言:在百万石油大军中,有一个高大的身影,如巍巍丰碑;面貌敦厚,如慈祥可亲的父兄;团结友爱,如大仁大义的和者,坦率真诚,如一介无牵无挂的赤子;坚毅图存,如逐日的夸父;精忠报国,如岳帅武穆;忍辱负重;石油强国,胸怀共产党人的理想————他就是征战石油的最杰出将帅,我们可敬的"老政委"张文彬。

张云清说:如果说1202队是一把"永不卷刃的尖刀",那么,"老政委"张文彬就是这把"尖刀"的打造者!

□ 赵登钊:曾任克拉玛依日报社记者部主任。

人生如歌

——记克拉玛依第一代音乐人唐志华

刘　军

都说与音乐结缘的人永远年轻，看到唐志华那一刻，我信了。

鹤发童颜，红光满面，思维清晰，语言流畅，精神矍铄。这些词用来形容唐志华，一点不为过。看到他双手灵巧自如地在钢琴键盘上疾飞，初次见面的人会惊讶地问：您真是 77 岁高龄吗？

他，就是被石油人誉为第一代克拉玛依音乐人的唐志华。

迁徙的童年

唐志华 1935 年出生于北京。蹒跚学步那年，父亲奉命去南京陆军大学深造。母亲带着他和二哥唐义华作为随军眷属，离开北京，前往南京陪读。

原以为，学业结束就能重返北京。不承想，1937 年抗日战争爆发，北京，天津先后沦陷。父亲作为国民革命军第 32 军军长，从南京到河北，回部队参加抗战。正定一战，父亲腿部负重伤，转往河南开封治疗。母亲得信后，立即带领义华、志华赶到开封医院照顾父亲。从那时起，他们跟随父亲不停地迁徙换防。每到一处，住一年半载，好容易熟悉了环境，又开拔了。迁徙中，火车、卡车、汽车、马车，甚至牛车都坐过。妈妈似乎有股神奇的力量，能把苦难变成温暖。每到一个陌生的环境，她能在最短时间里把居住环境整理得温馨整洁。用手边现有的材料，为饥肠辘辘的小哥俩做一顿热乎乎香喷喷的饭菜。

追随着父亲的脚步，母子三人经河北，河南，江西，湖北，四川，直到抗战胜利，1946年才重返北京。

逃难般的童年，有两件大事让唐志华终生难忘。

1939年，父亲的部队又一次开拔，母子三人撤到赣南遂川。到了遂川才得知，南昌等赣北大片国土已沦陷。遂川相对来说是大后方了。

住进遂川一处楼房没几天，唐志华不小心从没有扶手的楼梯上跌落下来，左腿肿得像个小枕头，裤子裹在肿胀的腿上脱不下来，母亲急得用手撕，用嘴咬，最后才想起用剪刀把裤子铰开。遂川是个小县城，没有骨科医生，找来的土郎中又捏又揉，又拉又拽，疼得他哇哇大哭。几个月下来疼痛不止，红肿未消，母亲焦急万分。而当时赣南战事吃紧。在父亲的安排下，母亲带着他和哥哥迅速搬到湖南东安的一个小镇，无奈之下，把哥哥留给副官照应，妈妈带着志华南下桂林，住进一家大医院正规治疗。半年多时间，妈妈提心吊胆，没睡过一个安稳觉。看到小儿子终于能够重新站立行走，没落下残疾，她揪了半年多的心总算放了下来。

1940年秋天，父亲驻防江西吉安一带，来信让母子三人前往。吉安短暂的相聚后，因战事吃紧，母子三人又转移到湖南沅陵。这一次转移，让小小年纪的志华体味到战争的残酷。

坐上湘桂铁路的列车，志华和哥哥享受着与母亲一道上路的满足。可没过半天，列车员急匆匆跑来告诉旅客，"有警报"！列车没停稳，人们蜂拥般往车下奔去。混乱之中，随行的勤务兵小宫及时赶来，一手抱起志华，一手牵着妈妈跳下火车，随即拉起小哥俩，跑进附近的小树林。

不知跑出多远，只听轰轰轰如同雷鸣般的声响，随之，一股强劲的大风把志华和哥哥掀倒在地。哥俩双手抱头紧贴地面草丛中。几阵轰鸣几阵大风过后，起身一看，妈妈不在身边。树林伏倒一片，有些小树着了火，平地炸出个大坑，有人的行李起了火，有人受了伤，躺在地上汩汩流着鲜血，有人四肢和身体分了家……恐惧的一幕把两个孩子吓得张大了嘴却哭不出声。勤务兵赶紧拉起小哥俩朝前奔跑。这时，却听得列车员在远处高喊：快上车！快上车！

三人匆忙转身奔向火车。忽然，远处传来妈妈急切的呼叫：义华，志华，小宫！勤务兵嘶声应答。妈妈扑过来紧紧抱住俩孩子，母子三人放声大哭。小宫说："太太，快上车吧，赶紧离开这鬼地方。"

很多年以后，只要说起抗日战争，印在唐志华脑海中的这一幕便立刻闪现出来。

童年最美丽的记忆

9 年间，驻留时间最长地方是湖北郧县。那是 1941 年，郧县周边虽说战事吃紧，时常有防空警报，偶尔能听到飞机轰鸣，但却从未遭到轰炸。相比前些年在重庆，巫山，奉节等地整天躲避轰炸相比，这里堪称世外桃源。

他们在郧县的家，紧挨着一所天主教堂，7 岁的志华和哥哥常去教堂玩耍，与教堂的意大利神父梅隆礼成了忘年交。哥哥除了和梅神父交流外，更多的时间热衷于跟随勤务兵去打猎，学着制作标本。而志华则驻足在教堂的唱诗班。

唐志华的心被唱诗班的歌声吸引着，音乐在他幼小的心灵里栽下一颗美好的种子。唱诗班的音乐让他不安的心平静下来，感受着音乐的神奇与魅力。由此，他爱上了音乐。音乐让他的童年有了最美丽的回忆。

郧县三年，哪里有与音乐沾边的声音，哪里就有他的身影。汉江划龙舟高亢有力的号子声，跑旱船踩高跷的舞蹈音乐声，在他心里形成了节奏感很强的节拍。他熟悉这些曲调，并试着用自己的语言填词。

1944 年冬，志华母子三人随父亲的部队迁移到鄂西南马良坪驻地。刚放下行李，父亲来不及安排家眷，就去部队视察工作。在家的几位长官纷纷设宴招待他们，酒过三巡，大家拿出看家本领，能唱的，会说的，逗乐儿的。目的只有一个，为一路颠簸的长官家眷接风洗尘。有位处长是北京人，他的一段北京"吆喝"让志华的母亲眼里噙满泪花，她说，出来好几年了，听见乡音太亲切了！几位处长见母亲情绪不稳，就鼓励义华、志华出节目，活跃一下气氛。

父亲的部队到达马良坪之前，这里驻扎的是另一个军团，军长叫柳际明，柳军长为防日寇进城，在驻地四周挖了很多沟壑，沟壑上铺木板建成简易吊桥，作为防御工事。这种桥防御敌人没发挥太大作用，倒摔伤了几个老乡。志华灵机一动，把白天在村里的见闻用熟稔于心的跑旱船的曲子随口唱了出来："柳际明建了许多桥，有人行梯桥，骡马栈桥，没能挡住日本鬼，倒让老乡摔坏了腰。"在场的几位军官顿时笑弯了腰，一位姓吴的处长竟然笑出了眼泪！这让不满十岁的志华很是诧异，音乐竟然有着如此威力！这是他的第一部音乐作品。

钢琴的魅力

返回北京那年，唐志华已经 11 岁，勉强通过考试，上了小学五年级。一年后，考入辅仁大学附属中学。这是一所美国人办的教会学校，选择这所学校，原因之一是学校有音乐课。

有一天，高年级的王其铎同学邀志华去他家做客。在那里，他第一次见到了钢琴。在王其铎娴熟的弹奏中，他知道了莫扎特和《土耳其进行曲》，知道了爱米尔·瓦尔德退费尔和《溜冰圆舞曲》，知道了五线谱。从那天起，志华成了王其铎家的常客。他拜王其铎为师，开始学习五线谱，学习钢琴。这段美好难忘的时光以及这期间音乐知识的突飞猛进，对唐志华作为音乐人的一生起到了决定性作用。

升入高中后，唐志华被推选为学生会宣传部部长。期间，抗美援朝战争打响。他响应号召，组织开展文体活动，排演声援抗美援朝前线的文艺节目。他的组织才能和出色的音乐才能，名扬校园。

高二那年，海军政治部文工团在北京各中学招生。唐志华带着必得的信心报了名。考试那天，应考官要求，他弹奏了拜尔《第一百条练习曲》和意大利作曲家威尔逊的《凯旋进行曲》。考官们一致点头，露出满意的微笑。那一刻，他知道自己的愿望实现了。

1951 年 2 月 12 日，唐志华开始了他的海军战士生涯。三个月新兵训练后，他正式成为海政文工团乐队的手风琴、大提琴演奏员。

背着手风琴进新疆

1956 年 3 月，新疆石油公司副总经理扎依托夫·米吉提来到海政歌舞团所在地天津，动员和招收转业战士、有志青年投身共和国成立后的第一座大油田参加的开发建设。一番对克拉玛依油田大开发形势的生动描绘，让年轻的唐志华激动不已。便毫不犹豫地报名参加了由各兵种转业组建的"石油钻探团"。唐志华相信，有人群的地方一定有音乐，一定需要音乐。自己和身上的手风琴在那座遥远的戈壁油田，一定能够派上用场。

三月的乌鲁木齐，满眼冰雪，呈现着一派壮观的北国景致。花白胡子的维吾尔族慈祥老人，戴着花头巾的维吾尔族姑娘以及欢快的音乐舞蹈，深深地吸引着唐志华。

到达明园不久，恰逢石油公司将举办首届文艺汇演，唐志华将代表钻探团参加演出。新疆的观众喜欢什么节目？手风琴演奏是否受欢迎？唐志华带着疑虑和思考，对演出曲目做了充分准备。

演出在明园内的露天场举行。唐志华的手风琴独奏《丰收之歌》、《骑兵进行曲》出人意料地大受欢迎。这让他兴奋不已。演出后，观众和演员都不愿散去。一位皮肤黝黑、身材瘦高的同志走到他身边，在行地从手风琴的音乐表现，和声变化，精彩段落等方面对他的演奏进行了点评。这让唐志华大感意外，他完全没有想到，在遥远的塞外边城，居然能够遇到知音！后来他才知道，这位知音，是明园石油俱乐部主任高树仁，是57师的转业军官。同是转业战友，两人的感情一下亲近起来。

汇演结束后，唐志华分配到独山子工作。有一天，高树仁找到唐志华，不由分说，背起手风琴，拉着他上了等在门口的汽车。原来，石油公司党委组成由副经理扎依托夫·米吉提任团长，高树仁任领队的慰问团，前往克拉玛依慰问会战职工。

苏制嘎斯—51卡车没有车篷也没有座椅，一群年轻人挤在装道具、服装的箱子上，一路说着、唱着、笑着，来到会战初期的克拉玛依。

没有演出场地，几块木板搭在钢筋架子上就是舞台。没有观众席，观看演出的职工席地而坐，期待着欢乐的一刻。报幕员热情洋溢的开场白之后，8名维吾尔族姑娘身着火红的石榴裙，在热烈的手鼓和欢快的音乐声中上场，观众立刻沸腾起来，和着节奏鼓掌。紧接着是4名男演员的快板书"……一张桌子，四四方方，一张地图，摆在中央。东边是大海，西边是新疆。说新疆，道新疆，新疆是个好地方……"欢快的舞蹈，悠扬的独唱，噼里啪啦的竹板声伴着幽默的山东快书，观众兴奋地拍红了手掌。那天，唐志华演奏的曲目是前苏联电影《幸福的生活》中的主题曲《丰收之歌》。优美而辽远的旋律回荡在广袤的戈壁上空，坐在观众席上的前苏联专家瓦尔达别多夫听得热泪盈眶。演出结束后，他对唐志华身边的人说，听了唐志华的手风琴演奏，像是回到了家乡俄罗斯库班大草原。

那些日子，演出任务不断。演员们住在帐篷里，在地窖式食堂吃饭。会战形势喜人，一口口油井喜喷工业油流的消息接二连三。大家把白天所见所闻的好人好事写进节目中，观众在节目中听到自己的名字和故事，倍感亲切。演出之余，慰问团的演员们乘坐卡车，敲锣打鼓前往井队送喜报。唐志华天天都沉浸在激动和兴奋之中。

百里油田，广阔无垠。有一天，去白碱滩钻井指挥部慰问钻油工人。早饭后，汽车载着演出队，在遍布红柳和梭梭柴的戈壁滩上艰难行进。翻过一道沙梁，越过一道土沟，直到夕阳西下，都没找到演出地点。只好原路返回克拉玛依。问清了方向，第二天才找到白碱滩钻井一大队。

为了保证会战职工都能够看到演出，慰问团不分昼夜，奔走在战区。他们走到哪里，就把欢声笑语带到哪里。不仅仅是演出，到达井队和工地，男演员清理井场卫生、帮厨，搭舞台。女演员为职工洗衣裳。谁的衣服破了、扣子掉了，拿出针线包，帮着缝缝补补。有一次遇到一个钻井队长，衣服上的扣子掉了两粒。一位女演员想给他缝上，却没有备用的扣子，便将自己衣服上的扣子扯下来，缝在队长的衣服上。队长深受感动，逢人便讲这个故事。

1958年10月，唐志华代表独山子文艺代表队参加克拉玛依职工文艺汇演。汇演结束后，选出优秀节目和59名优秀演员组成文艺演出队，前往四川慰问石油会战职工。后来，以这支59人组成的演出队为基础，成立了"新疆石油文工团"。

从演奏员到音乐创作员

文工团成立以后，唐志华被分在音乐创作组，副团长高树仁分工抓创作，这样，他们又在一起工作了。

为了紧跟会战形势，创作出更多会战职工喜闻乐见的文艺节目，1960年冬天，高树仁带领创作组全体人员前往会战一线体验生活。唐志华先后下到钻井队、采油队、修井队。半个月后，大家集中在招待所进行讨论，创作。每人根据各自的生活体验，在题材、体裁方面制订出详细的创作计划，并制定完成日期。这期间，唐志华与高树仁合作完成了大合唱《石油滚滚向东流》、歌表演《公社迎亲人》、独唱《采油姑娘》。高树仁的作词非常生动、形象化。不仅朗朗上口，而且令人过目不忘。例如《采油姑娘》：

蓝蓝的天上飘彩云，
油田上闪动着红头巾。
采油姑娘声声唱，
唱得油龙把油喷。
油姑娘啊油姑娘，
歌声嘹亮绕白云。

油姑娘啊油姑娘，

句句歌声像春雷。

唤醒大地万象新。

　　由高树仁作词，唐志华作曲的《采油姑娘》，在 1965 年自治区职工文艺汇演中获奖后，1982 年又被新疆人民广播电台录音，作为"每周一歌"播出。电波把这支赞美采油姑娘的歌曲传到天山南北，长城内外。而歌曲《月夜》，则是当年采油三厂采油队体验生活所得。与夜班工人一道踏着月色跑井，唐志华心中不由得流淌出"我踏着明亮的月光，我闻着醉人的油香，我沿着熟悉的小路，我来到岗位上……"歌词和旋律如缓缓小溪，自然地随着月色和脚步涌动。他自己都奇怪，音乐指导怎么连歌词创作都包揽了？这首表现采油工人的歌曲，很快在油田上流传开来。

　　由冷凝作词的故事合唱《征服塔克拉玛干》，讲述的是地质勘探队员穿越死亡之海——塔克拉玛干大沙漠的故事。这是一个传奇故事，说沙漠中有一座金色的城，吸引了众多探险家，但都被沙漠吞噬。勘探队员决心征服大沙漠，浩浩荡荡出发了。他们战胜了干渴、狂风、沙暴、迷失方向等艰难险阻，最终取得了地质资料。

　　团里指定这部作品由唐志华负责作曲。创作中，首先遇到的问题是作品篇幅大、内容多。他觉得自己功力不够，心中没底，不知从何下手。那些日子，他寝食难安。时任文工团长田玉庆鼓励他：不要急躁，慢慢来。创作是个艰苦的过程。新疆少数民族音乐当中，有很多与艰苦险恶环境抗争的素材，可以多搜集一些。要充分运用这些音乐素材进行创作。团长的话启发了唐志华。他突然想起明园俱乐部维吾尔族看门大叔吾守尔经常哼唱的一首旋律。便立刻找到吾守尔，请他再唱一遍。大叔告诉他，这首歌名叫《白鱼姑娘》，并一遍遍唱给他听，还把歌词大意翻译给他。曲调和旋律一下抓住了唐志华的心。他兴奋至极，跑回宿舍，抓出纸笔，急不可待地记下了动人的旋律。这部作品的音乐创作，使剧情、情感围绕着歌词的意境，靠旋律娓娓道来，靠音乐完成了对人心的浸润和对心灵的冲击。故事合唱《征服塔克拉玛干》演出后，在观众中产生了极大反响。唐志华体会到吸收少数民族音乐特点进行创作带来的喜悦。这部作品的成功，使他进一步认识到，想要精彩，就必须去寻找，找到独特的旋律去表达那份人人都可能有的情怀和体验。这份通感和普适性，在一种鲜明的韵律中徐徐展开，观众才能心动，才会产生共鸣。这就是音乐的魅力所在。那段时间，唐志华产生了许多创作体会，并记录下来：音乐创作，首先要能让创作者怦然心动，否则，就无法打动听众，更别幻想紧扣石油会战的主题，让石油工人心生向往引发共鸣。音乐不仅要求整体通畅优美，创意更要隐含其中。

唐志华的 60 年音乐人生中，创作出《油城美》《美丽的克拉玛依河》《快乐的采油女工》《油哥哥》等诸多脍炙人口的音乐作品，并多次获文化部、自治区各类奖项。

难忘中南海演出

1960 年，松辽石油大会战拉开帷幕。新疆石油文工团接到任务，前往松辽慰问演出。

松辽会战也是大场面。昔日荒凉的萨尔图小镇，集结了来自全国各地的会战大军。石油部文工团、黑龙江广播说唱团、四川石油局文工团、玉门石油局文工团、青海石油局文工团等文艺团体相继奔赴战区，形成了一种为勘探开发大会战锣鼓助威，舞乐助力的文艺大会战的活跃而热烈的氛围。原新疆石油管理局局长张文彬，此时担任松辽会战指挥部副总指挥。作为老局长，他对新疆石油局文工团给予了特别的关心关照。

为了适应会战形式，新疆石油文工团分为两支小分队，白天各队下到工地演出，晚上集中起来演专场。他们把克拉玛依的传统带到松辽战场。到了工地，先帮助工人清理卫生，采访好人好事，将现编现演的小节目带上舞台。具有民族特色的节目，深受会战职工欢迎。

新疆石油局文工团在战区名声大振。会战职工见了他们，便喊"亚克西"。亚克西成了新疆石油文工团团员的代名词。

会战第一战役总结表彰会之后，张文彬要求新疆石油文工团创作一场以松辽会战为主题的专题文艺晚会，代表会战指挥部工委向黑龙江省委、中央各部委做汇报演出。接受任务后，创作组的同志们立即深入会战前线，搜集素材，分类归纳。新疆石油文工团真是藏龙卧虎，人才济济。很快，一台以《战斗在红色草原上》为题的歌舞、说唱、音乐等表演形式的晚会骨架出台了。随即，各个分队投入到紧张的排练之中。晚会自始终贯穿松辽大会战的感人至深的场面，会战职工一心拿下大油田的大无畏精神，尤其将铁人王进喜写进节目中，张文彬等指挥部领导看过之后，大加赞赏。

松辽石油大会战的55天里，新疆石油文工团带去了克拉玛依油田以苦为荣的会战精神，优良传统，严细作风，在松辽战场有口皆碑，因此，获得了松辽会战指挥部工委授予的"松辽会战文艺标兵"光荣称号。

送别的时候到了，张文彬依依不舍地拍拍这个的肩，握握那个的手，反复说："你们不愧为石油系统文艺团体的榜样。能在松辽会战中争得这个荣誉，很不容易，大家一定要珍惜。"唐志华从老局长深情的目光中，看出了期望、期待、信任、鼓励，泪水不听话地顺着脸颊流了下来。

离开萨尔图之后，文工团代表松辽会战指挥部工委，先后为黑龙江省委、省政府、原沈阳军区做了专场汇报演出。然后，抵达北京。《战斗在红色草原上》专场汇报演出在北京拉开帷幕。第一场演出，在六铺坑石油俱乐部。余秋里部长出席了晚会。演出结束后，他有力地挥动着独臂对大家说："演得非常好！谢谢大家！"

为石油部科学研究院、北京石油地质学校演出一结束，许多干部、学生立即报名参加松辽会战。

陆续为公安部、地质部、商业部、铁道部、交通部、国防部、总后勤部、第二工业机械部、全国总工会机关等单位演出后，新疆石油局文工团迎来了一个值得永久纪念的日子。

1960年8月9日，新疆石油文工团应邀前往中南海紫光阁，为中共中央、国务院机关演出。中南海，是毛主席、中央领导办公的地方。进入中南海北门的那一刻，大家怀着崇敬的心情，倍感亲切地看着窗外的一景一物……演出之前接到通知，首长参加北戴河会议，稍晚些到场。于是，先安排了新疆歌舞等几个小节目"热场"……

事过多年，回忆起中南海那场演出，唐志华依然抑制不住激动的心情。他说，能够到中南海演出，并非我们的演技多么好。而是我们代表着松辽油田的会战职工向北京，向党中央、国务院做汇报。这种机会，不是人人都有的……

孩子们的唐老师

退休后，唐志华并不轻松。他静心思考，思考怎样让孩子从小就能接受音乐启蒙。手把手教孙子学钢琴的同时，他接触了更多渴望走进音乐殿堂的孩子和家长。

孩子们需要美好的音乐，因为，美好的音乐将伴随人的一生，会陶冶人的性情。从小有美好的音乐陪伴成长，他说他是幸福的，希望孩子们也拥有这样的幸福。于是，他家的并不宽敞两室一厅，他的那架旧钢琴，每周六、日就为孩子们打开了一扇窗或是一扇门。而他，也从儿童音乐教学中逐步形成了自己的音乐教育特色。

在众多学生中，唐志华最得意的学生是卡依沙尔·艾尼瓦尔。说起这个维吾尔族小男孩，唐老师喜形于色地夸赞：这孩子音准和节奏感很强，学过的东西记得很牢，而且非常刻苦。三年里风雨无阻，每周按时来上课，很快就考过了钢琴五级，后来进入自治区艺术学院学习。2007 年，美国一所国际音乐学校来华招生，艾尼瓦尔是 3 名录取学生之一。如今，他从师当年朗朗的钢琴教师，是美国芝加哥大学的学生。

一位学生家长感慨地说：我女儿 5 岁起跟唐老师学钢琴，至今已经 6 年，马上就要考钢琴十级。孩子跟唐老师不仅仅只是学琴，而且学会了很多做人的道理。唐老师没有功利心，一门心思教琴育人，为人谦和、善良、豁达。是孩子的良师，家长的益友。

唐老师教过的学生不下百名，而他的音乐创作也愈加成熟并深受广大歌迷喜爱。2011 年"本土英华——克拉玛依文学艺术家作品品评系列活动"为他举办了"唐志华音乐作品品评会"，几位年轻歌手在会上演唱了他在不同时期创作的歌曲，受到与会者欢迎与好评。他半个世纪钟情音乐的事迹被克拉玛依电视台拍成专题片《克拉玛依人》；他连续几年被评为天山街道优秀党员；他在克拉玛依少儿才艺大赛中指导和点评孩子们的表演；他的《还我》《春的信息》《油田摇篮曲》《心愿》《瀚海天使》等分别获得中国石油文化大赛、原文化部、自治区艺术节的各类奖项。他为电视风光片《克拉玛依之歌》创作的音乐，为世界妇女大会创作的合唱《撑起来另一片天空》等，都受到业界广泛关注和好评。

　　唐志华对音乐的喜爱到了痴迷的程度。他是一个缺少不了音乐的人。如果将他的生活比作一条漫长的道路，那音乐就是在这条路上生长的鲜花。他说："晚年，有生之年，对我来说，最好最绝妙最佳的养老方式，就是继续与音乐为伴。而我遇到了机遇，孩子们又给我助力。我想，我应该把我喜欢做的事情做得更好。"

　　采访结束，准备离开时，正巧有学生来上课。看唐老师聚精会神地教导学生，没敢再打扰，带上门悄声离开了。耳边传来阵阵悦耳的琴声。那是一首圆舞曲，舒缓优美的音乐声中，我在心里一遍遍祝福：老人家，愿您健康硬朗，继续用音乐谱写如歌的人生。

　　□　刘军：曾任市文联戏剧家协会主席，作协会员。

奋斗的汗水汇成幸福的河

刘亚峰

说起克拉玛依，最重要的就是油和水——没有油，就不会有克拉玛依；没有水，就不会有今天的克拉玛依。说起克拉玛依人找油采油，可以用"波澜壮阔"来形容；说起克拉玛依人寻水引水，可以用"筚路蓝缕"来形容。

中国共产党带领着克拉玛依人采油，是为了祖国的社会主义经济建设；中国共产党带领着克拉玛依人引水，最初主要是为了多采油。随着城市和油田的不断发展，后来主要是为了克拉玛依人更加幸福地生活。

幸福都是奋斗出来的。

生在红旗下、长在新中国的克拉玛依，用自己近半个世纪寻水引水的实践充分印证了这一真理。

所以，在庆祝中华人民共和国成立 70 周年的日子里，让我们通过克拉玛依人寻水引水的故事，来回忆那些为了今天的幸福生活而奋斗过的峥嵘岁月吧。

刚准备发动汽车的何剑平跳出驾驶室，冲到钻台下面，解开裤腰带，对着圆井就开始撒尿。1219 青年钻井队在场的一些小伙子见状，也都围拢到圆井旁边叉腿站着开始抢险——对，就是抢险。

这是1955年9月中旬的一个中午，在黑油山1号井的钻井现场。

几分钟之前，司钻荆义田还在稳稳地握着刹把，指挥着地下的钻头向着梦想中的油层挺进。

突然，钻头像是被什么东西往上顶着，不但不往下走，反而在向上升。

技师兼队长陆铭宝直接奔向压力表，指针显示井底压力在快速升高，他又俯身抓了一把出口泥浆，发现泥浆突然变得稀糊浪汤了——这是遇到了异常高压水层！

如果不能及时压住这高压水层，井壁就可能垮塌，在准噶尔盆地西北缘寻找大油田的努力就会遭遇严重挫折。

老天爷呀，怎么需要水的地方没有水，不想有水的地方乱出水！

黑油山1号井开钻两个月了，井队的生产生活用水全靠一辆载重2.5吨的"嘎斯51"不分昼夜地从五十多公里外的中拐苇子塘拉水。

说是"保障生产生活用水"，实际上主要是保障生产用水——每人每天一茶缸水，差不多够喝了；都是大老爷们儿，脸和脚有啥洗的，谁也不嫌谁臭，身上的"垢痂"搓一搓不就行了；但是不能渴着柴油机和泥浆，想把黑油山1号井打到设计井深，要靠它们支撑呢。

"配制重泥浆，压井！"陆铭宝下令了。

可是，井场没有配制重泥浆用的重晶石，如果现在从独山子材料库拉运，一个来回需要四天时间。井壁被地层水浸泡太久，恐怕撑不住。

钻工傅生光脑子灵光："队长，每次起下钻，都会有一些泥浆流到钻台下面的圆井里，比重高，估计有十几立方米呢，够压井了。可是因为水分蒸发，太稠了，搅不动啊！"

何剑平就是开那辆"嘎斯51"天天拉水的司机。如果从工作量来说，他可能是全队工作时间最长的人了——每天睡觉的次数和拉水的趟数相等，在装水和卸水的时候躺在驾驶室里打个盹儿。就算这样干，也才能勉强维持快速钻进的用水量。

他不大懂钻井，一看缺水可能要导致事故的发生，听到傅

生光的话，灵机一动想起了自己身上最后的"水库"，虽然只是杯水车薪。

何剑平系好裤子马上就发动了汽车直奔苇子塘。而上海中华职业学校毕业的高才生陆铭宝却舔了一下浮在泥浆上面的地层水——不是很咸，说明矿化度不太高，少量混入已经护好胶的圆井中的重泥浆，地层水中的盐类可以通过电解质作用迅速使圆井中的泥浆黏度降低，而且不会降低泥浆比重，短时间内不会破坏泥浆性能，再加入一些黄土提高泥浆比重，可以进行应急压井作业。

经过四五个小时的抢险奋战，高压水层被成功压住了。

更大的收获是——

高压水层溢出的地层水，经过化学方法处理，可以用来配制正常钻井用的泥浆。这种泥浆对井壁的稳定作用比淡水配制的泥浆效果更好，只是对配制工艺技术的要求更高。

于是，从9月中旬一直到1955年10月29日黑油山1号井喷出新中国第一个大油田，1219青年钻井队一直在使用这种在21世纪初

才在全国各大油田推广使用的"盐水泥浆体系"。

零下40摄氏度的寒夜里，躺在帆布帐篷里的刘有年却翻来覆去地急出了一头汗——没有钻机的轰鸣，怎么能睡得着。

这天是1957年1月9日，因为缺水，80号井已经停钻48小时了。照这样下去，今年"开门红"的红旗就要被别的钻井队抢走了！

他真后悔自己抢这口井——四六不靠。

1956年5月14日，《人民日报》刊发《迅速支援克热玛依油区》的报道之后，五湖四海的有志青年开始大批量奔赴黑油山脚下——那时，后来的"克拉玛依"这个名称还没有正式确定下来。

光靠车拉水和骆驼驼水，已经越来越难以满足生产生活需要了。1956年7月，刚刚成立的新疆石油管理局做出决定，修建一条从中拐玛纳斯河到克拉玛依的输水管线，为了保证质量，四十多公里的管线全部使用昂贵的无缝钢管。

1956年9月8日，输水管线工程正式施工。1956年12月26日，管线开始分段通水了，这是克拉玛依历史上第一项引水工程。

去抢任务之前，弟兄们给他这个队长出主意，抢一口离输水管线近的井位，这样能最快用上水。

所以，他厚着脸皮把位于红山嘴的80号井的任务书攥在手里不放，任凭其他队长对他吹胡子瞪眼。

也难怪兄弟井队不愿意，刘有年的钻井队在1956年已经超额完成了国家计划，而且放出话要拿下 1957 年的"开门红"。

可是，因为 80 号井离输水管线近，所以上级就把拉水车主要派往了距离输水管线远的井位，可是十几天过去了，输水管线的水还没到红山嘴。

唉，聪明反被聪明误啊！明天去矿区开会，也不知道其他正常钻井的井队队长会怎么笑话自己呢！

反正睡不着，到钻台上看看去。这个时候，也许只有亲爱的钻台才能安抚一下他那颗焦急的心。

正在钻台值班的加马尼亚孜看见刘有年上来了，眼睛一亮："队长，来水了？"

"来个屁！"

"队长，你不要着急，急也没用。我刚才爬到井架二层台上的时候，看见那边有一片亮亮的地方，好像是冰。"加马尼亚孜指着东南方向说。

"多远？"刘有年心头一震，"带我去看看！"

加马尼亚孜的话提醒了刘有年——

他知道，去年有一支浅钻队在红山嘴打过地质勘察井。如果这里有地下水，打完井没有固井的话，浅层地下水有可能溢出；而且因为地温高，井筒中的水是不会被冻住的；更好的是，这里离小拐农田不远，浅层地下水肯定是淡水。

天气晴朗，月光很亮。加马尼亚孜带着刘有年循着他在二层台看到冰的方向往前走。约莫走了四百来米，刘有年在无雪的戈壁滩上真的看到了冰！

越往前走，冰面越大。

终于，在距离80号井大约五百米的地方发现了一根露出地面十几厘米高的、冒着淡淡热气的铁管，管口不住地冒出水来，水上还漂着油花。

"还愣着干啥！"刘有年兴奋地对加马尼亚孜吼道。

加马尼亚孜用百米冲刺的速度狂奔回80号井营地，把全队弟兄都叫了起来。

两天之后，一条五百米长的沟渠直通80号井。

1959年2月7日，80号井经过试油，射开了三叠系克下组1152米至1155米井段，用4毫米油嘴试油，日产原油33.61立方米，红山嘴油田就此发现。

"姑娘们，我们要来拔你们的标杆啦！"

拎着铁锹的赵炎一走进三号隧道的工地，就向"三八排"发起了挑战。

到1959年底，克拉玛依探明了8个油区，探明含油面积290平方公里，已经具备了百万吨油田的生产规模。

于是，"建成年产百万吨的大油田"成为了所有克拉玛依人的共同奋斗目标。

但是，采1吨油就需要1.3吨水。年产量要上百万吨并长期保持，仅靠中拐至克拉玛依输水管线的水量是比较困难的。

1959年12月，新疆石油管理局克拉玛依矿务局党委第13次扩大会议做出决定：扩大油田面积，增加工业储量，全面管好油井，为今后大规模合理开发油田作好准备，大抓基本建设。

这项"大抓基本建设"的主要工作，就是修建"百口泉——克拉玛依"暗渠。

1960年1月3日，克拉玛依矿务局正式成立了基本建设指挥部，由矿务局局长秦峰任总指挥，矿务局党委书记赵炎任指挥部党委书记。

百克暗渠全长77.5公里，全部工程仅土方工作量就达92万立方米，共需34万个工日。1960年2月1日全线动工，2600人参与建设。

受"女子钻井队"精神的激励，一群姑娘们自发组织起"三八排"，向男同志叫板——看谁干得多，干得快。

这群姑娘的确太能干了——

1960年3月14日，她们居然夺得了水渠建设工地当日的标杆。这让参与水渠建设的两千多个男人非常汗颜。

赵炎亲自上阵是不是为了给男人争口气，已经不得而知了——反正，姑娘们夺得标杆的第二天他就拎着铁锨、带着机关干部来了。

姑娘们看到领导挑战自己，干得更猛了。赵炎带领的一帮中年男人也划好了自己的施工段，脱掉棉衣，甩开了膀子。

三号隧道工地只剩下呼啸的风声和唰唰的铲土声。

隋桂珍和杨永香已经汗流浃背了，但看到比自己大一二十岁的机关男干部们也不歇口气，就咬牙硬撑着。

"三八排"排长冯联芳心软了："赵书记，歇歇吧！"

赵炎呵呵一笑："好，都休息一下吧！"

裴秀琴倒了一搪瓷缸水给赵炎。

赵炎心里咯噔一下——走得急，忘带水了。三号隧道工地陡然增加了近一倍的人，姑娘们把带的水分给我们，恐怕就不够喝了。

他把水递给冯联芳："标杆排长先喝。"

冯联芳似乎看出了书记的尴尬，就没有再辞让，轻轻地抿了一口，递给一名"男队"队员。这名赵炎带来的队员扫了一眼四周的战友们，也假装喝了一口，递给"女队"队员……

搪瓷缸在传过二十多个人之后，又传到了赵炎的手中。

赵炎看了一眼缸子里没有下去多少的水，眼睛里透出了温情的目光："我带个头，大家要真喝啊，看我的！"

他夸张地做了一个吞咽的动作，喉头快速地上下移动了一下，又把搪瓷缸交给了冯联芳。

这时，姑娘们眼中已经浸满了泪水。

冯联芳用袖口擦了一下眼睛，大声地说："等到水渠修好了，咱每天都把水喝个够！"1961年2月，百口泉——克拉玛依水渠建成通水。

1961 年 2 月，支撑克拉玛依后来四十年发展的主要生命线之一——百克暗渠全线通水。每天 5 万立方米的淡水使它成为了克拉玛依名副其实的"母亲渠"。百克暗渠和后来的

持续修建的水利设施让克拉玛依市的人口从 1960 年的四万增长到了 2000 年的二十七万；使克拉玛依油田的年产量从一百万吨增长到近一千万吨。

历史的车轮滚滚向前。因为有了这条百克暗渠，克拉玛依人对更美好生活的追求也愈发强烈。

越靠近今天，"找水为多产油"的比重越低，尽管克拉玛依油田是中国石油工业出现百余年以来持续增产稳产时间最长的油田。而"找水为提高市民生活质量"的比重越来越高。

这个趋势说明了一个事实：各个历史时期的克拉玛依油田各级党委和克拉玛依市委从未忘记中国共产党的初心和使命——为中国人民谋幸福，为中华民族谋复兴。

这种初心和使命，不仅仅以党员的责任和义务鞭策创造出一个个具体的工作成果，更以激励和感染的方式向群众和社会勃发出团结前进的动力。

毫无疑问，百克暗渠就是克拉玛依人的生命线。虽然在地面上看不见这条水渠，但是每一名克拉玛依人都知道她的重大意义。

自然地，直接守护这条生命线的人，工作起来就倍感自豪，同时也很清楚自己身上的重大责任。

因为有了水渠，所以新成立了相应的管理部门——新疆石油局水电厂。

1961 年 5 月，刘光浩被任命为水电厂水渠维护队一班班长。水渠维护，主要是定期钻到暗渠里，检查水渠四壁有没有损坏的情况，并及时维修。从上游到下游，暗渠截面规格分为四类：90 厘米 ×80 厘米、80 厘米 ×60 厘米、60 厘米 ×50 厘米、50 厘米 ×50 厘米。

所以，在水渠维护队，小个子更有优势。

全班站队，身高 190 厘米的有，180 厘米的也有。而谁都比不上刘光浩：165 厘米，绝对是天生钻暗渠的料。

一开始大家都钻，但看着同志们的长胳膊长腿在暗渠中艰难地蠕动，刘光浩进行了分工：钻暗渠的工作，主要由自己来承担，其他人在地面上配合。

笔记本、铅笔头、手电筒，这是刘光浩钻暗渠时的三件武器。左手擎着笔记本，右手举着手电筒，嘴上叼着铅笔头，双肘撑在水中，双脚蹬踏渠底，匍匐前进。看到需要维修的点，就记录下来。

别的同志下去一次只能坚持十几分钟，而刘光浩下到渠里，可以匍匐前进整整一天。

从1961年到1966年，刘光浩在维护一班班长的岗位上干了6年，同事给他粗粗算过一笔账：6年时间里，班长在暗渠中匍匐前进了180公里。

刘光浩活着，就是为了水渠。换句话说，为了水渠，刘光浩可以去死。

1963年的一天，正在暗渠中检查的刘光浩突然发现水面在快速上升。

进行检查工作的渠段，是要将水暂时排空的。但排空是相对的，渠底还是会有十几厘米深的水在流动，这是正常的。

所以，水面突然上升，就说明水渠下游被堵塞了。

他叫地面上的同事给自己脚脖子系上绳子后，就向着下游摸索。

渠道越来越矮、越来越窄，水面也就越来越高。但他对自己的肺活量有很强的信心。

入伍体检时，军医看着 X 光片惊异过："这小子，肺那么大！"

当水快要没过他的眼睛时，他借助手电筒的光看到了，前面有一只水桶堵在了渠道里。

刘光浩半游半爬过去，用手攥住水桶把，用脚给地面上的同事

发信号："拽我上去。"

同事们看到绳子有规律地抖了抖，就开始往上拽他。

如果一切顺利，这也只是一次普通的故障排除作业。

但水桶被渠壁卡住了。要命的是，这事只有刘光浩知道，地面上的同事一无所知——还在往上拉他。

其实，刘光浩这时的处理方法也很简单：放开拽着桶的手自己先上去，这样就不会有生命危险。

但他不能这样做："如果放手的话，水桶又要被冲到下游。而这时水面已经很高了，再次去取桶，就需要憋气。别人下去，我是绝对不放心的。但我力气耗得太多，而且这个距离太远，恐怕憋不了那么久。"

紧绷着的绳子让同事们意识到了危险。但他们没有别的选择，只能往上硬拉。

硬生生的拖拽成功了。大家看到刘光浩全身血肉模糊地上来时，手中紧紧地攥着那只被渠壁磨出道道划痕的铁皮桶。

追求美好生活，是人性使然。

在"没有草，没有水，连鸟儿也不飞"的戈壁荒滩上建设起来的克拉玛依市，"丰满"的梦想与"骨感"的现实之间的反差更加强烈。

在能够满足石油生产用水和市民生活用水的基础上，克拉玛依一直在努力让水生出绿色——因为绿色是克拉玛依人心中最美的颜色。

孙庆兰就是一个创造绿色的人。

1961年，她随丈夫从山东老家来到克拉玛依之后，被这片灰黄色的戈壁滩搞得失望极了。但是，"嫁鸡随鸡，嫁狗随狗呗！咋都得过日子不是？"

因为有了百克暗渠，1965年，克拉玛依终于奢侈了一把，修建了第一个公园——人民公园。

这下孙庆兰可高兴了，公园里要种一片林子，需要组建一支绿化队，专门负责种植、养护树林。

她快快地报了名，干上了她在克拉玛依最想干的工作。

但她的开心劲儿却没能持续几天。白天，为了保证油田和城市的生产生活用水，无法给公园供水，绿化队只能在夜里种树浇水。

于是，孙庆兰她们这群绿化工最忙碌的季节是冬季——

满城到处搜集积雪和冰块，用拉拉车拉回公园，填到树沟里。这样的工作从第一场雪一直持续到春天雪化了为止。

为了和升高的气温抢春天最后一点残雪碎冰，她们往往要拉着木板钉制的拉拉车一路飞跑，生怕冰雪融化滴落在了路上。

就算这样年复一年地干，树苗的成活率也不是很高。

"领导们咋不想想办法多整点水呢！"孙庆兰心里有埋怨。

其实，新疆石油管理局党委、市政府在水利建设上工作上一直在持续推进——

1970年，修建了1座库容量为3573.9万立方米的白杨河水库；1972年，与白杨河水库配套的、全长72.8公里的白克（白杨河至克拉玛依）明渠竣工。

但这时，克拉玛依油田的年产量已经比1960年翻了一番。同时，克拉玛依市的人口已经达到了十万，比1960年增加了近六万。所以，生产生活用水量相应地也要大幅增加。

1976年的一个夏日，已经担任了绿化队队长的孙庆兰看着一片因为缺水而实在救不活的小树苗，心疼得落下了眼泪。

这个淳朴而倔强的女人真的忍不住了，她抱上一捆枯黄的枝叶，快步走出公园，直奔二百米外的新疆石油管理局机关楼，要找"克拉玛依最大的领导"。

当她打听到新疆石油管理局、克拉玛依市的所有领导都在开党委扩大会议时，奔向会议室，直接推开门闯入会场，把这捆树苗的"尸体"全撒在会议桌上。

还没等惊讶的领导们询问，她就放声痛哭起来："没有水，这些树都活活干死了，求求你们，救救它们吧！"

看着这些枯黄的树叶，领导们的眼睛也湿润了。相关领导当即做出安排："所有往钻井现场拉水的车，返回市区时都必须给树拉一车水。"

改革开放之前，在计划经济体制下，克拉玛依的各个单位都在一定程度上履行了一部分社会责任——大都有自己的食堂、菜棚子、俱乐部，当然也有公共澡堂。

市民们大都以这些澡堂所在的居民区或者澡堂所属单位称呼它们：鸿雁澡堂、测井澡堂、石油澡堂……

有一个关于澡堂的"秘密"，直到2019年4月22日才被揭开——

那天，45岁的女性市民王芳写的一篇散文《澡堂子忆事》发表在一个个人微信公众号"自在吹风"上，文章回忆了20世纪七八十年代发生在克拉玛依公共澡堂里的趣事。

这篇精彩的文章勾起了众多克拉玛依人的回忆，点击量创造了这个小公众号的纪录，留言区被编辑"上墙"的留言超过了30条。

而52岁的男性读者郑志强读到文中"进入洗澡间后，我妈揪掉我辫子上的皮筋，将我推进莲蓬头下劈头盖脸、从头到脚淋湿后……"时，却大呼"这不对呀"。

她的妻子问他："哪里不对了？"

郑志强肯定地说："那时候克拉玛依的澡堂子就没有莲蓬头！"

"有呀，怎么没有！"46岁的妻子反驳道。

就在争执进行到此的时候，夫妻俩同时反应过来了——可能当时女澡堂有莲蓬头，而男澡堂没有。

经过向同龄人和长辈询问，证明他们的猜测基本上是对的——多数澡堂里，只有女澡堂有莲蓬头，而男澡堂没有。

如果王芳没发表这篇文章，估计绝大多数市民都不会注意到这个有趣的细节，异性之间怎么会想到谈论"澡堂有没有莲蓬头"这种小话题呢。

稍有常识的人都知道，淋浴比池浴更卫生，但所消耗的水量也要多得多。

克拉玛依一刻都没有停止过对水资源的勘探开发和高效利用的

追求。特别是改革开放之后，找水用水的主要目的，快速向提高市民生活质量方面倾斜。

1979 年，克拉玛依在白碱滩区修建了 1 座库容量为 1950.5 万立方米的调节水库；为了充分利用白杨河水源，从 1989 年开始，又修建了库容量为 5800 万立方米的黄羊泉水库；市南部的独山子区，主要引用奎屯河水。

1978 年，克拉玛依修建的第一批居民楼房通了自来水，有了冲水式蹲便器。不过，"在家里洗澡"对于克拉玛依人来说仍然是一种稍显奢侈的享受——居民楼厕所的地面甚至都没有做正规的防水处理，两层楼之间的隔层是只是填充了简单吸水功能的矿渣。

于是，公共澡堂就是市民洗澡的最主要场所。

男澡堂的格局是里外间：外间是池浴区——一个贴着白瓷砖或蓝瓷砖的大池子，冒着热腾腾的雾气；里间是几排高度为一米左右的水龙头，水龙头下方是水泥平台，便于放脸盆。

男人洗澡的方式是先在外间的池子里泡一会，然后去里间往身上打肥皂，搓泥灰，用脸盆接上水冲洗干净。

而女澡堂里布满了莲蓬头，女人洗澡就可以享受全程淋浴了。

因为克拉玛依的基本定位是"国家经济建设的能源提供者"，所以，在历史资料当中，关于石油勘探开发的内容远比关于水利建设丰富。翻看克拉玛依的历史资料，查不到克拉玛依市政府和各个单位这样区别对待男女公共澡堂设施的原因，当时相关的负责人也难以寻找。

但是，这样的事实已经足够说明了在水资源还不够充足的情况下，新疆石油管理局党委、克拉玛依市委以及各单位、各级党委的考量——没有忘记中国共产党建党时最朴素的初心。正如电视连续剧《长征》中的一句台词："我们闹革命，不就是为了老人、妇女和孩子能够幸福地生活嘛！"

人对美好生活的追求是无止境的，这是人类文明发展最根本的动力。这种动力在克拉玛依尤为充足——因为这片土地的原始生态极为恶劣，生活在这片土地上的人对美好生活的向往就愈发强烈。

2000 年之前，克拉玛依的对外宣传材料中常常有"这是一座因油而生的城市"的表述；2000 年之后，逐渐变成了"这是一座因油而生、因水而兴的城市"。

2000 年的确是克拉玛依城市命运被彻底改变的年份。

这源自一项伟大的工程——引水工程。没错，对于克拉玛依来说，引水工程完全配得上"伟大"这两个字！

引水工程从根本上解决了克拉玛依可持续发展的水资源桎梏问题，从根本上解决了克拉玛依人对美好生活追求的水资源空间问题。

所以，在专门讲述克拉玛依水的故事的本文当中，值得用单独一个整篇来回忆这项伟大工程的些许点滴。

1988 年 3 月中旬，克拉玛依第六中学转来了一批新同学，他们都来自阿勒泰地区，张东黎也在其中。

和其他转学生一样，张东黎的父母都在位于阿勒泰的新疆有色金属局下属单位工作。离家的他们就暂住在六中附近的新疆有色金属局下属单位的职工宿舍楼。

跟同学们熟络之后，张东黎告诉大家："父母的单位快要搬到克拉玛依了，可能下学期他就不用住宿舍了。"

可是，这些新同学在六中只上了一个学期就又回到了阿勒泰——父母的单位不搬了。

这件小事的背景是——

1988 年，新疆有色金属局准备在克拉玛依建一座年产五千吨的电解铝厂。与此配套，还要在克拉玛依建设金矿、铬矿职工生活基地。

这对克拉玛依是一个非常好的消息：城市业态多元化，是城市可持续发展、抵御经济风险、拓宽就业渠道、丰富城市内涵的好趋势，尤其是对克拉玛依这种纯粹以石油石化产业为唯一经济支柱的资源型城市。

但是，新疆有色金属局经过审慎调研认为，克拉玛依的水资源量无法支撑上述产业的正常运行。

这时，克拉玛依建市已经 30 年了。那年，市局党委提出"逐步把克拉玛依市建成以油为主、多种产业结构并存、多功能的、向外辐射的综合性工业城市。"

这是一个为克拉玛依可持续发展，避免"油尽城亡"结局的战略性目标，是为克拉玛依子孙后代负责的百年大计。

可是，作为一块顽固的短板，水资源依然严重制约着克拉玛依的发展，制约着克拉玛依人对美好生活的追求。

1995 年 8 月，全国政协副主席、著名科学家钱伟长率专家组来到了克拉玛依。

国务院要求，将天山北坡经济带建设成我国西部地区重要的原油生产基地、石油化工基地、农牧业生产加工基地。为此，自治区党委、自治区人民政府开始为天山北坡经济带的发展寻找新的水源。

"三个基地"的计划中，克拉玛依占了两个！

钱老此次来疆，就是受国务院委托考察引水工程的可行性。

经过实地考察和充分调研，钱老回到北京向国务院呈送了一份报告：第一，引水工程可行；第二，引水工程分两期进行，第一期引水到克拉玛依，第二期引水到乌鲁木齐。

两个月之后，时任水利部部长钱正英又来到克拉玛依。水利部向国务院提交的考察报告认为：作为新疆引水工程的首期工程，引水到克拉玛依较为合适。

1996 年 10 月，国务院对克拉玛依引水工程正式立项！

在收获的季节传来了春雷般的好消息，克拉玛依沸腾了！

各个单位都启动了"捐石头"活动。一直以来，各单位院区和居民区公共地面都是就近取材，用后山的花岗岩切凿成长方形石板铺地，既结实又美观。

这下要修水渠了，需要大量石板修建渠道。于是，各个单位和居民自发地把石头撬起来捐给引水工程使用。

就在全市人民兴高采烈地为这项创造幸福生活的工程而忙活的时候，克拉玛依市委书记、新疆石油管理局党委书记谢志强却拿着国家计委批准的引水工程立项报告眉头紧锁——

立项报告中，引水工程的终点是克拉玛依市乌尔禾区东北方向的风城水库。而风城水库距离克拉玛依市区有 120 公里远。

如果从"三个基地"建设的角度来规划引水工程，我们不能不承认：立项报告的河流终点设置是科学而合理的——

第一，实现了水资源和产业建设需求的合理对接。

油田建设和石油化工所需用水，可以根据实际用水需求从风城水库接驳工业输水管网。这类费用完全可以算作具体项目投入，只需相关企业负担。

第二，河流远离人口聚集区，从而确保了水质最大程度免受人为污染，同时也降低了沿途蒸发量。

克拉玛依市区的民用水需求，可以从风城水库修建输水管道、暗渠或者利用白克明渠、百克暗渠等既有水利设施来实现。

但是如此一来，将要投入巨大财力、人力、物力引来的河流，克拉玛依市民是看不着、摸不着、亲不着。

"为了找水引水，我们奋斗了四十多年，如果引来的水在百里之外，我们怎么向克拉玛依人交代！"

1996 年 5 月 7 日，谢志强在市局党委引水工程专题会议上摆明了自己的观点。

时任克拉玛依市市长、新疆石油管理局局长戴明梓斩钉截铁地说："我们有能力把水引到风城，也有能力把水从风城引到克拉玛依市区！"

这次会议形成了"增补引水到克拉玛依风克干渠工程方案"的决议。

要改就改彻底——

1997 年 7 月，在关于"水怎么进城"的讨论中，克拉玛依市

局参加讨论的领导们一致认为：河流既不要绕城而过，也不要"暗渡"油城，而是要从克拉玛依市区中心敞敞亮亮地穿城而过，最后汇聚到西郊水库，而且她应该有一个名字——克拉玛依河。

谢志强对大家的意见极为赞同："克拉玛依作为一座现代化城市，应该有一条属于自己的河，我们不但要把这条河修成穿城而过的明河，而且要修得美丽壮观，要让克拉玛依河成为克拉玛依人休闲的好去处，使克拉玛依真正成为人们安居乐业的戈壁明珠！"

以上，就是克拉玛依河决策过程的故事。当今天的克拉玛依人徜徉在美丽的克拉玛依河畔时，应该能体会到：这份美丽来自一级党委为了一方百姓幸福美好生活的担当和追求。

克拉玛依只有修改方案的建议权，而决定权在水利部规划总

院。怎样让责任部门同意克拉玛依的建议，这需要具有说服力的科学论证。

最现实的问题有两个：一是原设计中风城水库的高程低于克拉玛依市区，河水无法自流入市区；第二，从风城水库到克拉玛依市区将穿过一片油区，河道会影响油田设施，油田生产会污染河流。

新疆石油管理局勘察设计院的高级工程设计师巨生军和高礼负责解决这两个难题。

他们带领着勘察设计人员经过几个月的踏勘、研究和设计，拿出了办法：将原设计中的风城水库迁址到高程超过市区位置；风城至克拉玛依的风克干渠依哈特阿拉特山脚而行，避开油田。

1997年7月，引水工程农业开发指挥部常务副指挥王荣和巨生军一起，带着这份市局党委批准的《风克干渠设计方案》和二十多万克拉玛依百姓的期盼进京了。

科学领域的争执既严谨又纯粹。做好充分准备的王荣和巨生军面对专家组的各种问题和质疑应答得当、理由充分，《风克干渠设计方案》最终通过了评审！

1997年5月16日，克拉玛依引水工程会战誓师动员大会召开。

来自克拉玛依七十多个企事业单位以及克拉玛依军分区的20个会战团的万余人接受检阅。之后，他们就直接奔赴决定克拉玛依历史命运的、追求克拉玛依美好未来的"战场"。

这项国家大II型水利工程的起点是福海县顶山分水闸，通过215公里长的西干渠抵达风城水库；再由112公里长的风克干渠到达九龙潭进入市区；然后以8.51公里长的克拉玛依河全程景观区的方式，穿城而过抵达西郊水库。

工程共需要完成土石方量6320万立方米，混凝土及钢筋砼141万立方米，钢筋制作安装1.6万吨，灌浆6.4万立方米。如果把引水工程挖填的土方量做成1立方米的土墙，其长度可以绕地球赤道一圈半。

勘探开发研究院本是新疆油田的科技研发中心，是科技密集型单位。但是，居然有137名科技人员主动提交了参加引水工程会战的申请书；采油一厂党委刚刚向全厂职工发出"原油生产、引水会战两不误"的号召之后，职工们就用"三人工作两人干，抽出一人去会战"的具体措施回应；经贸公司的职工甚至把"誓与引水工程共存亡"的字样印在了战旗上……

据不完全统计，有数以万计的油田职工以不同方式请战。

1991年就从河南来克拉玛依经营"路回头"小餐馆的老李听说要往克拉玛依引水，就把年逾七旬的父亲从老家接来，打算让老人替他经营生意火爆的餐馆，自己找到居委会，要求义务参加引水工程会战。

但是居委会主任却婉拒了他的请求："你是老百姓，是负责享受水的。引水这事儿应该是党员干部和企事业单位职工来干。"

旁边的老爹听了这话，老泪止不住夺眶而出："今天的共产党，还是当年打日本、打蒋匪的共产党！"

在这场历经三年的大会战中，可歌可泣的故事不胜枚举，每一个故事都是一朵美丽的浪花。我们怕贫乏的文字过度拘泥于任何一朵浪花，会忽略这片波澜壮阔的海洋。

2000年8月8日清晨，西郊水库准备迎接河水。

在引水工程奋战了三年的佟志莹早早地站在克拉玛依河流入西郊水库的入水口处。她躲开克拉玛依河通水仪式的喧天锣鼓和热歌狂舞，挎着一只竹篮，安静地等待着……

水来了，水真的来了——干燥的戈壁瞬间被河水浸润、淹没，汹涌水头裹挟着的气流卷起的戈壁尘埃立刻被河水的涟漪幻成沁透心脾的芬芳。

姑娘从竹篮里掬出一捧捧康乃馨花瓣——因为康乃馨的花语是"母亲"。她把花瓣撒向河水，伴随着自己幸福的泪水，这是她对克拉玛依河——克拉玛依真正的母亲河特有的致敬。

每一片花瓣都宛如一叶小舟，盛着克拉玛依人四十年无数找水引水的故事飘向克拉玛依河的归宿……

这些故事飘到了水库的中央，执拗地在原地打着转儿，不愿再向前，仿佛舍不得离开克拉玛依人极目的视线，尽管水库如此宽阔。

2000年之后，每年拥有2.8亿立方米水资源量的四十多万克拉玛依人逐渐不再关注而只是尽情地享受水了。

那么，是不是关于克拉玛依水的故事可以到此结束了呢？

也许是吧——

好比人体器官，当你感觉某个器官不舒服的时候，它一定是有问题的；而当你想不到去关注它的时候，它就是健康的。

不，不是的——

因为克拉玛依的水化作了克拉玛依越来越绿的树、越来越艳的花儿、越来越美的园、越来越多的鸟儿、越来越阔的房、越来越宽的路、越来越靓的馆……化作了克拉玛依人越来越幸福的生活！

□ 刘亚峰：克拉玛依日报社首席记者

用焊花编织理想

——记总公司电焊技能专家、炼建公司电焊高级技师谷刚

马润清

2006 年 4 月，春风把喜讯送到了天山北麓的独山子石化总厂炼建公司乙烯检修车间：谷刚被聘为总公司电焊技能专家啦！车间领导前来祝贺，班里的同志个个都感到骄傲和自豪。此时此刻，站在同事中间的谷刚，顿时觉得自己肩上的责任又沉重了许多……

挑　战

1997 年是独山子石化年产 14 万吨乙烯开工的第二年，在乙烯厂检修车间的工房里，人们经常看到谷刚那高高的身影，面对着裂解炉里换下来的那个进口的、报废异径（锥形）管陷入了沉沉的深思。有时，他手里还拿着钢卷尺和铅笔，反复地测量着它的各部尺寸，在笔记本上边画草图边记录下一个个数据……异径管呀，你一直在牵着高级焊工谷刚的心啊！

独石化乙烯厂开工的前两年，乙烯裂解炉经常出问题，严重地影响了装置的平稳生产，谷刚曾多次冒着炉膛里余热的高温，钻进

去抢修炉管，寻其根源：都是出在那个异径管上。为此，谷刚更加坚定了向进口配件挑战的信心。"异径管"又粗又短，是选用耐高温和耐腐蚀的高级合金钢、采取离心浇铸法制成，分内管和外套两部分，每套异径管的进口价为上万美元。乙烯厂5台裂解炉内共安装10个异径管，使用寿命不到几个月就更换一个，如此下去要给国家造成多大的经济损失呀！谷刚发现，异径管的内管上口在高温和诸多理化因素的作用下，易变型、收缩，会造成裂解物料输送不畅，以至炉管烧穿或破裂。眼看，库房里进口的备件就更换完了，谷刚心急如焚。

"谷刚要向发达国家专家设计的产品动手术啦！"消息传出，有人佩服，也有人替他这一大胆举动捏一把汗。

1998年7月，乙烯厂停工检修开始了，谷刚在主任的支持下，终于把经过反复研究、多次试验诞生的新型异径管亮了出来，领导很快批准安装，并投入试运行。实践证明，比进口产品延长使用寿命5倍——过去平均不到4个月就要更换一个异径管，现在能使用两年。据测算，谷刚这一改造成果，每年可为独山子乙烯厂减少经济损失750多万元。

谷刚向进口产品挑战这一年35岁，经新疆维吾尔自治区团委推荐，被评为中国杰出青年；次年，他又被中国管理科学院学术委员会聘为特约研究员。

心　愿

22年前，一个风华正茂的转业军人，满怀着为四化献青春的理想，正前往设在河南开封的化工部十一化建总部报到，这就是谷刚。从此他跟随十一化建走南闯北，在电焊岗位上一干就是10年，成为十一化建百余名电焊工的佼佼者——焊工状元。

1995 年秋天，谷刚在完成独山子年产 14 万吨乙烯裂解炉工程的建设后，作为特殊人才留在了独石化乙烯检修车间。那时候，乙烯检修车间还是一个刚刚成立不久的新车间，持有化工部颁发的高级焊工证书的谷刚，在车间是"一枝独秀"，他多么希望车间焊接岗位上呈现出"满园花开"的景色呀。

1996 年 5 月 5 日上午，正在停工小修的乙烯厂一号裂解炉里，淡蓝色的强光照在炉壁上，谷刚正在采用氩弧焊接法补焊炉管。在他身旁还有一个 20 出头的年轻人，正目不转睛地注视着谷刚的每一个动作。这个人叫陈松，是谷刚手把手教出来的第一个徒弟；他很爱电焊这门技术，谷刚也很喜欢他，一步一步地把他带进了高难度的焊接领域。如今，他已成长为工人技师，不仅是生产上的顶梁柱，还担任了电焊技术培训指导老师，在多次国家、自治区、炼化行业组织的电焊技能大赛中均取得好成绩。

技校毕业生吐尔逊江，曾有过一段时间觉得自己在焊工的路上技术已经够用了，不再深入钻研。谷刚看到自己身边的这个维吾尔族小兄弟正在"滑坡"，下决心要好好地帮助他，就和他真诚地交朋友，用自己过去学电焊的艰苦经历激励他学技术，练本领，鼓舞他奋发向上，并和他签订了师徒合同，指导他在焊接技术上达到一个新的水平。两年后，吐尔逊江在岗位上勤学苦练，一举夺得了八项各种材料的焊接资质证书。

谷刚在指导徒弟提高焊接技术时，特别强调：一定要严格遵守焊接工艺，把电流、电压调整到最佳参数，什么材料，什么环境，坡口打磨到何种角度，这些他都跟大家讲得清清楚楚，从不含糊。一天，一个技术很不错的徒弟想和谷刚"较量"一番，谷刚让他分三层焊好，他偏要一次成功。拍完片子，小伙子服气了——不该不听师傅的话。

2002 年 6 月，在独山子乙烯厂从年产 14 万吨扩建到 22 万吨的改造中，谷刚带领着 7 名徒弟承担了乙烯 5 台裂解炉的大修任务，在时间紧，任务重的情况下，共焊接 232 道焊口，探伤拍片 540 张，一次焊接合格率达 98.7%，提前 8 天完成了大修任务，为改扩建"对接"赢得了宝贵时间，同时也证明谷刚为师有方。

转眼，谷刚在焊工的路上又走过了一个 10 年，期间，他不仅亲手培养了 9 名青年焊工，还被聘为独山子石化焊接技能教师，取得国家焊接考评员和国际焊接技师的资格证书。

攻　关

乙烯裂解炉中熊熊的烈焰在燃烧，每台炉内 64 根、长 11 米的辐射管是物料裂化过程的通道。然而，就是这些矗立在裂解炉中的条条通道，经常出现氧化弯曲、裂纹、蠕胀、鼓泡。谷刚确实不忍心整体更换这一万美元一根的辐射管，可是采取"局部补焊"，新旧炉管之间的焊接质量怎么也达不到要求。

在乙烯厂检修车间模拟裂解炉的操作室里，谷刚正在做炉管焊接试验：预热从 500 度慢慢上升到 850 度时，谷刚说了声"好"！只见他握着氩弧焊枪，把焊枪里喷出的高达 3000 摄氏度的热能集中到焊丝上，被熔化的焊丝液一滴一滴流进焊缝，有规律地成"一"字形，慢慢地向前移动……为了解决辐射管的焊接问题，谷刚一面搞试验，一面翻阅了大量焊接资料，借鉴了多家同行的经验，经过近 3 个月的反复实验，积累了大量的参数，终于编写出自己的"焊前预热、焊后缓冷"的《裂解炉炉管焊接新工艺》，解决了新旧炉管焊接的质量难题，使每根炉管的使用寿命延长 200 天以上，提高了裂解炉的运行周期，保证了乙烯装置的正常生产，每年为企业创造直接经济效益 80 多万元。

1997 年 2 月，顺丁橡胶车间 308 换热器严重腐蚀，漏点多达百处，直接影响到顺丁橡胶的质量合格率。曾请几家公司前来相助，也没有彻底解决。此时，谷刚出现在现场。他首先用磨光机进行彻底除锈，然后像绣花一样，用氩弧焊一点一点地精确操作，整整苦战 7 天，1200 道焊口全部合格，很快使顺丁橡胶车间的产品质量合格率又上升到 95%。

1997 年 12 月，甲醇转化炉告急，炉中的对流管严重结焦，必须立即组织停工抢修。据测算，按全部更换对流管的工艺要求，最少需 8 天。谷刚急车间生产所急，大胆提出抢修新方案，只用了 3 天就完成了任务。但谷刚却有时在仅有 4 厘米间隙那极其狭窄的条件下实施焊接操作，还要用一个小镜子反照才能看到焊接部位，在这里他连续工作长达 50 多小时，不仅焊完了四组双层 32 根炉管的艰巨任务，还给车间节约 50 多万元的材料费。

2002 年年底，独石化热电厂一台汽轮机缸体压盖断裂，前几名焊工都没有完成焊接任务，最后领导点名把谷刚叫到现场，他查看了压盖材质，摸清了配件的工作条件，二话没说就把汽轮机缸体拉回了检修车间焊工房。谷刚对待这个焊修件，决定采取多种材质焊条、多层焊接方法，确保其强度、耐高温、耐腐蚀等工作条件的需要。当一切准备就绪时，谷刚防护罩一戴，焊把一握，接着是一遍又一遍娴熟的手工焊，把一根根焊条熔化在焊缝里。如果你是行家，看了那整齐的、鱼鳞斑似的焊迹，一定会感到是一种艺术享受。

20 年来，谷刚多次被评为先进生产者、技术能手、优秀共产党员和劳动模范；曾在新疆维吾尔自治区职业技能竞赛中荣获电焊第三名；论文《铝镁合金料仓的焊接》、QC 成果《浅析乙烯裂解炉炉管的焊接》，先后获总公司优秀奖和国家级一等奖。

谷刚调到独山子石化的 10 年来，取得两项技术创新成果，提出了 18 项合理化建议和 6 项技术改造措施，均得到推广应用，在乙烯厂生产和检修中发挥了重大作用。

弧光闪闪，焊花飞溅。电焊技能专家谷刚，在不断攻克企业焊接技术难关的路上，用美丽的焊花，编织未来，编织理想……

□　马润清：原在独山子石化新闻中心报社工作。

"关于国旗升挂的提案"背后的故事

刘玉萍

在新疆维吾尔自治区政协 2002 年 1 月 12 日召开的八届五次会议上，时任自治区政协委员、克拉玛依市政协副主席于长远提交的《关于国旗升挂的提案》入选了自治区政协成立 70 周年 100 件有影响力重要提案。这件提案提出的缘由，不得不先说说克拉玛依（1955 年—2002 年）当时的发展状况。

历史渊源

1955 年，随着新中国第一个大油田在新疆准噶尔盆地诞生，戈壁油田"克拉玛依"（维吾尔语"黑油"）的名字传遍大江南北。这座中国石油工业的发祥地、中国勘探开发建设的第一个大油田，作为一座从"没有草、没有水，连鸟儿也不飞"的亘古荒原上神话般崛起的石油城市，经过多年的开发建设，克拉玛依已成为全国石油石化工业的重要基地和新疆天山北坡经济带中举足轻重的城市，被誉为"戈壁明珠""沙漠美人""西部名城"，可当初的主要市民却是钻井队队员，他们居住的主要是地窝子、木板房、建筑帐篷。尽管设立了克拉玛依市，但整个城区仍然是石油开采服务基地的面貌。

改革开放后，随着石油石化生产规模的扩大，城市建设急剧扩张，人口随之增长。1980年，克拉玛依开始城区住宅改造，逐渐拆除平房、修建楼房，城区面积不断扩大，这个"因油而生、因油而兴"的石油长子，在拥有"工匠精神"石油人用双手履行"我为祖国献石油"庄严承诺的同时，也用无私奉献谱写出了克拉玛依日新月异的发展篇章。

提案的起因

1996年克拉玛依市委《精神文明建设系统工程总体方案》（以下简称《方案》）出台，从这份《方案》中，人们注意到了一个新颖而又陌生的关键词——精神文明建设"六大工程"。在这个由核心工程、形象工程、繁荣工程、育才工程、温暖工程、平安工程共同构成的"六大工程"中，首次提出了"创建全国文明城市"的奋斗目标。

于是，克拉玛依市委开始了在这条道路上的探索和实践。在一次又一次的观念教育和素质养成下，以自身建设为起点、从小事做起、从孩子抓起……一场自觉文明的行动如雨后春笋般开始萌发。各行各业纷纷制定行业文明标准、国家机关提出"楷模工程"、窗口行业提出"示范窗口"、企业提出"文明班组"……

2000年，水来了。克拉玛依河横贯东西，两岸灯光璀璨，成了市民散步游玩的打卡地。物质生活提高了，城市变美了，群众幸福指数提高了，曾经美妙的憧憬也变成现实，人们对祖国、对党的感恩之情愈发深厚。代表党和国家的党旗、国旗、党徽、国徽成为人们寄托情怀的载体，人人都以佩戴党员徽章、国徽为荣，都把能够站在党旗、国旗下宣誓当做最高荣誉。

于是，升挂国旗也从机关走进了企业，走进了学校……起初，每周一早上，机关、企业、学校等地都会组织隆重的升国旗仪式，门前或操场上的旗杆上，都会飘扬起鲜艳的五星红旗。可随着时间的流逝，于长远发现，国旗使用越来越广泛，使用不当的情况时有发生。如：有的单位升挂的国旗长年只升不降，导致破损、褪色；有的学校升挂国旗后任由风吹雨打……作为一名从旧中国走向新中国的知识分子、老党员，于长远对于代表国家象征和标志的国旗有着深深的情怀与执念，没有共产党就没有新中国，没有新中国，他这个农村长大的孩子不可能成为一名大学生和国家干部，爱国，早已成为信念，融入了他的血液。他认为，这些行为都严重损害了国旗尊严，必须要强化国旗使用的规范性和严肃性，加强国旗使用的管理监督，有利于形成维护国旗尊严的意识和社会氛围，有利于维护国家的形象和尊严。于是，在2002年新疆维吾尔自治区政协召开的八届五次会议上，时任克拉玛依市政协副主席、自治区政协委员的于长远提出了《关于进一步规范国旗升挂和使用》的提案。

提案建议

一、机关、企事业单位、商业街区商（住）户、学校园所、医院、窗口单位、群众办事大厅、社区、村（居）委及广场、公园等公共活动场所依照《国旗法》的有关规定，充分利用各种有利条件升挂、悬挂、插挂国旗，打造美观、亮丽的国旗风景线，用最真挚的情感、最积极的行动，表达我们对祖国的热爱、对国旗的尊重。

二、依法正确使用国旗。根据《中华人民共和国国旗法》规定，必须依法使用国旗，做到国旗的位置不低于其他旗帜，不被其他物品遮挡，不得倒挂、倒插或者以其他有损国旗尊严的方式升挂、使用国旗。不使国旗与其他旗帜相交，不悬挂和使用破损、污损、褪色或者不合规格的国旗，不使国旗落地。

三、希望机关及各企事业单位、学校都积极行动起来，通过悬挂国旗，展现新疆各族儿女热爱祖国、热爱家乡的精神风貌，让鲜艳五星红旗高高飘扬在新疆广袤的大地上，让文明之花开遍新疆的每个角落。

提案落地

收到于长远委员的提案后，新疆维吾尔自治区政府办公厅高度重视并反应迅速，很快作出了答复——您提出的《关于进一步规范国旗升挂和使用》的提案，对我区进一步按照《中华人民共和国国旗法》（以下简称《国旗法》）规范升挂使用国旗，强化公民国旗意识，增强国家观念，发扬爱国主义精神具有重要意义。自治区政府办公厅将会同有关部门，进一步加大宣传力度，提高各地、各部门对规范升挂使用国旗重大意义的认识，督促各地根据《国旗法》及相关规定，进一步提高全区升挂使用国旗的规范化水平。同时对国旗的收回也作了明确的规范。一是不得随意丢弃国旗，破损、污损、褪色或不合规格国旗应当按照国家有关规定收回、处置。二是大型群众性活动使用国旗的，活动举办者应当在显著位置设置国旗收回点，活动结束后，活动举办者应当收回或者妥善处置使用的国旗。三是国旗破损、污损、褪色或者不合规格的，各地国旗主管部门应当组织收回，个人和组织应当按照当地国旗主管部门的规定及时送交收回，确因特殊原因暂不能送交的，应当妥善保管。

为全面提高各地、各部门升挂使用国旗的规范化水平，针对规范国旗、国歌使用等相关工作自治区政协办公厅还开展了专项督查，发现和纠正了多种升挂使用国旗不规范行为。

现如今，各地州机关、企事业单位、学校等都按照《中华人民共和国国旗法》要求进行国旗升降与收回保存，公共场所的旗杆上再也见不到褪色及破损的国旗，也没有了国旗缠绕在旗杆上的现象，鲜艳的五星红旗飘扬在了新疆各地州的上空，飘扬在新疆各族人民群众心里。

于长远：男，汉族，1940年出生，山东文登县人。1968年北京石油学院本科毕业，分配至新疆石油管理局工作，先后担任技术员、市局党委办公室秘书、秘书科副科长、科长、办公室副主任、主任、市政协秘书长、副主席，1997年至2003年当选自治区政协委员，2003年退休。

□　刘玉萍：现任亚洲中心时报克拉玛依记者站站长

提案背后的故事

白雪龙

2018 年，住克拉玛依市的自治区政协委员徐天昊在自治区政协十二届一次会议上提出的《关于统一"奎独乌"区域环境监管的提案》被评为"自治区政协成立 70 年来 100 件有影响力重要提案"。

作者简介

徐天昊，1966 年 1 月出生，黑龙江拜泉县人，汉族。1988 年 8 月参加工作，北京理工大学工商管理硕士，教授级高级工程师。现任克拉玛依市人大常委会副主任。

提案背景

党的十八大以来，习近平总书记就生态文明建设的战略地位做出了一系列重要论述，指出："良好生态环境是最公平的公共产品，是最普惠的民生福祉。""环境就是民生，青山就是美丽，蓝天也是幸福。要像保护眼睛一样保护生态环境，像对待生命一样对待生态环境，把不损害生态环境作为发展底线。""我们既要绿水青山，也要金山银山。宁要绿水青山，不要金山银山，而且绿水青山就是金山银山。"

2012年以来，奎独乌（奎屯、独山子、乌苏）区域内以石油化工、钢铁、火电、煤化工等为主体的工业规模不断扩大，经济社会发展取得长足进步。同时，随着群众生活水平不断提高，人们对清新的空气、优美的环境等要求也越来越高，老百姓从"盼温饱"到"盼环保"，从"求生存"到"求生态"，环境问题成了区域最迫切的民生问题之一。新疆环保厅通报显示，2015年，奎独乌区域依然存在污染治理设施不健全，污染物排放超标严重，建设项目"未批先建""未验先投"和不执行"三同时"制度现象突出，无组织废气排放源无治污设施等主要环境问题。奎独乌区域是天山北坡经济带重点地区，涉及地州市多，环境治理任务重，单靠一个地方政府难以把当地生态环境搞好。虽然自治区建立了联防联控协调机制，制定了联防联控方案，但"三地四方"属不同行政区划，无法形成合力，大气污染治理成效不够明显，群众的获得感不强。

提案的主要内容

2018年提出的《关于统一"奎独乌"区域环境监管的提案》强调了"奎独乌"区域环境监管一体化的必要性，明确了建立跨地区环境监管机构的法规政策依据，提出了建立跨地区环境监管机构的基础条件，最终建议由自治区立法机构和自治区人民政府授权自治区环境保护厅，整合"奎独乌"区域内现有监察、监测人员，建立"奎独乌"环境保护机构，并作为自治区环境保护厅的派出机构，统一管理"奎独乌"辖区内的环境保护工作,辖区内各地环保局作为该环境保护机构的派出机构,管理辖区内的环境保护工作。在自治区环保厅的领导下,整合一体化环境监管工作,从环境保护角度出发发挥好组织协调作用,协调地方政府找到利益共同点,研究、编制、实施"奎独乌"区域环境保护规划,统筹协调区域合作和一体化战略决策,承担"奎独乌"区域内环境问题的统筹协调、监督管理和区域环境污染防治。

起草提案过程

2015年起,每逢冬季,独山子的天空时常笼罩着分不清是雾还是霾的白色气团,从独库公路沿线的滑雪场登高看远,这白色气团就像一个庞大的锅盖扣在独山子的上空。

徐天昊在独山子工作、生活了几十年,看到独山子冬季空气质量越来越差、群众怨声载道,甚至个别退休的同志当起了"候鸟"(冬季到海南、四川等地过冬,夏季再返回独山子生活),徐天昊感到很痛心。2015年,徐天昊任市政协副主席、独山子区常务副区长,她很想通过自身的努力为独山子环境改善出一份力。

徐天昊组织相关人员静下心来认真研究相关政策。组织环保局、独石化公司安质环处等相关部门同志全面学习了《环境保护税法》《水污染防治法》《生态环境损害赔偿制度改革方案》《新疆维吾尔自治区环境保护条例》等国家、自治区法律法规及相关政策文件,把政策吃透、把方向找准,研究细化落实的具体措施及方案,重点围绕如何强化日常监管、区域联防联控等等方面进行准备。

随之精心组织开展了全面的调查研究。市、区两级环保部门分析研究了近年来的空气质量变化趋势、主要污染源情况、重点排污企业情况等，为后续工作开展奠定了坚实的基础。我们积极与奎屯、乌苏、兵团第七师相关部门交流对接，召开座谈会，针对如何提升区域大气污染联防联控工作水平进行交流协商。并相关企业，详细了解排污情况及所采取的治理措施。邀请了专家、政协委员、普通群众等座谈交流，征求关于大气污染防治工作的意见建议。通过以上工作发现，各部门、公司企业等虽然做了大量工作，但距离群众期待还有很大差距，大气污染治理必将是一场长期艰巨的战役。当时仍存在规模小、工艺落后、污染排放重、环保设施不全的企业亟待加大力度淘汰，日常环境执法监管中人员力量、执法设备设施等严重不足问题。

徐天昊组织相关部门积极借鉴其他地区大气污染治理经验。国内外的成功经验表明，解决区域大气污染问题，必须尽早采取区域联防联控措施。为进一步加大大气污染防治工作力度，提高区域空气质量，同时积极借鉴我国在珠三角建立的大气污染联防联控技术示范区、京津冀大气污染防治协作机制等相关工作经验，为提出提案做了充足的前期准备。

经过调研、反复核实相关情况及数据，克拉玛依市环保局牵头起草了提案，提交自治区政协十二届一次会议。

提案产生的重要影响力

提案交办后自治区人民政府给予了高度重视，明确由环保厅主办、自治区党委编办会办，共同研究解决。自治区相关部门工作人员多次与徐天昊沟通交流，探讨落实措施和解决办法，促进"奎独乌"区域空气质量持续好转。

环境治理更规范了。为加强区域联动执法监管，同步应对解决区域共性问题，建立了座谈协商、共享区域空气质量监测、污染源排放、气象数据、管理经验等机制。建立区域空气重污染预警会商机制，针对区域空气重污染天气，探索共同启动应急联动机制。

晴天越来越多了。通过强化区域环境监督执法，奎独乌区域空气治理成效明显，冬季晴好天气大幅增加，区域空气质量明显好转，增强了当地群众的获得感。

群众心情舒畅了。环境监管措施实施前，每到冬季独山子区空气质量咨询投诉就会剧增，大多是闻到空气中有臭鸡蛋味、雾霾严重影响生活等。治理后，相关投诉逐渐减少，赢得了群众的认可。

□ 白雪龙：现任市政协办公室秘书科副科长

我的恩师

艾尔肯·阿布力米提

我出生于昆仑山下的新疆克孜勒苏柯尔克孜自治州，一个靠近边境的艰苦农牧区的家庭。这里是一片干旱贫瘠的土地，生活条件十分艰苦。老师告诉我们，若想改变命运，唯有刻苦学习走出去才能实现。1981 年 7 月我考上了独山子石油学校大专班石油矿机专业，毕业后参加了新疆油田建设，实现了少年时的梦想。在石油学校学习期间，我的老师薛欣杰对我的学习和生活关怀备至，40 多年过去了，那些情景至今仍然让我难以忘怀。

一心为教学

1961 年 7 月，薛欣杰老师从北京石油学院毕业后，响应党的号召，怀着报效祖国的一腔热情，来到祖国西北边陲的独山子，成为独山子石油学校一名任课老师。从此，他在三尺平台上呕心沥血，把毕生精力倾注给石油教育事业，把全部爱心奉献给千里而来的各族学生，为祖国培养了大批刻苦耐劳、精益求精的石油科技技术人员。

薛欣杰老师在 30 多年的高等数学教学中，一直坚持利用晚自习或周末时间给需要帮助的学生提供课后学习辅导。在 50 多平方米的小平房里，他认真负责，为每一位学生开展有针对性的辅导。在他的坚持下，大家的成绩都有了显著的提高。薛欣杰老师退休后也一直坚持为高数学习有困难的学生和同小区的孩子提供辅导。

薛欣杰老师利用在北京上大学时学会的理论知识，结合实际，用树枝、木头、铁丝、塑料、胶布、绳等材料，自己动手，制作了很多能在课堂上用得上、多种结构型的模拟工具。为了找个合适的原材料，他骑自行车到 10 公里外的安集海河树林区域，选柔韧性较好的柳树枝来做椭圆或圆圈，经他手制作的教具，有的像工厂制式仪器做的一样精致。除此之外，他还使用学校实验室闲置不用的物资进行再加工，变废为宝给学校节约了大量费用。他造出的在深井井下取芯的模拟图工具，在教学上发挥了极大的作用；他制作的真实的绘图和测量工具，让抽象的知识，变得更加直观易于理解，吸引了学生的注意力，激发了学生学习的积极性。为鼓励学生掌握高数计算技巧，薛欣杰老师采取竞赛教学法，把全班学生分三组，开展任务教学，组织各小组开展对抗赛。通过这种教学，学生的高数及理科成绩年年上台阶，高数及格率年年上升。由于薛欣杰老师的突出业绩，先后担任数学教研组组长，数学系主任，并多次被评为学校和市局级优秀教师，聘任为副教授，石油部级劳动模范等荣誉。

薛欣杰老师常说：当老师要"用真心和真情服务所有学生"，"每个学生都是我们的孩子"。

真心换真情

薛欣杰老师给我们矿机 84 届 13 班学生免费辅导三年的课，1984 年后期毕业的学生，给我讲述了他和薛欣杰老师的故事。2014

年 8 月，我们在喀什举办毕业 30 年周年聚会时，有一位在泽普石油基地工作名叫艾麦提江的学生，给我们讲述这样一个感人的故事。他是 1985 年钻井班毕业的，平时高等数学成绩一般，怎么学都跟不上。薛欣杰老师发现后，及时给他补课，并多次带到家里一对一辅导，最后小艾的成绩不但大幅提升，还在年级名列前茅。毕业时，薛欣杰老师向学校提交报告，希望可以留小艾在数学教研室任教。学校考虑到小艾父母是农民，家里需要种地的男子，最终在毕业分配时，将小艾分配到离家最近的泽普油田工作。小艾说，他现在特别后悔辜负了薛欣杰老师和学校的恩情，为了感谢薛欣杰老师，便将自己果园里的红枣和石榴打包，寄给了薛欣杰老师。1989 年采油班毕业，在百口泉采油厂工作的许建军同学，一样讲述了薛欣杰老师给他辅导功课的故事，为了感谢薛欣杰老师的无私奉献精神，他们班学生同学聚会时，还专门邀请薛欣杰老师参加。

我记得薛欣杰老师上课时多次要求我说："艾尔肯你一定要当一名高级工程师，给学校、给新疆石油局做贡献。"1984 年 7 月 7 日，我即将毕业离校。薛欣杰老师特别交代我们，"走入社会后，注意自己的形象，遇到疑难问题时，要培育有不同的角度来解决问题的能力。时刻记住，要铭记别人对你的好；永远记住，施恩勿念，受恩无忘。"11 点左右，我们开始登上钻井处来独山子的接班车。我刚踏上车，突然有人猛拉我的衬衣，大声说：艾尔肯你等下。我转头一看，恩师薛欣杰老师站在我后面。我一下来，他把手伸到我裤袋说："我给你一点零钱，到单位后买工具书用。"当时，学校机关大门前在场的学生、老师和校领导都看到了这个场景。薛欣杰老师舍不得我，我们拥抱在一起，流下了眼泪。路上我小心翼翼地掏出钱一数，6 张 5 元的人民币。要知道 80 年代老师的工资比较低，薛欣杰老师家里还有 3 个孩子正在上学，住 50 平米左右的老平房，生活并不宽裕，但就这样还是拿积攒的 30 元钱为我人生的第一步保驾护航。1988年,在车间任职的我参与了改装美国NT855康明斯发电机组调速器并推广使用的成果;任工程师时,我获得了国家知识产权局2016年4月颁发的"过桥式旋塞"实用新型专利书一份。

薛欣杰老师对学生的无私付出得到学生的衷心爱戴。1975届钻井班毕业生,原钻井处5014钻井队技术员潘仁杰(后任新疆石油管理局副局长),把钻井队发给他工作御寒的毛毡筒,从克拉玛依带到独山子送给因关节炎疼痛被折磨的薛欣杰老师。2014年春节,我去独山子看望薛欣杰老师时,发现老师的耳朵明显听不清,我立即与同班同学库尔班商量,给老师配了一套助听器,还记得那天老师高兴的像个孩子,反复跟我们说:"谢谢我的两个好学生"!

如今我即将光荣退休,工作也没有那么忙了,闲暇之余回想起那段求学的日子,依旧让我感到心潮澎湃,那15位恩师的名字如今依旧历历在目:基础汉语课兼班主任老师杨立学(去世)、张振东(去世)、牙生(去世)、玛丽亚木·坎吉、王格芳、吐尔洪·达吾提、汤志、王和、徐毅、卢平、唐伟、郭建民(现西安石油大学任教)、包全民和张燕等老师。他们就像天山上纯洁而坚毅的塔松,把根深深地扎在了边疆的土地上,战狂风黄沙、斗严寒酷暑,用自己的枝叶庇护我们的成长,用辛勤的汗水,培育出一代又一代的石油人。正是有了他们和千千万万与他们一样的人的努力,这片土地最终才能变成了如今充满生机与活力的隔壁明珠。

大爱无疆,情谊无限。尽管生活的时空不同,但老师对学生的爱、学生对老师的爱是相同的。这份爱,超越民族,超越地域,从来没有界限,是人与人最宝贵的财富,值得永远珍藏。

□ 艾尔肯·阿布力米提:1984年毕业于原独山子石油学校矿机8413班,现在新疆油田公司井控培训中心工作。

往事追忆

远隔千里的竞赛

李显坤

20世纪50年代初，刚刚站立起来不久的新中国，正在实施第一个"五年计划"，迫切需要能源工业滋养因百年战乱而羸弱的身躯。然而全国原油产量仅有30多万吨，远远不能满足国民经济发展的需要。

1955年7月6日，一支由8个民族36名职工组成的青年钻井队，喊着"安下心、扎下根，不出油、不死心"的口号，以誓死拿下大油田的决心，从独山子出发，来到黑油山钻探。10月29日，一号井喷油。自此，新中国第一个大油田——克拉玛依油田诞生。

此后，在艰苦的克拉玛依乃至新疆地区，一批批石油人前仆后继，经过60年代的战略调整，70年代初终于实现了克拉玛依油田的开发上产，石油产量连年突破新高，也推动了新疆石油工业的大发展。

1970年，我六岁。有一天，全家到市中心的工农兵照相馆照全家福。前厅里一幅放大到了两平米以上的照片即刻吸引了我全部的注意力。一轮朝阳刚刚跳出地平线，广袤的戈壁场景里，井架林立的彩照，一时让我感觉这座城市把我顷刻带入了新天地。

当然，当时只有震撼的感觉，对那段历史的清晰认知，是在我成年之后的回眸凝视。

上小学三年级时，学校组织我们列队到工人俱乐部，参加油田日产上万吨庆祝大会，过庭的宣传栏里，又见到了另一角度的井架林立的场景照。印象由此加深，记忆更加难忘。

寒假期里，到市区东部近百公里开外的乌尔禾探视父亲，天不亮就起了床，路况差，车速慢，上车后自然是倒头又睡，不知多久，一阵颠簸，使我醒来，但见前方朝阳似火，一片洁白的大地上，远近错落着矗立的井架，仿佛早年所见照片的三 D 立体板。令人尤其振奋不已的是，高耸的井架上，更是红旗猎猎。这里是白碱滩，克拉玛依油田正在大会战的又一个重要区块。那天并没有下雪，泛白的，是地面的白碱，白碱滩由此而得名。

从此我内心深处就有了一个情结。哥哥成为钻井工之后，还在初一的我，只要哥哥倒休，我都要问些与井架和抽油机相关的许多问题，甚至从哥哥所在的井队，知道了井队番号的含义。

在石油系统中，钻井队的番号，一般都是按照钻机的序号排列的。铁人王进喜担任队长的贝乌 5 队，为什么又被叫作 1205 钻井队呢？即指打井能力为 1200 米，钻机排号为 5。

那时，我很羡慕我哥，能当钻井工，简直是一种荣耀。铁人王进喜在井台上手握刹把的经典形象，早已深深印刻在了我的脑海里。

铁人王进喜的这张照片，也是我六岁时在友谊馆南面靠西的墙上看到的，而且被绘制为了巨幅壁画，占据了整面墙。这就使得铁人王进喜在我的心目中，始终高大无比。

后来见大庆市铁人王进喜纪念馆主馆前广场平台上，矗立着铁人王进喜的雕塑，也是在井台上手握刹把的经典形象。

生长在油田的孩子，从小就知道铁人王进喜。我上初中时，在新华书店见到一张图片，注明王进喜在克拉玛依。才知道，那一年铁人王进喜来过克拉玛依。当时已是中央委员的铁人王进喜，抱病在克拉玛依、玉门等地了解油田的生产情况。仅仅王进喜来过克拉玛依，对我而言，顿然对这片土地便有了新的认知。

随着年龄的增长，更多了解了王进喜为祖国石油工业的发展和社会主义建设立下的不朽的功勋，以王进喜为代表的一代石油人在为国家创造了巨大物质财富的同时，还给我们留下了宝贵的石油精神财富，王进喜更是给我们留下了堪称石油精神精华的宝贵的铁人精神。但铁人精神的形成，一部分也源自劳动竞赛。

1958 年 3 月，克拉玛依的春天还没到来，张云清钻井队这个队长的心里却像揣了一团燃烧的火，他迫不及待地在矿区召开的先进生产者代表大会上立下了"月上千，年上万，坚决赶过玉门关"的誓言。

那时还从来没有月进尺上千的钻井队，作为队长的张云清说干就干，回到井队就立即进行了动员，组织各个钻井班开展"你追我赶"的劳动竞赛。他们吃住在井场，挖潜力找窍门，分秒必争，喊出了"苦干加巧干，月不上千心不甘"的口号。在大家共同的努力和技术作业大队的支持下，26 日，就以 110% 的速度提前 7 天完成了月进尺计划。截至 31 日清晨 5 时，1090 号井以 1277 米的月进尺安全完钻。不仅实现了"月上千"，而且刷新了由玉门钻井队创造的月进尺 1183 米的全国纪录。

7 月，担任队长的王进喜带领贝乌 5 队（1205 队前身）在国家石油工业部组织的以"优质快速钻井"为中心的劳动竞赛中，提出了"月上千，年上万，祁连山上立标杆"的口号，创出了月进尺 5009.3 米的全国钻井最高纪录。

9 月，张云清钻井队钻井进尺 4310 米，石油工业部发来贺电，热烈祝贺他们实现"月上千，年上万"的奋斗目标，称他们是"石油钻井队中的一面红旗"。9 月 13 日，被石油工业部命名"钢铁钻井队。"

此时，一向不服输的王进喜和张云清，一旦听到被对方创出新纪录的消息后，便又一次开始寻找机会超过。尽管克拉玛依与玉门的直线距离为1150余公里，远隔了千里开外，而张云清与王进喜两人，却就这样开始了竞赛。

10月6日，石油工业部克拉玛依现场会在友谊馆隆重开幕。来自全国的石油厂矿代表1000多人参加了大会，为促进我国石油工业的腾飞，各路英雄汇聚一堂，传经送宝，交流经验，打擂比武，历时18天。

在会上，石油工业部部长余秋里把一面"钻井卫星"红旗颁发给王进喜，并特意表彰道："王进喜敢于改变现状，突破常规，他带动了全国钻井事业的发展。"贝乌5队被命名为"钢铁钻井队"，王进喜则被誉为"钻井闯将"。

会议期间，前来张云清井队参观的代表络绎不绝，其中就有张云清在玉门油田时的老战友王进喜和郭寿发。老友相见分外亲热，从泥浆谈到下钻，从搬家谈到钻杆套管，交流经验，取长补短。

10月13日，现场会进入大会发言、经验交流阶段。新疆石油管理局局长张文彬首先在大会上发言，向与会代表全面介绍了新疆石油管理局各项工作取得的成绩与经验之后，代表全局职工表示，争取把石油标杆牢牢地竖在天山，立志要把新疆建设成为祖国最大的石油工业基地。在后续几天的中，各大石油厂矿的代表相继登台讲经验、表决心。其中玉门油矿的王进喜、新疆局的张云清、四川局的聂文海等几个标杆队代表的发言，最引人关注。王进喜提出月进尺破五千，钻井标杆立祁连；张云清提出今年最后三个月，再打进尺一万五，誓保标杆立天山；聂文海提出学新疆，赶新疆，超新疆，定把标杆插上峨眉山。

10月24日，石油工业部克拉玛依现场会胜利闭幕的第二天，在友谊馆侧面广场上召开了万人比武大会。

张云清钻井队和王进喜钻井队同台比武打擂，王进喜提出月进尺 6000 米，张云清就提出月钻进 6500 米；王进喜提出月进尺 7000 米，张云清则不甘落后提出月钻进 8000 米，而王进喜干劲更足提出月钻井进尺 9000 米。后来双方都把指标提到月上 1 万米、年钻进 10 万米后，仍在一争高低。眼看着"钻井双雄"互不相让，余秋里部长说："你们俩都不要争了，就向月上万米、年上 10 万米的目标努力吧！"

由此带动了一波又一波的竞赛高潮，搅起了中国石油会战的连天巨浪，引无数英雄竞折腰，这种打擂台、开展劳动竞赛的方式是最好的动员，极大地鼓舞了广大石油职工的斗志。

在克拉玛依当面对垒竞赛后，远隔千里开外的王进喜却与张云清又打起了比武竞赛。井队采取倒班制，人休钻机不停，极大挖掘了设备的潜力。大家情绪高涨，自愿加班加点，甚至连续工作 16 个小时不休息，最大限度地发挥了人的主观能动性。就这样，钻井速度一再刷新、屡创新高。这场比武竞赛难分胜负，谁都不服谁，堪称强将之间的巅峰对决，可在内心里，双方都给彼此由衷竖起了大拇指。

1959 年，王进喜带领井队创 12 个月内钻井进尺 7.1 万米的全国最新纪录。同年 9 月，当选全国劳动模范。

就在这一年，张云清的钻井队年进尺超过 2 万米，创造全国钻井新纪录。

时隔五十多年后，我在克拉玛依矿史陈列馆的陈列柜中，看到了一面千米大队满堂红锦旗。这面锦旗就是 1958 年 3 月 1 日到 26 日，克拉玛依矿务局钻井一大队张云清钻井队仅用二十多天的时间，就完成了钻井进尺 1155 米，在全国石油大会战中第一个实现了钻井进尺"月上千（米）"的计划，在克拉玛依矿务局党代会上，奖给当年第一个钻井突破千米的大队——钻井一大队张云清钻井队的锦旗。

由于年代久远，不可阻挡的自然风化，已使这面锦旗的边缘出现了较大面积的磨损和缺失，但尘封在这面锦旗背后的那段激情燃烧的岁月和石油人战天斗地的大无畏精神，就像这面鲜红的锦旗一样永不褪色。

1959年国庆节，一对不断创造奇迹的竞赛者王进喜和张云清一道，肩并肩出席了"全国群英会"，受到毛泽东、刘少奇、周恩来、朱德等中央领导的亲切接见，并获得由周总理亲自签发的"劳动英雄"奖牌。

1960年3月15日，王进喜已带队转战对松辽地区参加油田的早期开发建设，十天后一到指定地，他就问负责接待的工作人员："钻机到了没有？井位在哪里？最高纪录是多少？"对话中，当知道了张云清也在这里，立刻提起了精神，说："他们来了更好，这下我可要好好跟他们比一比，再创下几个更高记录。"

当时，已是克拉玛依矿务局钻井处副处长的张云清就与5600多名精兵强将一起支援大庆石油大会战。不久，他将"张云清钻井队"也就是1202钻井队交到了马德仁的手里，1202钻井队后来获得石油部授予的"永不卷刃的尖刀"荣誉称号。而张云清从大庆又转战于陕、甘、宁的千沟万壑，为石油工业的发展做出了卓越的贡献。

4月29日，王进喜参加"五一"万人誓师大会，喊出了对祖国的铮铮誓言"宁可少活20年，拼命也要拿下大油田"。1205钻井队准备往第二口井搬家时，右腿被砸伤仍坚持在井场工作的王进喜，于井喷的危急关头，带头跳进泥浆池，用身体搅拌泥浆，最终制服了井喷。"铁人"一词也由此产生。看当时的纪录片，看《创业》电影，看一些绘画，我心里都会有一种闪念，这是一个用特殊材料制成的人。

后来我在我市油画家傅剑锋的画室里，见到了一幅名为《铁人王进喜》的巨型油画，画面的右上角，就是王进喜跳进泥浆池用身体搅拌泥浆的经典画面，我静静地看着，而内心在那一刻，却久久不能平静。这样的场景，不可复制，我感觉，这幅画只能取这样一个名字了。傅剑锋是一位讴歌大工业文明又富于独特个性的画家。他成年累月地生活在一般画家涉足较少的工业生产的氛围中，置身于工业命脉的石油工业大环境里。为了艺术梦想，傅剑锋兴味盎然地把他的画笔伸向了身边那数也数不清的石油管道。这种对大工业文明崇高感的别具匠心的体验，也激发了傅剑锋旺盛的创作铁人王进喜的激情。他告诉笔者，为了这幅画的创作，他收集了铁人王进喜大量素材，而且有些素材，还是他专门深入玉门油田收集到的。创作过程中，自己屡屡为铁人精神所感动。2015 年 10 月 15 日至18 日，由中国文联、中华全国总工会、中国关心下一代工作委员会主办的"时代领跑者"美术书法摄影展暨全国巡展启动仪式在中国军事博物馆举办。这幅巨型油画作为展览的主题作品，陈列在主题展区，不但获"时代领跑者"美展金奖，还被中国军事博物馆所收藏。

那年，当余秋里部长得知对王进喜"铁人"这一称谓后，连声称赞叫得好。在第一次油田技术座谈会上，激声号召 4 万会战职工"学铁人、做铁人，为会战立功，高速度、高水平拿下大油田！"

在"五一"万人誓师大会上，王进喜成为大会战树立的第一个典型，成为大会战的一面旗帜。1960 年 7 月 1 日，会战指挥部召开庆祝建党 39 周年和大会战第一战役总结大会，突出表彰了王进喜、马德仁、段兴枝、薛国邦、朱洪昌，他们被树为大会战的"五面红旗"。一个铁人前面走，千百个铁人跟上来。大会战出现了"前浪滚滚后浪涌，一旗高举万旗红"的喜人局面。我强烈感觉，"石油工人一声吼，地球也要抖三抖。石油工人干劲大，天大困难也不怕。"这首曾经被无数人们引用过的诗句，是铁人王进喜和与他艰苦卓绝奋斗在石油大会战中的广大石油工人们，以生命的底蕴吼出来的。

1982年我在部队，大年三十全团集合在礼堂，嗓音浑厚的团长登台，一曲《我为祖国献石油》的高亢歌声，立马令我们这些克拉玛依籍的新兵们心中激荡，"锦绣河山美如画，祖国建设跨骏马，我当个石油工人多荣耀，头戴铝盔走天涯……"顿感头戴钢盔保边疆一样荣耀，思乡之情荡然无存。

1964年，毛主席向全国发出了"工业学大庆"的口号，王进喜也因之名传全国。

1970年4月，已是中央委员的铁人王进喜在克拉玛依、玉门等地了解油田的生产情况，并在玉门参加石油厂矿长会议，参会期间，铁人病情加重。11月15日，因病逝世。

1972年1月27日，《人民日报》在显著位置刊发了长篇通讯《中国工人阶级的先锋战士——铁人王进喜》，高度评价了王进喜伟大的一生。大庆油田做出了"向铁人王进喜同志学习的决定"，学习"爱国、创业、求实、奉献"大庆精神的典型化体现和人格化浓缩的铁人精神。从此，王进喜的"铁人"形象成为了石油工人的象征，也成了整个时代的象征，一时之间传遍了全国上下，甚至还传到了国外。同年尼克松访华时，还提及"铁人"王进喜。

大庆高唱"我为祖国献石油"，激发为国争光、为民族争气的爱国主义精神；誓言"有条件要上，没有条件创造条件也要上"，砥砺独立自主、自力更生的艰苦创业精神；坚持在苦干的同时注重巧干，彰显讲究科学、"三老四严"的求实精神；笃信"宁肯把心血熬干，也要让油田稳产再高产"，展现胸怀全局、为国分忧的奉献精神……大庆人正是以高度的主人翁责任感和强烈的历史使命感，战天斗地、拼搏奉献，谱写了一曲曲建设社会主义的激越赞歌，让大庆精神、铁人精神穿越时空、历久弥新，成为团结凝聚百万石油人的强大精神动力，集中展现了我国工人阶级的崇高品质和精神风貌。

克拉玛依这个新中国第一个大油田的诞生，翻开了我国石油工业新的一页。从20世纪50年代中后期至今，经过了艰苦创业、迎难而上、改革发展和跨越腾飞四个阶段，涌现出了一批典型的有着光辉事迹的克拉玛依石油人，艰苦创业、不怕牺牲、爱国奉献的精神便一直传承和发扬着。凭借着对祖国的忠诚和热爱，尤其是创业阶段的"三个三当精神"，怀着"我为祖国献石油"的坚定信念和"誓死拿下大油田"的战斗豪情，以"安下心、扎下根、不出油、不死心"的崇高情怀和英雄气概，几代石油人为中国石油工业建立了不可磨灭的功勋，谱写了一部奉献石油、产业报国的光辉历史，逐步形成了克拉玛依精神。

2002年，中国西部第一个千万吨大油田在准噶尔盆地建成，并保持千万吨以上连年持续稳产，以新的辉煌业绩，成为最醒目的坐标。如今，准噶尔盆地又迎来了新的历史发展机遇，已成为国内原油增储上产主战场，保障国家能源安全最现实的接替区。

2009年6月19日，时任中共中央政治局常委、中央书记处书记、国家副主席习近平考察克拉玛依时指出："在石油战线弘扬的大庆精神铁人精神，实际上包括克拉玛依精神、玉门精神。这种精神的弘扬，至今仍然需要，而且永不过时"。是的，新时代继续传承并践行铁人精神，其意义依然是多方面的。

□ 李显坤：现任克拉玛依市独山子区人大党组书记、副主任。

老防风林变文化街

杨晓燕

1998 年 6 月，人民广场改造完成之后，克拉玛依人终于有了一个接待外地来客的"客厅"。当年夏季，每晚去人民广场纳凉的各族群众都在 1 万人以上。

就在大家还沉浸在到人民广场休闲娱乐的幸福之时，随后建成的另一处休闲娱乐场所——文化步行一条街又给了克拉玛依人一个充满文化味的大惊喜。

慎决策几经求索　文化街呼之欲出

1998 年 11 月 28 日，常务副市长率市政府有关部门到克拉玛依区调研下一年度的工作思路。区委书记汇报了 1999 年度的工作思路，提出了要在克拉玛依建一条文化街的初步设想。

汇报中提出：1999 年 2 月 12 日，"建一条文化街、改造一个小区、建一批专业化市场、建一个社区服务中心、建一个畜禽养殖基地"的"五个一"工程在克拉玛依区委扩大会上被正式确定了下来，"建一条文化街"排在首位。"克拉玛依老一代石油人在荒凉的戈壁上把青春献给了石油事业，他们理应在良好的环境中安享晚年。我们建一条文化街，在改善城市环境、提高城市文化品质的同时，让文化街成为他们健身、休闲、养生的场所。"

为了促成文化街的建设，区委领导专程到市规划局，协调了克拉玛依区想建一条文化街的工作思路，并希望选择一个可以建"一条街"的地方。

这一想法正好与规划局的想法吻合。1998 年 6 月底，人民广场剪彩开放后，每天人流量都很高，规划局看到广场改造后效果这么好，也一直在思考一个问题：广场是点状的，人流动不起来，显得拥挤，市中心能否再有一个带状的公园，让人流动起来，满足老年人散步、健身的需求。

两周之后，市规划局通知克拉玛依区委："选了两个点，请安排人过来看看。"

规划局提出："现在能成事的也就是鸿雁路和第一道老防风林。""这两个地方距人民广场都比较近，也都有树。"

第一道老防风林比鸿雁路宽，也比鸿雁路长，改造的空间大，田清生当即选定了老防风林。

没想到随后发生的一件事，竟让此事发生了波折。

昼夜思兮灵光现　利用林子做文章

选定老防护林这块地方之后，主管建设的李副区长开始考虑如何对防风林进行脱胎换骨的改造，使它成为一条别致的城市风景。

"肯定不能简单模仿库尔勒，但要怎么搞呢？"李副区长在脑子里反复地问着自己这个问题。他的家正好住在园林新村，离这道老防护林不远。吃完晚饭，李副区长就不由自主地来到老防风林，沿着林边的伴行路转悠。

这条老防风林是上世纪 70 年代开始种植的，当时处于城区的最北面，随着城区的不断发展，这里已经被包在城区的中间，就像一条绿色的腰带，密密实实地将城区分成了两半。

这条防风林带最宽处 70 米，最窄处 30 米，长 1065 米，种的多是榆树、沙枣树，因为是防风林，树与树之间间距很小，植得很密。克拉玛依风大，风多，这些原先处于城区外围的防风林，长期被风吹袭，很多树长得歪歪扭扭，根本称不上什么造型。林带两边有两条伴行马路，坑坑洼洼，年久失修。马路上稀稀疏疏闪烁着昏暗的灯光，只能大致照见路面。林带的中部有一个旱厕，常常散发出一股恶臭，更有一些人不入厕方便，随意在路边林间大小便，卫生状况很不好。

正是由于上述林林总总的原因，老防风林带几乎成了被人遗忘的角落，密密实实的防风林在黑黢黢的夜幕下让人顿生恐惧，不寒而栗。一些家住在附近的女人、孩子，黄昏之后回家宁可绕远路，也不敢打这儿过。

选第一道老防风林建文化街难度很大，而区长又是个知难而进的人，做事力求完美。李副区长沿着那条林园路边走边咀嚼、回味着区长的嘱托："我们不单是为了建文化街而建文化街，而是要和改变城区面貌、完善城区功能、创造优美环境结合起来。如果能把老防风林这块脏乱差的地方变成优美的文化街，不是更有意义吗？这才是为油城人民真正办实事、办好事！"

每天绕着这个很少有人光顾的老防风林带转几圈，几乎成了李副区长那段时间的习惯，以至于妻子奇怪地骂他："神经了吗？老往没人的地方跑。"

2 月底的一天晚上，李副区长穿着羽绒服，踩着薄薄的一层落雪，又来到了老防风林。光秃秃的树枝横七竖八地舞在寒风中，暗淡的光线让林带显得神秘而阴森；不远处居民家里传来电视节目热闹的声音。这一静一闹、一明一暗的强烈对比和着冷飕飕的寒风刺激着李副区长的大脑。突然，他脑子里闪过一道灵光。

他迅速回到家里，拿出一叠纸，在上面标标画画，兴奋得一夜没睡，直到凌晨六七点钟，才勉强打了个盹。

第二天，他又整理了一下自己的思路：把老防风林进行一个以文化为内涵的改造，从市体委到红星路口，利用林子做文章，按中国园林或欧洲园林的风格来改造，在保留树木的基础上，种上草，再建设一些孔子、老子等传统文化名人的雕塑，充分体现中国文化内涵。

区政府委托设计文化街　不料斜刺里杀出李青峰

为慎重起见，李副区长又考虑了两天，才给区长做了汇报。

克拉玛依区经贸委很快联系并邀请了自治区城市规划设计院、市设计院等疆内5家设计单位设计文化街改造方案。在委托设计座谈会上，区长提出了设计要求："文化街的建设要充分体现文化氛围，各设计单位要开拓思维，充分发挥想象，高起点设计，高质量建设，把文化街打造成精品。"

没想到过了一个星期，一个叫李青峰的人来到经贸委，表示想参与克拉玛依的小区改造。同时，得知有文化街的改造项目，他十分感兴趣，并请求增加设计单位。经区经贸委汇报，克拉玛依区同意其可以参与文化街的设计方案评选，但是，他的方案必须与其他方案同时递交。

这个从四川来的人不是别人，正是原来我市美术家协会的秘书长、市群艺馆的画家李青峰。

一个画家怎么想到要来参与文化街的规划方案设计？他能胜任吗？

几经争论文化街方案确立　几易其稿浮雕墙山重水复

一个星期后，这个叫李青峰的画家就手绘出了一个草图，在克拉玛依区经贸委的要求下，他又对图做了一个文字性的说明。结果，李青峰第一个搞好了设计方案。

其实，李青峰来做方案设计并不是偶然的。环境建设、园林艺术和美术设计之间有着密切的联系。李青峰当时在四川省室内装饰设计中心环境艺术分公司任总设计师，此前，他曾成功地主持了西南交大新校区环境艺术设计和泸州老窖风情艺术改造。

时任我市驻成都办事处的主任胡大顺告诉李青峰："克拉玛依准备搞城市改造，你是克拉玛依人，应该参与到克拉玛依的城市改造中去。"

李青峰这才回到克拉玛依。这个在克拉玛依工作过的画家对克拉玛依的历史沿革非常熟悉，他很想为克拉玛依的环境建设做点事。

方案评审分歧大　唐健权衡定罗盘

1999 年初夏，市设计院、奎屯设计院等 5 家设计院加上李青峰的设计，共 6 个设计方案一起在克拉玛依区进行汇报。

李青峰第二个汇报，他把自己手绘的图挂在墙上，汇报了自己的设计思路："从人与水的亲合性上入手，利用西高东低的落差，用一条水系将一公里的路段连接起来，尽可能保留原有树林，用文化脉络贯穿系列景点，建体育休闲设施，将市中心这一绿色林带充分利用好，成为人们夏季休闲纳凉的好去处……"他汇报完之后，后面的设计单位几乎感到无法张口了。他们的设计思路都没有跳出路的模式，更谈不上环境艺术的设计了。

听了所有的汇报，克拉玛依区的领导感到李青峰的设计比较合意，突出了文化特色，初评会确定了李青峰的方案，让他继续深化方案。

不久，区长向市长汇报了克拉玛依区想改造老防风林的事。市长关切地说："你刚接政府工作，事情很多，摊子别铺得太大了，文化街的事放一放吧？"

"文化街的设计方案已经出来了，你听一下汇报，如果不成熟，就放下不做了。"在区长的极力邀请下，市长自己一人来克拉玛依区听了文化街方案的汇报。听完了文化街的汇报，市长显示出了极大的兴趣，仔细地询问了有关问题。这大大增强了克拉玛依区改造老防风林的信心。

1999 年 8 月，市政府领导和关部门的领导十余人到克拉玛依区三楼会议室参加文化街设计方案评审会。李青峰对着修改了多次的设计方案进行汇报："自体委段开始建瀑布叠泉，有山洞，有飞瀑，用飞瀑的水带动水轮转动，既有观赏性，又可以让人们在水中嬉戏；体委的后围墙上建一个总长 160 米的壁画，再现新疆的历史故事，展示克拉玛依开发建设景观，展示石油人的精神面貌……"

听完汇报，一部分与会人员认为：人民广场刚建好，建文化街的事应从长计议。另一部分与会人员认为：应多建一些休闲场所，加速城市的改造。

市规划委员会主任问市规划局："我市目前的休闲娱乐场所是否还需要延伸？"

市规划局直言不讳地表达了自己的意见："人民广场在城市的

中心，改造后效果很好，人流量很大。可以看出，市民对休闲娱乐场所需求比较迫切。但是人民广场是点状的，人流动不起来，显得很拥挤，需要在市中心再建一个带状的休闲娱乐场所，这样可以起到分流人员的作用。不过，前提条件是要做成精品，让人喜欢去。"

市长对文化街的设计方案给予了肯定，认为思路很好。接着他在会上对设计方案提出了几点意见："克拉玛依一直没有一条老百姓散步的地方，到处是汽车。这条路以后还走不走车？我看是否让规划、交通部门拿个意见，如果做成步行街，对整个城市的交通会不会有影响？"做成步行街，不让机动车辆走，这个思路像一阵轻风，让大家精神为之一振。

文化街的规划设计方案在这次评审会上原则通过。

很快，交通部门通过分析，认为将老防风林的这条路改成步行街不会影响整个城市交通。步行街的方案正式确立。

施工设计高人指点迷津　浮雕内容领导提议研讨

克拉玛依区在资金上已经做好了准备，区政府建文化街的心情很迫切，规划设计方案一通过，就迅速转入实施阶段。

在施工图设计时，李青峰征询了市规划局的意见，市规划局热情地给予了李青峰很多支持。

文化街是一项综合性的园林建筑工程，建筑方面需要一家有资质的建筑设计院来进行建筑结构设计。薛德惠建议李青峰找一家综合能力强的设计单位作为技术支撑。李青峰找到乌鲁木齐市建筑设计院院长张晓白，两人是很好的朋友，李青峰一说，张晓白欣然答应，一起配合，设计了文化街两边的茶坊等建筑。

老防风林的树木需要尽可能保留，树与树之间相对的尺寸要在现场——丈量后落到图纸上，为了便于测量，市规划局给设计单位提供了 1995 年的测绘地形图。

李青峰原来设计的水系只到红星路，市规划局建议："水系延伸到第一中学后面，循环水池就建在那儿。"后来循环水系就按薛德惠的建议进行了延伸。

文化街的园林、景观、建筑设计方案很快确定，但是文化浮雕墙的设计方案却迟迟确定不了。原因是一些城市的雕塑由于考虑不周，后来成了城市的垃圾。前车之鉴，克拉玛依区委、区政府对此很慎重。

最初，李青峰手绘的浮雕墙手稿内容是中国综合文化，从远古神话、中国古代文明到克拉玛依本地历史。由于浮雕墙长度较小，放的内容多了表现不透彻，几易其稿后，田清生提出"主题单纯一些"的建议，李青峰舍弃了以前的思路，改成了反映新疆文化的内容。

"克拉玛依没有雕塑方面的艺术专家，我们应该请几位国内权威的雕塑艺术家来评一下浮雕墙的设计方案。"区长说。李青峰也感到浮雕墙的设计内容要经得起推敲，应该搞一次浮雕墙论证会。

天下的事说巧还真是巧。李青峰的姐姐李华一家正好从厦门回到克拉玛依度假，姐夫易中天是当时在国内影响较大的厦门大学教授。毕业于湖北美院的李青峰和易中天夫妇及浮雕墙主创人员之一的杨锦云一商量，各自通过自己的朋友和老师，联络了众多国内文化艺术界名流。克拉玛依区政府按照李青峰提供的名单，正式邀请这些文化艺术界名流聚集成都评审克拉玛依文化街浮雕墙泥稿。

李青峰泥稿看稿会遇挫　区长勉励他十上台阶

2000 年 4 月 1 日，在成都西郊的四川省室内装饰设计中心雕塑厂里，举行了克拉玛依文化一条街浮雕墙泥稿看稿会。

同济大学城市规划院院长宗林，同济大学城市规划专家潘海啸，华南师范大学美术系教授、评论家皮道坚，厦门大学美术系教授、雕塑家李维祀，四川美院教授、雕塑家孙闯，作品被萨马兰奇收藏的南方著名雕塑家朱成，厦门大学教授易中天等人齐聚雕塑厂。

在成都办事处，区长得知市长正好在成都出差，就专门向他汇报了工作，并邀请他一起去看看文化街浮雕墙的泥稿。就这样，市、区领导与诸位艺术家一起参加了这次泥稿看稿会。

文化一条街总设计师李青峰介绍了浮雕墙的设计理念和思路。

"咱们新疆是多民族地区，如何表现汉族与少数民族水乳相融的情景，应特别注意，如果表现不当，就会引起误会。"有人提出。

朱成教授也说："中国文化是一种融合四方的智慧文化，我们应表现出一种融合四方智慧的感觉。"

朱成、李维祀等雕塑家也从材料、尺度、色彩、分量上谈了很多建议。克拉玛依周围戈壁滩的颜色比较偏黄，人的视觉上需要绿色调，浮雕和文化步行一条街应该是一条绿带，从色彩上，选青色为主调；浮雕墙有两百米，要注意节奏感、视觉感，密的地方可很密，疏的地方可以开朗些，舒展一些。

孙闯等教授说：一个浮雕要想什么都表现，包罗万象很难，另外从雕塑艺术本身来说，什么东西都放进去是不可能的，效果也不好。

市长说："其他的内容太大，不好表现。我看，我们是克拉玛依，能否体现克拉玛依的文化，把克拉玛依的发展历史表现出来，将克拉玛依的人文精神用艺术的手法永久地凝固、保留下来。"

易中天教授说："克拉玛依是座石油城市，石油工人的阳刚之气，与克拉玛依的城市性格很协调。各位专家的意见很好，使浮雕墙的设计逐渐完善，更上一个新台阶。"

听了易中天的话，李青峰说："我已上了 7 个台阶了。"

区长接着说：那你要上 10 个台阶，上了 10 个台阶，才能有高度。

浮雕墙一波三折几易其稿　文化街以人为本打造精品

李青峰初次创作的泥稿在看稿会上遇挫，根据唐健的要求，他开始用石油人的热情潜心创作反映克拉玛依发展史的浮雕手稿。4 个月之后，他创作的文化街浮雕墙手稿《克拉玛依颂》完稿，专家们又会怎样评价呢？

2000 年 8 月 16 日，克拉玛依区政府再次邀请全国知名专家、学者汇集克拉玛依，评审文化一条街《克拉玛依颂》大型浮雕墙设计方案。

中国美术家协会雕塑艺术委员会主任、中央美术学院教授盛杨，全国城市雕塑规划指导委员会秘书长、中央美术学院教授白澜生，中国工艺美术学会雕塑专业委员会顾问、雕塑家吉信，原国家建设部中国建筑艺术发展公司副总经理、雕塑家马立民和曾参加了第一次成都泥稿看稿会的皮道坚、李维祀、易中天、孙闯、朱成等南北艺术家来到克拉玛依，他们先到正在进行施工的文化街进行了察看和体验，又在挂满画稿的克拉玛依区政府三楼会议室评审了文化街《克拉玛依颂》大型浮雕墙的设计方案。

听完介绍，盛杨教授说："整个文化一条街的设想很好，内容丰富，的确够得上"文化一条街"。文化街浮雕墙设计方案也很好，比矿史陈列馆后面的浮雕墙更胜一筹，有自己的特性。目前来看，局部需要拔高，采油女工加大全身，后一部分远景可再浪漫一点。"

白澜生说："看了这个浮雕墙，精神为之一振，工业题材很难表现，但是《克拉玛依颂》从形式到内涵，表现力很好，很适合中国老百姓叙述性史诗的特点，是一部克拉玛依人的奋斗史诗。不过布局上要少而精，起伏圆雕不要太多太大。"

李维祀看了李青峰的手稿评价很好："气贯全局，流畅活泼，具象抽象结合，火的旋律，蕴藏了巨大的生命力。"

皮道坚教授说："我参加过第一次看稿会，这次看完稿，感觉很振奋，主题提炼很好，画面形式感很强，节奏处理也很好。第三稿是前两次的飞越，主题精神准确，宏观叙事从一亿年以前的蛮荒时代到现在，浮雕墙是城市精神的提取，不是平铺直叙，节奏篇章大有提高，稿子比几个月前有了很大飞跃，看得出作者花了很大心血。但是有几个画面还可以调整一下。"

朱成说："构架、定位比较准确。作为公共艺术家，我做一点经验介绍。主题内容需要休止、停顿、疏密，建议李先生从中国书画布局上吸取营养，空白最值钱，领导会支持的。"

易中天教授说："浮雕墙主题明确，气势宏伟。只是作者太过认真，把自己的能力、想象都调动起来，紧了一点，内容略多了一点。步行街应该是休闲艺术，要疏可跑马，密不透风。繁琐就显得不够大气，阳刚之气不宜过于雕琢。基调定下来，修改和调整在二次创作中完善，城市公共艺术不能太面面俱到，表现克拉玛依精神，艺术感受重要，而不是强调细部。"

……

评审会整整开了一天，诸位艺术家都认为画稿是成功的，是史诗性的。同时，他们目光犀利，看法独特，直言不讳地提出了各自的意见。评审会上，大家认为可以进行泥稿制作，在做泥稿时进行二次创作。

区长在评审会上说："由李青峰吸纳专家的意见，消化于泥稿的创作中。但必须尊重艺术规律，作品一定要力求完美。"

评审会上，专家们成立了克拉玛依浮雕墙艺术专家委员会，帮助克拉玛依区政府从艺术上对浮雕墙进行全面把关。艺术家们被克拉玛依人的热情所打动，纷纷在一幅长卷上签名，同意加入文化街浮雕墙艺术专家委员会。

2000年12月9日，文化街浮雕墙的设计定稿。至此，李青峰一年时间前前后后画了十二稿。

注重细节以人为本　多方协作打造精品

2000年5月1日，文化街改造开始。按照因地制宜、尽量多保留树的原则，施工人员先在防风林带撒上白石灰线，将长势不好、需要挖掘的树打上标记，在树木过密的地方进行了间伐，长势良好的树基本上都得到了保留；又根据空间的需要，种上了小叶白蜡、柳树、海棠和一些宿根花卉。

克拉玛依老防风林保留了那些树，就像北京的老城墙保留下来一样有意义。

区领导常常带着设计单位的项目经理杨锦云，市监理公司总监董瑞英，永升公司文化街项目经理孙鲜梅这三员女将检查工地，召开项目例会。当天的问题当天解决，从不过夜。那些天，区领导基本上都泡在工地，很少在晚上12时之前回家休息，即便回家，也是匆匆忙忙吃个饭又返回工地。

为抢工期，永升公司将饭给工人送到施工现场。有时，区领导就打份菜，蹲在工地上吃个馒头，边吃边和大伙商量施工中的问题。永升公司的项目经理见此情景看不下去了，说："你在这吃饭不合适，到我们世纪酒店去吃吧。"区领导摇摇头："哪儿有时间去你们酒店？我家就在这附近，有时间早回家去吃饭了。"

施工过程中小问题不时会发生。文化街的建筑砖设计的颜色是蓝灰色，施工单位招标的砖是紫蓝色，色彩出现偏差。设计单位提出这样颜色的砖很难看。区领导与设计单位人员专程到石河子去看紫蓝色砖砌好的建筑。看过之后，两位区政府领导感到设计师说得很有道理，责成施工单位严格按设计的颜色铺装。

2000年8月中旬，红星社区的一位老阿姨得知自家通往步行街花池的台阶高度图纸上设计为15公分，她向永升公司负责文化街A段施工的项目经理杨秀兰说："我老伴腿脚不灵便，台阶的高度太高，通行会有困难，能不能适当降低？"杨秀兰将此情况向现场监理、克拉玛依区政府领导进行了反馈。当天的协调例会上，克拉玛依区领导建议从方便老百姓的角度给予调整，设计单位、监理单位研究后同意施工单位将台阶的高低降为每级12公分。

2000年9月12日是中秋节，那天下午，永升公司技术员李强发现文化街C段（水车所在的那段）面砖铺贴的图案角度与主路方向的夹角好像没有达到设计要求的45度角。他立刻进行了测量，44度角，偏差1度，一般人肉眼难以察觉。为了文化街的整体效果，李强要求工人将刚刚铺贴的约60平方米的面砖拆除，重新进行铺贴。

造假山时，施工单位老造不好型，田清生亲自在现场指挥，让把几块原本平摆的石头竖立起来，更有了山的气势。

到了2000年12月，改造工程基本完工，文化街大的轮廓已经显现出来了，路灯也亮了起来。当时天气已经很冷了，但是晚上来此散步转悠的人不少。区领导看了心里挺高兴的，他想：到了来年夏天，这条路上来的人肯定少不了。

文化街开放大庆典　新世纪敲响"世纪钟"

"咚、咚、咚……"2001年1月1日零时整，上千市民冒着严寒，聚集文化街，参加克拉玛依"新世纪之声"庆典仪式。谢志强等新老领导一起抓起雕着龙头的撞钟柱，共同敲响了克拉玛依文化街钟楼的世纪大钟，迎接新年的到来，欢庆文化街土建工程主体完工。

宏亮、悠扬的钟声回荡在油城深蓝的夜空。这口大钟下口直径 1.8 米，高 2.1 米，用高锡青铜整体铸造而成，壁厚 8 公分，重 3 吨，冠名世纪大钟，上面有易中天教授写的钟铭文："苍茫戈壁，亘古荒原。横空出世，瀚海油田。春风化雨，红日高悬。数代艰辛，改天换地。新城崛起，又引清泉。沙漠绿洲，人间乐园。跨越世纪，一往无前。铸钟铭志，以祈永年。"

文化街的设计师李青峰特意制作了一个硬柞木的钟槌，在上面雕刻了一个龙头，作为撞钟柱，送给了克拉玛依区。

"新世纪之声"庆典仪式结束后，围观的人们拥向"世纪钟"，他们用手抚摸着"世纪钟"，用撞钟柱敲响"世纪钟"，为自己，为克拉玛依祈求幸福、安宁。在新世纪到来时，克拉玛依人终于可以在自家门口撞钟迎接新世纪了，这怎能不令人兴奋？

世纪钟还有团结钟、奋进钟、民族钟和吉祥钟 4 个姊妹钟，分别安装在高 28 米的欧式风格钟楼的每一层。人们怀着别样的心情逐层登上钟楼，远眺灯火辉煌的家园，心里充满自豪。

"新世纪之声"庆典之后，文化街主要文化景观——《克拉玛依颂》文化浮雕墙 2001 年 2 月才开始制作泥稿，其间又发生了诸多酸甜苦辣的故事，令设计师李青峰终生难忘。

三专家坐镇成都监制泥稿　浮雕墙聚众意高标准完成

说起文化街的浮雕墙，那可真是一个精工细凿、庞大浩瀚的工程。

大型文化浮雕要先绘成纸稿，然后再做成泡沫模型，再做成十分之一、二分之一的泥稿，按泥稿制成石膏稿，然后脱模、翻制，之后浇成玻璃钢，再锯开、编号，用点位仪按比例再敲打到石头上，雕凿成石稿，用火车运来，吊装拼接，砌石精修而成。

2001年夏，李青峰和他的助手们开始按照2比1的比例进行文化街浮雕墙泥稿的制作。田清生这期间多次飞到成都去看泥稿。有一次，他利用双休日到成都去看泥稿制作的进度，当天刚到成都，就接到克拉玛依打来的电话，让他星期天参加市里的一个经济会议。田清生只好连夜赶到雕塑厂去看泥稿，第二天乘早班飞机赶回克拉玛依开会。

在泥稿制作过程中，间或会出现技术处理不到位的问题。为了高水平地完成文化街浮雕墙的制作，田清生力邀盛杨、白澜生、李维祀三位老雕塑家出任克拉玛依浮雕墙艺术总监，并成立三人艺术指导组，直接参与浮雕墙的制作过程。2001年11月29日，克拉玛依区正式向盛杨、白澜生、李维祀发了聘书，签了合同。合同约定：浮雕墙制作至完成的每个阶段，必须由"三人艺术指导组"签署审核意见，才能转入下一制作阶段。三位老艺术家被田清生的这种高度认真负责的精神感动了，他们不顾年高，常常因为泥稿某一处技术处理不到位，亲自爬上高高的脚手架去修改、处理。

泥稿完全没有问题了，才制成石膏稿，然后脱模、翻制，采用四川的青石，按原稿放大两倍打制成石刻初稿。小的初稿每块重两三百公斤，大的重五六百公斤，每一块初稿编号后，用吊车一块一块吊到汽车上，从遥远的四川托运到乌鲁木齐。文化街浮雕墙长218米，高5.5米—7米，光浮雕墙的初稿就装了16个火车皮，分批次运到乌鲁木齐，用了60车次超常拖挂车才运到克拉玛依。其工作量之大可想而知。

2002年8月，打制好的第一批初稿运到克拉玛依，开始从底层安装。为了纠正跑模，李青峰让把石膏稿也运到克拉玛依来了。除了吃饭睡觉，那段时间，李青峰把所有的精力都投入到浮雕墙的安装上来，而最让他担心的事就是安全问题。有一天晚上，李青峰正在文化街的工作室里修改稿子，突然听到有人喊："石头掉下来了。"当时安装浮雕墙的工人们正在挑灯夜战。李青峰赶紧从工作室跑出来，到现场一看，还好，没砸着人。虽然虚惊一场，他再次提醒工人搭牢架子，注意安全。

2003 年 4 月底，浮雕墙安装完毕。从 2001 年开始做泥稿，到 2003 年安装完毕，历时三年时间，参与工作的艺术、工作人员一百多人。

同年 4 月 29 日，克拉玛依区组织了专家验收鉴定会，中共克拉玛依区区委书记、区长、市文化局、市建设局等领导与艺术墙专家组的盛杨、白澜生、马立民等对浮雕艺术墙进行了专家验收鉴定。盛杨说："浮雕墙充分反映了克拉玛依的历史，表现得很有深度，体现了作者对克拉玛依的熟悉和理解，克拉玛依第二代人高标准地完成了浮雕墙的创作。"

感慨今昔区长邀易中天做赋　不辞劳苦易中天写克拉玛依赋

克拉玛依区区长有一次出差，看到江汉一条商业街上有一个赋，写得很大气，很想让克拉玛依文化街上也有一个赋。

2001 年 8 月，区领导在成都看泥稿，克拉玛依区特聘的文化街艺术评委易中天也在成都。有一天，区长对易中天说："你的文笔那么好，能不能给我们文化街写篇赋，把克拉玛依的历史、石油人的性格、城市的变化、百姓的安康表现出来？""我得酝酿酝酿，看看资料。"区长给了他一些介绍克拉玛依的资料。

在这之前，区长还委托易中天写过钟楼世纪钟上的铭文。

这位和蔼可亲、平易近人的大学教授对汉赋、宋词研究得很透。三天时间，易中天调阅了大量的汉赋，然后把自己关在宾馆里写。

第五天，易中天特意把四川省作协副主席杨牧请来。作家杨牧也曾在新疆石河子工作过，两人同是新疆作协会员，多次一起谈文论诗，关系笃好。易中天说："《克拉玛依赋》草稿做好了，给你们念念，请杨牧主席指导。"说完，易中天就朗诵起来。听完之后，杨牧等人感觉挺不错的，大伙就赋里面的个别词语提出了更符合克拉玛依实际情况的意见。"'席卷麦浪'不太符合克拉玛依实际，是否改成'席卷绿浪'。"区长说。因为赋讲究平仄，易中天推敲平仄之后，欣然将"席卷麦浪"改成了"旗卷绿浪"。

后来，区长还带着易中天所作的《克拉玛依赋》先后征求了新疆石油报社原总编辑曾晓全、副市长、市长等人的意见，最后定稿。

现在，当你来到文化街西南，顺着恬淡闲适、轻柔静逸的河水，就可看到小河南岸文化墙浮雕下面立有一块像翻开的书一样的花岗岩大理石，上面就刻有易中天当年所做的大有相如之风的《克拉玛依赋》："浩浩乎平沙，茫茫乎戈壁，巍巍乎钻塔，猎猎乎旌旗。雄哉壮兮，克拉玛依！枕阿山而襟额河，临大漠而望伊犁。……由来四十余年矣！试看今日之油城，竟是何等之气象！碧水穿城，是丹青自挥洒；长桥卧波，非弦管而嘹亮。网络捭阖，路接青云，阡陌纵横，旗卷绿浪。胡杨依旧，不见当年风霜，大雁重来，疑落银河街巷。是塞北却似江南，无渔舟而有晚唱。妩媚千姿，可比绿野将萌；风情万种，最是华灯初上……"

集大家智慧凝成精品　文化街落成光彩照人

2003年8月15日上午11时，克拉玛依颂浮雕艺术墙前，副市长宣布："中国雕塑精品展'走向西部——克拉玛依雕塑展'暨克拉玛依颂浮雕艺术墙剪彩、揭幕仪式现在开始。"

全国政协委员、中国建筑学会理事长、原国家建设部副部长宋春华，新疆维吾尔自治区党委常委、宣传部部长吴敦夫，新疆维吾尔自治区政协副主席张贵亭，中国美术家协会雕塑艺术委员会主任、中央美术学院教授、中国雕塑精品展组委会主任盛杨，中国雕塑学会秘书长、中国雕塑精品展组委会副主任曹春生，中国美术家协会党组成员、协会副秘书长、中国雕塑精品展组委会总监王春立，原全国城市雕塑指导委员会办公室主任、艺术委员会委员吉信以及市局新老领导共同为《克拉玛依颂》浮雕艺术墙揭幕。文化街建设工程至此全部竣工。

著名雕塑家韩美林先生将雕塑《母与子》赠送给我市，著名雕塑家潘鹤先生也前来参加揭幕仪式。众多艺术家在文化街留下了《厚土》《希望》《摇篮》《金色童年》《青春》等18尊雕塑。

克拉玛依市民慕名而来，争相饱览刚刚揭幕的文化浮雕墙，游览文化街。投资5000万元兴建的文化一条街，全长1065米，宽50-70米，总面积7万多平方米，是一个集休闲、娱乐、文化、健身于一体的大型综合性带形广场。原来的歪脖子树经过修整、合理取舍后，在一条贯通东西的小溪牵引下，将文化一条街几个不同风格的区域融为一体，形成了以水为纽带、园艺结合、群雕相辅，花草、树木相伴的秀美景观，自西向东分为"文化之源""文化之脉""文化之光"三个主题区域。

体委后门至塔河路为"文化之源"。走进由几个大花葩间隔而成的西入口，抬眼南望，从假山上顺势而下的水流打在一大、一小两个水车上，水车在水动力的驱动下匀速转动。水车下是一汪潭水，水面沿着鹅卵石铺成的河面缓缓向东流去，形成一条蜿蜒曲折的小溪。

小溪的南岸是一面 1462 平方米的宏大浮雕墙，从西向东，依次展现了恐龙时代克拉玛依一片洪荒；到了 19 世纪 50 年代，一位老人挂着油葫芦、骑着毛驴来到黑油山；一群地质勘探队员在勘探；石油工人在钻井平台上紧握刹把；斜拉式友谊大桥矗立在克拉玛依河畔；鸽子飞翔，人们憧憬和创造着美好的未来……整个浮雕墙以一种磅礴的气势展现了克拉玛依从远古到现在并迈向未来的发展历程。

顺着蜿蜒的小溪而下，放眼望去是连绵的草地、鲜花、绿树，间或有一些具有传统文化特点的奔马雕塑、骆驼石雕、五指山小品、碑刻和凉亭，演绎着东方秀美、小巧、别致的园林特色。路边的草丛中还间或布置着一些具有生活气息的现代雕塑：风姿绰约前行的现代女郎、年轻母亲抱着酣睡的孩子……

塔河路至友谊路段为"文化之脉"。潺潺的水面渐渐变宽，形成了开阔的河面，傍河而建的茶馆古色古香，茶馆前的河中央，赫然立着一把巨大的茶壶。登上九曲桥，数尾金鱼欢快游动，置身于此，恍然是到了江南水乡。

这一段最具特色的是艺术长廊，50 米的长廊中伫立着 26 个栩栩如生的汉白玉人物雕像，26 座雕像男女成对，分别代表着新疆 13 个民族，从他们不同的服饰和神态中，游人可以试着猜测他们所属民族的名称——在体现民俗风情之外，也为游人增加了不少乐趣。

在文化街的中心区，有一座欧式风格的钟楼，高 28 米，共八层。钟楼底部有一口中国传统的世纪钟，敲响大钟，浑厚悠扬的钟声响彻油城。

友谊路至红星路段为"文化之光"。这里是儿童活动区，有滑滑梯、攀登架、秋千等儿童喜爱的娱乐设施，还有环小溪而建的 6 根文化柱，上面刻有女娲补天、后羿射日等 6 个神话故事，还有太阳系的九大行星……

一些老市民看了改造一新的文化街赞不绝口："几乎看不出老防风林原先的样子了。"

文化街立项、设计、施工的一幕幕还历历在目，5年时间仿佛弹指一挥间，市领导、全国知名艺术家、社会各界人士、设计、参建单位都为之付出了很多心血。不禁让人感叹："这条文化街是很多人智慧和汗水的结晶。"

上海的南京路，北京的王府井大街、西安的庙后街、武汉的汉正街，这些著名街肆都是以商贸而闻名天下的，唯独克拉玛依的文化街没有商贾之嫌。

著名文艺评论家易中天于2003年8月中旬在我市召开的"中国城市雕塑艺术学术思想研讨会上说："克拉玛依建设文化街和浮雕墙，意义非常远大。事实上，它们是在我们国家、民族的伟大转型期的大背景下创作而出的。文化街上的树是石油工人用节省下来的饮用水浇灌活的。老一辈克拉玛依人热爱生命，热爱艺术，热爱生活，他们宁可自己少喝一口水，也要把树种活。因此，后来要对这条街进行改造时，大家都不同意拔掉这些树，因为这是他们永恒的记忆。如何改造这条街，体现了克拉玛依人的智慧，它不是简单意义上的打扫、修整，而是巧妙地把水引入其中。令我感到惊奇的是来参观这条街的人很多就是克拉玛依市民，从很远的地方打车来只是想在这条街上走一走。还有市民搬一张小桌子放在水里，很安静地在水里下起了棋。克拉玛依人对这条街的热爱足以说明这条文化街的成功。这条街、这堵浮雕墙已不能就艺术论艺术，在这条街上漫步，你会觉得艺术与人生真正结合在了一起。"

文化街如今已成为克拉玛依的城市名片，有朋自远方来，文化街一定是必游之地。

2004年，文化街工程荣获国家市政工程最高奖——"中国市政工程金杯奖"。

　　参与了文化街浮雕墙建设的雕塑家马立民后来赋诗一首，祝福克拉玛依的明天更加辉煌：

经风傲雪五十年，披肝沥胆不畏难；
大漠荒中平地起，戈壁深处好家园；
往昔艰辛堪回首，今朝盛世地换天；
西域明珠石油城，更比天堂在人间。

□　杨晓燕：现任克拉玛依市作协秘书长、克拉玛依区作协主席。

吕远和《克拉玛依之歌》

顾兴德

吕远，男，辽宁丹东人，生于 1929 年，著名词曲家，创作了数千首歌曲，其作品深入人民群众，曲风曲调具有浓厚的民族风格，被誉为"人民音乐家"。1958 年，创作了在当时火遍大江南北的《克拉玛依之歌》，而后吕远又续作了《克拉玛依新歌》《克拉玛依组歌》《啊，克拉玛依，奔向新的胜利》等。1959 年，中央人民广播电台首次播放了《克拉玛依之歌》，此后《克拉玛依之歌》传唱不衰、遂成经典。

1956 年，吕远 27 岁，满腔热血的他在中央建工文工团任创作员。当时，新中国的各项事业正在如火如荼地进行着，作为文艺工作者的他，也时时刻刻关注着新中国的发展。1956 年的一天，吕远突然听到一则新闻："在新疆克拉玛依发现了大油田"，这一消息顷刻点燃了艺术家吕远的创作激情，他在此时特别想为克拉玛依歌唱，为共和国第一个大油田的诞生而歌唱，为新中国能够甩掉"贫油国"的帽子而大声歌唱。可是，艺术家的创作源于生活，来自人民，吕远不知道这个叫克拉玛依的地方在哪里，更是从来没有去过克拉玛依，自己也没有参与过轰轰烈烈的石油开发工作。创作的激情和灵感找不到扎根的土壤，为克拉玛依写歌的这个想法成为他挥之不去的一个"心结"。

发现克拉玛依大油田的讯息，给吕远带来了持久的喜悦之情，每当这种喜悦涌上心头，吕远就会不由自主地哼唱以抒发自己起对克拉玛依、对新中国石油工业的美好祝愿

1957年，吕远从北京调到兰州炼油厂接受劳动改造。此时，他离萦绕心头的克拉玛依在距离上近了一点。

在赶赴大西北时，吕远带上了自己心爱的六弦琴和小提琴，在兰炼厂的日子，吕远与工友们相处得非常融洽，经常在下班后和他们一起唱歌，吕远的才华很快得到了大家的认可。在这里，炼的是克拉玛依大油田的原油，吕远似乎和克拉玛依的距离更近了，对各种有关克拉玛依的消息更加热忱地关注了。工友们为了让吕远更好地展示他的艺术才华，还送了他一辆自行车，给了他一间屋子的钥匙，白天干完活之后，吕远就骑自行车去那间屋子专心搞音乐创作。

吕远在来兰州之初，好友歌唱家吕文科、朱崇懋对他说："到大西北一定要写一首歌，内容最好是一个走在祖国大地上的歌唱家，用心来歌唱祖国的变化。"

一次，吕远观看到《从阿拉木图到兰州》的纪录片，里面有一段克拉玛依的影像。壮阔的油田、茫茫无垠的戈壁、热情似火的工人，一瞬间，那个魂牵梦绕的从未踏足过的地方逐渐在脑海里清晰起来。

吕远的思绪飞到遥远的克拉玛依，映入眼帘的画面与脑海中无数次遐想中的克拉玛依交织、碰撞。顷刻间，他仿佛看到了茫茫无际的荒野，在人迹罕至的荒凉中，吕远骑着马匹走向了克拉玛依。

时空交换中，一幅幅逼真的画面扑面而来，让他沉醉、让他向往、让他喷薄出艺术家的最火热的激情。指尖也情不由己地敲击着跳动的旋律，《克拉玛依之歌》就这样在巨大的激情迸发中创作出

来。正所谓"凡音之起，由人心生也。"歌曲写成 3 个月后，也就是 1958 年夏，吕远被调回北京，他将自己的歌曲给了好友吕文科和朱崇懋，完成了他们的嘱托。

1959 年，《克拉玛依之歌》在中央广播电台唱响，一时间，不仅仅唱响了歌曲本身，也唱响了新中国新生的城市——克拉玛依，更重要的是，无数热血青年在听完这首歌后，他们的情绪被点燃，投身祖国石油事业的热情不断高涨，踊跃报名前往克拉玛依。

1985 年，吕远第一次踏上了克拉玛依这片热土，在这一年，吕远被授予了"荣誉市民"称号。

《克拉玛依之歌》让克拉玛依声名远扬，除了其欢快的旋律和生动的歌词外。更为重要的是歌曲所带来的社会影响力，在人民群众心目中的接受度。歌曲本身具有强烈的时代特征和群众性，在时代性上，他的歌曲反映了克拉玛依今昔之间的巨大变化，在群众性上，既体现于吕远深入生产一线的创作过程，也体现于歌曲本身所反映的新中国石油工人的群体精神面貌。在 2015 年的一次采访中，吕远说到自己对艺术创作的看法时说："当时我所在的建政文工团主要任务就是反映祖国建设的新面貌，我的工作就是写群众的生活和情感。"

正如恩格斯曾说的"在一切艺术中，只有音乐才能产生与广大群众的合作，同时在表达力量上，音乐也是优胜者。"

"《克拉玛依之歌》之所以能广为传唱，不是说作品完美无缺，而是那个时代需要这样一首歌，我们的创作顺应了时代就为时代所接受；不是我们创作者征服了群众，而是群众接受了我们的创作。说到底，人民群众是唯一的决定者。"在谈及《克拉玛依之歌》时，吕远也说到歌曲本身所具有的时代性和群众性。

《克拉玛依之歌》创作后的几十年里，吕远并没有踏足过歌声里的克拉玛依，直至 1985 年，他才第一次踏上这块让他向往已久的土地。

　　艺术家的创作灵感与激情在 1985 年又一次迸发了。这片曾经让他无限热爱和憧憬的地方，所呈现出的是一片欣欣向荣、朝气蓬勃的景象，已然超越了歌词中运用艺术夸张手法描绘出来的场景。吕远欣喜地看到了成片的绿树红花，这番景象一下激发了吕远的创作灵感。吕远深受感染又创作出《克拉玛依新歌》。在新歌里，吕远不仅歌唱了克拉玛依大油田的热烈景象，更歌唱了克拉玛依旧貌换新颜的巨大变化。

　　2015 年，恰逢克拉玛依大油田发现整整一个甲子，吕远再度来到克拉玛依。此时克拉玛依绿树环抱、碧水穿城，人居环境不仅得到极大改善，更是已经发展成为祖国西部举足轻重的现代化石油城市。克拉玛依建设得格外漂亮，碧水蓝天、绿树红花点缀着城市，川流不息、车水马龙的场景让吕远感到十分欣慰。这一年，他创作了《啊，克拉玛依，奔向新的胜利》。

　　悠悠岁月如诗如歌，《克拉玛依之歌》《克拉玛依新歌》《啊，克拉玛依，奔向新的胜利》唱响了克拉玛依，唱出了各族儿女为国奉献、为石油事业拼搏的豪情壮志。也向世人诉说着这座城市的昨天、今天。

　　2008 年，在克拉玛依市建市五十周年的日子，吕远先生将当年创作的《克拉玛依之歌》的手稿捐赠给克拉玛依。如今，这份手稿被静静地放置于克拉玛依市博物馆。

　　□　顾兴德：现在克拉玛依市委党校任教。

油城小记

陈　熙

简陋设备安装大绞车

1974年，当时的新疆石油管理局克拉玛依钻井处安装区队接到安装5千米钻机的任务。这是建队以来第一次安装这么大的钻机。那时候安装钻机的主要设备还是上世纪50年代使用的"斯大林80"拖拉机和"吉斯150"3吨吊车。为了这次安装任务，处里还从外单位调来一台老旧的法国10吨场地吊车。就是这些现在看来十分落后的设备，在那个年代已经是当时的钻井处能集合到的最好设备了。

安装工作开始以后，人拉肩扛和高强度的艰苦劳动不用多说，这里只说说把绞车安装到底座上这件事，就知道当年的安装有多难。

绞车26吨，底座1.2米高。要把这个绞车从地面拿起来放到底座上去。这个情况，在今天来看就是小菜一碟，根本不是问题，可在当时却是个大难题。调来的那台10吨吊车不要说吊起绞车，它连绞车的一个头也提不起来。

那怎么办呢？还是铁人那句话："有条件要上，没有条件创造条件也要上。"经过队领导和工人师傅的研究，最终拿出一个方案，就是先在绞车底座旁边立起一个桅杆吊。桅杆吊是工人师傅用废套管制作的，作用就是把绞车的一个头提到高于绞车底座的高度。在底座边工人们又用原木垒出一个坡道，在绞车被提起来的这个头上挂上长钢丝绳，钢丝绳从底座的上方通过，在底座的另一边用4台拖拉机来拉这根钢丝绳把绞车拉上底座。

终于到了上绞车的时候了。担任这次任务的总指挥是吾布尔区队长。他身材魁梧、性格刚毅，现场经验非常丰富，跟着他干活总能顺利完成任务。安装现场噪声很大，一般人指挥是大声喊叫，吾布尔队长与众不同，他有一个习惯，他的命令是用特别响亮的口哨下达的。他的口哨很响，很远的人都能听见。

一切准备工作就绪后，大家都撤到安全的地方观看。吾布尔队长站在拖拉机驾驶员能看见的明显位置。这时吾布尔队长举起双手指挥拖拉机，然后一声响亮的口哨声划破长空。随着吾布尔队长的手势，牵引桅杆吊钢丝绳的拖拉机开始缓缓前进，起吊绞车的钢丝绳绷紧了，4台拉绞车上底座的拖拉机的钢丝绳抻直了。拖拉机在缓慢移动，整个井场除了拖拉机引擎发出的声音之外，再也听不到其他的声响。人们都在紧张地看着大绞车。随着起重负荷的增加，桅杆吊的起重滑轮发出了吱呀吱呀的声音，桅杆吊的杆子甚至都有些弯曲了，此情此景扣人心弦。

终于，绞车的一个头被提起来了，与此同时4台牵引绞车的拖拉机也在按照指令慢慢向前移动，绞车被一点点地拉上了坡道，组成坡道的大圆木被沉重的绞车碾压着发出噼里啪啦的折裂声。这时候，大家的心都提到嗓子眼了。再看吾布尔队长，还是稳稳当当地站在那里，沉着冷静地指挥着。大绞车就在这危机四伏中1毫米、1毫米地移动……终于被移到了绞车底座上。"成功啦，胜利啦！"大家欢呼雀跃，高兴的喊声响彻戈壁。

看到此番情景，那时的我心中由衷地赞叹：石油工人真伟大。用这样简陋的设备，在这样艰难的条件下，凭借自己的聪明才智完成了看似不可能完成的任务。他们是战无不胜的英雄。

古海破浪

每当我站在我们伟大祖国的地图前，最爱看的是地处祖国西北那美丽的准噶尔盆地和位于盆地中浩瀚的古尔班通古特沙漠，因为这里记录着克拉玛依老一代石油人创业的伟大功绩，也记录着我的青春年华。

古尔班通古特沙漠，在亿万年前的远古时期曾一度是苍茫的大海，后来由于地壳运动才成为陆地，现代人称它为"古海"。

50年前，我刚从乌鲁木齐石油技术学校毕业，来到了这古海边缘的克拉玛依，被分配到钻井处安装区队"120"攻关队。"120"是当年王国治工程师发明，老一辈石油人在极其困难的条件下，刻苦攻关，设计制造的具有世界先进水平的钻机整体搬运的专用设备。它的作用是可以给高耸蓝天的钻塔装上轮胎直立拖运，能对大型机房、泵房、设备不解体整体搬迁。由于它的额定载荷是120吨，所以称"120"，制造"120"的单位就叫"120"攻关队。当时"120"还在试车、完善阶段，我有幸加入了攻关队的行列和老一辈石油人一起来完成这最后的工作。

时光荏苒、往事随着岁月的流逝都已烟消云散，但"120"长距离搬迁3259钻井队钻塔的情景却时常出现在我的脑海里，使我无限留恋。

当时，位于古尔班通古特沙漠西北缘上的3259钻井队完钻了。现在3259钻井队要从"古海"的边缘的老井位搬到"古海"腹地的新井位，之间的距离达150多公里。我们攻关队的任务就是要把钻塔从老井位拉到新井位。如果不用"120"而采用传统的方法对钻塔进行解体、拉运、组装这样是很麻烦的。而且 3259 钻井队的钻塔是经过加固过的，可以打 3200 米以下井深的特殊钻塔，这样搬迁麻烦更大。要投入更多的车辆、设备和人力，费工、费事、费时。而用"120"搬迁这台钻塔则只需 1 台推土机，3 台拖拉机就可以完成任务。从速度、质量、人工、费用……各方面都是其他搬迁方法无法相比的，所以领导决定使用"120"。

戈壁荒漠远眺一望无垠，但里面并不是平川坦途，到处布满了无数的沙丘、土包、红柳丛、梭梭林……要完成任务就要找一条"路"，就是在戈壁滩上找出相对平坦、障碍少的地方使"120"拉着钻塔可以通过。这项任务由王国治工程师去完成，他是乘坐前苏联制造的嘎斯 –63 越野卡车去的。嘎斯 –63 是当年最好的越野卡车。王国治工程师是我在石油技术学校读书时我老师的同学，"120"拖车的发明人，设计、制造……的领导者。他在完成"120"拖车的攻关任务前，还对钻机的搬迁和安装进行过多项技术革新，提高了钻机的搬迁速度和质量，减轻了安装工人的劳动强度。为此他深受安装工人的敬仰和爱戴。

11 月初，寒风萧瑟的戈壁滩还没有下雪，极目远望荒漠的土黄色和天空的淡蓝色在地平线没有过度地连在一起。这

一天，我们"120"攻关队的队伍开始向 3259 钻井队的老井位出发了。"120"拖车已经在前几天由郝本孝师傅送往 3259 的老井位了。郝师傅是解放战争时期的老兵，中华人民共和国成立后他和战友们脱下军装就来到戈壁创业。他仍然保持着当年军人的作风，干起工作雷厉风行，身上好像有使不完的劲。我们几个人是和泵车一起走的，因为泵车是一个拖车，要由别的车拖着它走。所以送我们的值班车，一辆没有篷布的 5 吨解放牌卡车就拉着我们并拖着泵车，顶着凛冽的寒风向着 3259 钻井队的老井场进发了。

我们几个人穿着光面老羊皮大衣坐在车厢里。我坐在我师傅的旁边，他的名字叫张锡文他是当年最年轻的 7 级工，照着现在的技术职称怎么也不会低于高级技师，也能称得起是大工匠，那年他才 32 岁。他身材魁梧，技术超群，性格随和。他很关心和爱护我，我感到能跟这样的师傅学习真是我的好运气。车厢里还有西安石油学院毕业的高才生柳秉成、柳技术员、活泼可爱的哈萨克族小电工阿扎提……汽车沿着老 217 国道开出去 20 多公里后，就离开沥青路面驶上一条砾石路面的简易公路，路面高低不平，汽车颠簸着向前行驶，车后扬起一路尘土。我们裹紧了羊皮大衣任凭冷风劲吹，车辆颠簸一路向前，这样又行驶了 40 多公里后来到了小拐。当年，新疆石油管理局职工医院肺科在这里设有一个疗养点。我们参加这次 3259 钻井队钻塔拖运的全体人员就借住在疗养院的病房里。

第二天清晨，一天的工作开始了。3259 的现井场，还在几十公里以外，我们乘坐拉钻塔的"斯大林 –80"型履带拖拉机，去往井场。几个小时以后到达了井场。

一到井场，我们立即开始工作。加固钻塔底座、固定游动滑车、松开钻塔绷绳、把"120"安装在钻塔底座的固定位置、接好"120"拖车到"120"泵车的液压油管线，一切准备工作做得一丝不苟、井井有条。"120"要开始提起钻塔了，操作泵车的师傅是当年打克拉玛依一号井，1219钻井队的主任机工李克明李师傅。在他全神贯注的操作下，"120"的起升架缓缓上升，逐渐将这巨大的钻塔平稳地提离地面。当整个钻塔上升到距离地面80厘米的高度时，4台"120"同时穿上起升架上的固定杠子，这时，42米高的钻塔就被稳稳当当地固定在"120"拖车上了。

现在，3259钻井队的钻塔就要踏上征程了。3台"斯大林-80"拖拉机，一条直线串联在"120"大拖杠的前面，等待着起步的命令。现场总指挥，"120"攻关队的郭明队长，在检查完一切后，严肃地威风凛凛地站在距离最前面一台拖拉机不远的前面。他和郝师傅一样也是解放战争时期参加革命的老兵，他技术高、点子多、胆大、心细，遇事沉着、冷静。使人感到只要和他在一起，就没有完不成的任务。

这时，只见郭队长高高举起了双臂这是给拖拉机手传达命令，3台拖拉机手看到命令，立即挂1档同时拉起油门，旷野上只听拖拉机发动机发出隆隆的轰鸣。这时再看郭队长高举的手臂向下有力地一挥，3台拖拉机的离合器操纵杆同时拉起，高耸蓝天，80多吨的巨大钻塔就随着拖拉机的牵引开始前进，开始了这漫长的"古海"300里行程。

记得当年有一首诗中写道："安装工人一挥手，巍巍钻塔跟我走。"看到眼前这宏伟壮观景象我心潮澎湃，万分激动，在我的心里升起一种对石油老前辈无法形容的敬仰。老一辈的创业者他们太伟大了！"120"的初步设想和构思是王国治工程师在生活最困难的年代开始的，而"120"的诞生又恰遇那场灾难。我们老一辈的创业者深知自己的历史责任，国家兴旺要靠全国每一个人去奋斗、奉献。尽管那年头搞科研、搞技术随时有可能招来横祸，但王国治工程师不管这一切勇敢地带领攻关队的全体人员在没有先例、没有任何资料、没有一点信息、没有任何经验的情况下硬是靠自力更生、奋发图强的精神。靠自己的力量创造出了，具有世界先进水平的"120"拖车，这时何等的光荣何等的伟大啊！

钻塔还在继续前进，由于戈壁滩上坑坑洼洼路很不好走。"斯大林-80"拖拉机，一直是以1档或2档的速度拉着钻塔往前走。我和师傅们都走在钻塔的两边，仔细地观察"120"和钻塔各关键部位的情况。因为稍有不慎，钻塔底座出现异常，就有可能发生事故，甚至钻塔倾覆的严重后果。这一天由于路不好走，行进速度很慢。时至11月，昼短夜长，没有赶多少路太阳就西下了。郭队长命令停止前进做过夜准备。为了防止夜间万一有大风，3台拖拉机各拉1条钻塔的绷绳将钻塔牢牢地固定住。最后，大家坐值班的解放牌卡车回几十公里外的小拐疗养院过夜。

第二天，我们的钻塔继续前进，阻挡前进的大沙丘、红柳包、梭梭林中的大梭梭，已经由开路的"斯大林-80"推土机清除了，路面比较好一些。拖拉机拉着钻塔以3档速度前进，那些小梭梭、红柳被拖拉机的履带和"120"的大轮胎碾压而过。看着前进的拖拉机履带和滚滚的"120"大轮胎，我的脑海里突兀地出现一句："历史的车轮不可阻挡"。这一天路途停车休息的时候小电工阿扎提和阿布都师傅还给大家表演了摔跤。两个人个子都不高，差不多，阿布都师傅瘦一点，看来小电工阿扎提要稍占优势。看着这一对我想阿扎提要胜。可能阿扎提也觉出了自己的优势，一上场阿扎提就像小老虎一样咄咄逼人以强大的力量冲了过去，阿布都师傅被冲得倒了过去。我想，哎！只一个回和就完了真可惜。可谁想，说时迟那时快，只见阿布都师傅顺势一倒，然后起脚一蹬，真漂亮，一个兔子蹬鹰将阿扎提蹬翻在地，大家一起欢呼着笑起来啧啧称赞，姜还是老的辣啊！我们安装工人虽说工作条件艰苦，但什么时候大家都是这样的乐观愉快。

经过几天的跋涉，在我们的眼前出现了一片坦荡如砥的大平川，上面寸草不生。那个平，足以和现代化的水泥广场媲美，它不但平而且大。一眼望去就和宁静的海面一样令人心旷神怡。遇到这么好的"路面"大家高兴极了。郭队长命令拖拉机挂最高档5档全速前进，这时钻塔前进的速度已经达到每小时10公里。我们走在钻塔两边的人快跑也赶不上快速前进的钻塔了，无奈大家干脆坐到钻塔底座上，这时我似乎感觉这前进中的巨大钻塔就像是大海中的一艘战舰，正加足动力冲破激流向着目的地冲锋。

68年11月8—16号车—7井—y—14井完成任务留影

经过 6 天 150 公里的远征。3259 钻井队的钻塔安全、完好地坐到了新井位，任务圆满完成。在这欢欣鼓舞的时刻，柳技术员给我们几个人拍了一张照片，留下了这珍贵的一刻。我们几个人排成一排左起是张锡文、陈熙、石昌杰、郝本孝、郭明。在我们后面的是卸下钻塔的"120"拖车，最后面是 3259 钻井队高耸入云的巍巍钻塔。

"120"在创造了这次长距离搬迁巨大钻塔的奇迹后，又完成了很多生产任务，为油田勘探和开发立下了汗马功劳。后来，随着油田的发展，各种油田设施的增加，输电电网和各种管道纵横交错，油井星罗棋布，钻机整体搬迁受到了限制，"120"才从火热的生产一线退了下来。"120"创造的辉煌已经成为了过去，那个年代也已离我们远去，而创造了"120"奇迹的老石油人已经有好几位永远地离开了我们，长眠在他们为之奋斗了一生的克拉玛依油田的地下。午夜梦回，那段历史的点点滴滴依旧历历在目，让人难忘。

我和我的少数民族师傅们

1968 年我从石油技术学校毕业，分配到克拉玛依钻井处安装区队。这个单位是一个由多民族组成的亲密团结又上进和谐的大集体。我们"120 攻关队"的少数民族师傅就比较多。在"120 攻关队"我是来得最晚的，年龄也是最小的，队上的其他人谁都比我有资历，所以他们就都是我的师傅。

当时我们的主要工作就是使用"120"液压拖车来搬运井架，这种搬运方法就是给井架安装上四只可以承载井架重量、能够行驶的"脚"，四台拖车是要密切配合的，工作中谁也离不开谁，必须团结合作，如果谁负责的拖车出了问题或者连接井架的速度慢了都会直接影响到整个车组，拖延井架搬迁时间。所以一到井场每个人，个个都像上足了劲的发条，比着赛着、你追我赶谁也不甘落后，而且自己负责的拖车对车完毕后还都互相帮助。

我和维吾尔族候赛音师傅共同负责"120"的4号车。候赛音师傅是得到过前苏联专家专门培养的技术尖子、是技术过硬的第一代的老石油工人。

他中等身材一张饱经风霜的脸上透着和善，叫人一见就觉得这是一个质朴厚道的人，我对候赛音师傅非常尊重。我们在工作中配合得很好，彼此关照、互帮互助、重活累活抢着干，拉井架时对车，卸车……一切工作，我们从来没有拖过车组的后腿。

在工作休息时，我们会坐在一起聊天，天南海北地神侃各种有趣的事。

有一次他指着一堆刚送到井场的木材绘声绘色地对我说："陈熙，你看这是杨木，它们上面都结疤了，这是在很久很久以前啊，梭梭柴和杨树打架，这些疤就是杨树身上的伤痕。"我知道这是候赛音师傅喜欢我，还把我当小孩子哄呢！但我还是很愿意聆听他这样的故事，我更觉得候赛因师傅真的好亲切呵！就和自己的兄长一样，班组里的其他师傅也一样呵护着我。我们大家在一起工作总是那么愉快，还那么热闹。

有一次我们没有拉井架，任务是在基地整修设备，这时遇到了一个难题，要拆下一根大轴上的一个大铁套子，套子当年可能是用热涨静配合的方法组装上去的，和轴结合得相当紧密，就像是一体的一样。队长安排我和几位师傅去完成这个任务，其中就有候赛因师傅。

为把大铁套子拆下来，我们先后用了好几种办法都失败了，大铁套在轴上纹丝不动。万般无奈，只有最后一招，用12磅大榔头，打！我们几个人轮流来，一个人打累了换下一个人，一边打还不忘说笑话，似乎这样更让大家轻松一些。就这样，每一个人都打了几轮，一个个都累得汗流浃背。这个办法虽然是最笨的，但大轴上的套子在大榔头的打击下还是一点点、一点点地松动了。

这次又轮到我打大锤了，其实这时的套子在上一个人打的时候，就差最后一点点力就可以掉下来了，根本用不了半榔头的劲，可就这么巧他就没有打这一下。我接过大锤铆足了劲、抡圆了向套子打去，套子一下就被打飞了，大锤的绝大部分剩余动能随着惯性把我给带出去了，我猝不及防地一个趔趄，差一点来个嘴啃泥，我向前冲了好几步才站稳。我想我当时的样子一定很滑稽！因为师傅们都在哈哈大笑，还高兴得"嗷、嗷"地喊了起来，侯赛因师傅这时还不忘开玩笑地大喊："陈熙这个没有"洋岗子(老婆)的"巴郎子"劲太大啦！其他师傅们也都跟着一起戏谑欢闹，一时把我弄了个大红脸。

我和我的少数民族师傅在一起工作的那段愉快时光，已经过去40多年了，努根师傅、侯赛因师傅还有几位师傅，已经长眠于他们为之奋斗、开发、奉献了一辈子的克拉玛依油田的地下，但每到清明我想起那段往事，还是会感到非常亲切，师傅们的音容笑貌还清晰地浮现在我的眼前。

师傅的关爱

1968年，我与其他两人被分配到一个地窝子。除了我，那两位可都是赫赫有名的石油一代的有功之臣。一位是大名鼎鼎的"120吨液压井架整体拖车"的发明者王国治，王工程师。另一位是当年打克拉玛依一号井，钻井队的主任机工李克明，李师傅。王工程师经常在外面忙，地窝子里基本上就我和李师傅二人，按惯例，我认李师傅作我的师傅。

那年我 20 岁，才从石油技术学校毕业，分配到"120 吨液压井架拖车攻关队"工作。我那时在生活上还不大会照料自己，那个年代生活物资又很匮乏，所以自己的日常生活能将就的就将就了。

那时白碱滩只有一个"综合商店"，商品也很少，鞋垫子这一类东西没处买。我上井穿的大头皮鞋没有鞋垫，平时就用大布把脚一包捅进空荡荡的皮鞋里就得了。

有一天我照例这样穿鞋，却感觉脚下绵绵的很舒服，拿出脚一看，鞋里竟垫了一双毡鞋垫。

后来才知道是那天晚上我睡着了以后，李师傅用废弃的破毛毡给我做了一副毡鞋垫，又给我垫在皮鞋里。

真想不到，李师傅这样一位满脸络腮胡子的新疆汉子，竟有如此细腻的心思，当时我感动得眼眶都湿润了，心想有这样的师傅真是我的福气啊！

那一年入冬前，我领到了参加工作后的第一套棉工作服。

井架安装工的工作条件差，人拉肩扛是家常便饭，在地上跪着、趴着、躺着干活也是屡见不鲜，因此工作服损坏很快。服装的定额是两年单、棉工作服各一套，交旧领新。

我们干"120 液压拖车"工作的，衣服上还经常沾上液压油，比纯粹安装工工友的衣服上，还多一些液压油的油渍。

有一次工作时，我的棉衣被液压油污染了一大片，不但脏了棉衣外表，如果液压油浸到里面的棉花那衣服就没法穿了。从井上拉完井架回来后，我顾不上一天的劳累，找来大盆和刷子立即刷洗棉衣。为了下次上井工作要尽快烤干它，我把刷好的棉衣套在椅子靠背上，把椅子放在火墙边上烤棉衣。干完这一切我已经累得一塌糊涂，脱衣上床很快就酣然入梦了。

不知睡了多久，我被李师傅紧张的喊声惊醒了！这时小小的地窝子里充斥着浓烟，一股棉花、棉布刺鼻的焦糊味呛得人透不过气来。

啊！大事不好。我烤在火墙边的棉衣被烤着了！我赶紧把棉衣扔到地窝子外面的雪地上灭火。但为时已晚，才发的新棉衣已经惨不忍睹了，后背上被烧出了一个脸盆口大的洞。这可怎么是好呀，以后上井穿什么呢？

那个年代物质匮乏，买一件棉衣可不是一件小事。那时全克拉玛依也没有几个商店，我个子大，穿的是特大号的工作服，能穿的棉衣基本买不到。本来前几天就在为买不到下班后穿的棉衣发愁，这下可好，下班穿的棉衣还没有解决，这上班穿的棉衣又被烧坏，我真是一点办法也没有了，心里又懊悔又难过。这时李师傅安慰我叫我放心，他把我的烂棉衣带回克拉玛依他的家里，让师母想想办法。我看着损坏这么严重的棉衣并没有抱多大的希望，第二天下班，李师傅带着我的烂棉衣回克拉玛依了。

我在白碱滩"苦熬"了一个晚上，早饭后，李师傅带着补好棉衣回来了！

由于当年棉布和棉花都是定量的，谁也没有多余的。为了补好破棉衣的后背，寻找补洞材料的李师傅和师母设法找到了一点旧材料，给我修补好了破棉衣。一件"里外三新"的破棉衣，配了一个"里外三旧"的后背，虽说用的都是旧材料，但是经过师母的巧手缝补，新补的后背和棉衣的结合是那么协调、合适，那么平整，针脚匀称，而且里外三层还用线引了几行……当时我只感到一股暖流在心里涌起，感到了师傅和师母满满的爱，他们对我关怀就好像是我的亲人一样。

补过的棉衣虽然不如新棉衣美观但同样御寒而且还带着情谊，我穿着它在荒凉的戈壁滩上搬迁过钻塔，穿着它在井场操作过"120"的拖车和泵车，穿着它我完成过很多任务，穿着它我能时时感到师傅和师母淳朴、善良、暖人的心。

这件事情已经过去49年了，我平生有很多往事都已忘却，但这件事却牢牢地印在我的脑海里。李师傅已经永远地离开了我，但是我每每想到这件事情。他那亲切的音容笑貌，立刻就清晰地浮现在我的眼前。那年冬天他就像一盆火，温暖了我的心，教会了我如何做人。

想起那年吃西瓜

西瓜在大众的眼里那实在是普通的不能再普通的水果了。现在的克拉玛依一年四季都可以买到。冬季超市的货架上也摆满了多个品种的西瓜，什么时候想吃什么时候买方便得很。到了夏季，新疆本地的大田西瓜上市，那更是品种繁多，应有尽有。大热天的，热了，来个西瓜大快朵颐，又解渴，又解馋，又解暑，可能神仙过的也就是这样的日子吧！

但是，在改革开放以前我所居住的克拉玛依白碱滩可不是这个样子。那个时候，西瓜的产量少，优秀的品种更少。而且只有在七八月，瓜果成熟的黄金季节，在原产地的团场、公社还有大城市才能比较方便地买到西瓜。而地处荒漠戈壁的白碱滩那时还是一个开发中的矿区。除了职工住的一片平房连棵树都没有，根本没有西瓜卖。瓜菜都要到团场或公社采购，而团场和公社距离克拉玛依基本都在100公里以外，有时近处没有还经常到五六百公里以外的吐鲁番、伊犁等地区去采购，很不容易。

那时的运输车辆也很少，白碱滩运输站只有六七十辆载重5吨的解放牌卡车。这些车要保障钻井处、采油二厂、电厂、供水大队、电话站、粮站、商店和其他驻矿单位的生产、生活用车。车辆使用非常紧张。要想吃西瓜就只有从生产和生活紧张的用车中，想办法挤出车来。那个时候拉西瓜找个车真是难啊！所以一年里也很少能吃到西瓜。记得有一年，全年我只分到了 13 个柚子般大小，形状各异、皮色不一的小西瓜。这种瓜，瓜肉不脆，肉不唧唧的、汁味寡淡不甜、一点也不好吃。那种西瓜和现在西瓜没法比，现在的西瓜品质多好，个个又圆又大，皮色花纹都一样，切开，皮薄、肉厚、脆沙瓤，咬一口甜到心里头。

那时，为了能让在阳光炙烤下，工作在戈壁滩上的井架安装工人吃一口西瓜，单位领导也是想尽了办法。要拉西瓜就要解决卡车的问题，我们单位没有卡车所以也是干着急没办法。那怎么办呢？有一天，我们单位碰到了一个"天上掉馅饼"机会：电钻完井了这天要搬迁，电钻老井位距离白碱滩 10 公里左右，新老井位之间的距离也不远。经过几位工作经验丰富的师傅分析，认为可以在确保安全的情况下，用牵引"120"泵车的胶轮拖拉机拉着泵车，让参加这次电钻搬家的所有工作人员坐在泵车上上井，然后用胶轮拖拉机送饭。把接送大家上下班、送饭的值班车替换下来去团场拉西瓜。既不耽误电钻搬迁又能拉回西瓜，一举两得。

当时正是我在管理和操作"120"的泵车，胶轮拖拉机也是我在驾驶。由于我驾驶技术好，大家坐在泵车的拖斗里上井，领导和工友们都很放心。为了能吃到西瓜，我今天也要撸起袖子大干一场。

我先把大家拉到电钻老井场，就开始操作泵车，完成"120拖车"井架提升工作后，立即开胶轮拖拉机回白碱滩拉饭，回到井场等井架一拉到新井位我又操作泵车，把井架安放在井架的水泥基础上……我铆足劲干了一天。经过大家的努力，电钻的搬迁任务圆满完成。最后我开着拖拉机拉着泵车载着大家凯旋！回到了区队调度室。不久值班车满载西瓜也回来了，今天我们是双丰收。巧用值班车和拖拉机，既圆满完成了电钻的钻机搬迁任务，又在三伏天拉回了大家盼望已久的一车西瓜。下来当然就是热热闹闹地分西瓜、高高兴兴地往家里运西瓜，甜甜美美地吃西瓜啦。这时，大家还在兴致勃勃地地谈论这次拉西瓜的经历，每个人的脸上都挂着愉快的笑容。想到为了这次拉西瓜，我从中起到的重要作用觉得很自豪。看到大家在这高温难耐的酷暑吃到了可口的西瓜，我的心里真比吃西瓜还甜呐！

克拉玛依的凉皮子

凉皮子是我国西北地区的一种深受人们喜爱的特色小吃。五六十年代我曾经在兰州吃过，很好吃，但印象最深的是一个字"辣"。

我于60年代来到克拉玛依时，还没有见过有凉皮子卖。凉皮子在克拉玛依出现还是在改革开放允许有个体经营以后。

凉皮子最受女士和孩子们的青睐，像我这样三天吃不到凉皮子就想得慌的大老爷们不是很多。由于我特别爱吃凉皮子，所以凉皮子在克拉玛依一出现我就开始吃上了，可以毫不谦虚地说，我见证了克拉玛依凉皮子的发展。

刚开始克拉玛依凉皮子的拌料基本上都是放点辣椒、蒜泥、香油、盐、酱油、醋……然后拌一拌就成了，没有什么汤，味道也很单一，满足不了广大食客对口味的要求。

于是凉皮子的经营者就开始对凉皮子的调料和拌汤的味道进行摸索、改进。

当时的凉皮子调味料那是五花八门，香菜、大蒜、小葱、韭菜、芝麻、花生、生姜、黄瓜丝、水萝卜丝、泡菜丁、绿豆芽……想到什么加什么。

这个时候拌汤也开始出现了，真是八仙过海，各显神通。有的说，自己的拌汤是老母鸡炖的汤，有的说是自己秘制的高汤，有的还在汤里加入鸡蛋絮、紫菜、海带……各种味道的都有，没有定式杂乱无章，凉皮子都快成打卤面了，克拉玛依凉皮子的味道就这样在慢慢地变化着。

70年代后期，四川石油管理局来了一大批钻井队和相应的专业队伍，参加克拉玛依油田勘探开发。我们当时称呼他们是"川军"。

"川军"的到来，带来了四川的方言、腊肉、泡菜……更带来了四川的"麻辣"。"川军"来了以后也开始做凉皮子，也研究凉皮子的味道。在摸索和改造凉皮子的过程中，鸡蛋絮、紫菜、海带、生姜等等被淘汰出局。凉皮子的味道开始往"麻辣"的方向发展。

"川军"根据地"白碱滩"的凉皮子，一马当先地形成了别具一格、风味独特的"麻辣凉皮子"。这时凉皮子色、香、味都已经是上乘的了。

一碗凉皮子晶莹剔透的面皮、金黄色的面筋、翠绿色的香菜，还有芝麻、花生……这时的拌汤也已经发生了脱胎换骨的变化，味道独特、妙不可言绝对是精品。

我第一次吃这种凉皮子不知深浅，要了一碗就开始吃，这一下可叫我深深地领会了"麻辣"的厉害，这一碗凉皮子的香味那是美美的、麻的木木的、辣的也是名副其实。我吃了一口嘴就被麻木了，同时也被辣惨了，导致了浑身流汗眼中流泪的惨相。

从此我得了教训，再去吃这种凉皮子，每次都事先告诉摊主只放一丁点儿"麻辣"也就是微辣就可以了。在这一点上，那些大姑娘，小媳妇可就大不一样，她们威风得很呐，总是吩咐摊主多放"麻辣"。

麻辣鲜香、回味悠长的"麻辣凉皮"诱人的秘密就在调料和拌汤里，这才是克拉玛依凉皮子真才实学。

我曾好奇地多次向多位摊主打听调料的种类和拌汤的配方，他们多是笑而不语。如果追问得紧了他们也只会说上辣椒、花椒、山奈等几种，绝不会告诉你秘方。很好理解，这是人家千辛万苦摸索出来秘不外传的养家之本、生财之道。

根据季节，凉皮子的拌汤也分冷热两种，暑天拌凉汤，这样吃既清凉又消暑。寒日拌热汤，加之调味的"麻辣"，一碗凉皮下肚，就好像吃进了一团火，浑身都感到热乎乎的。

那时"麻辣凉皮子"还只在白碱滩流行，克拉玛依其他的地方还没有铺开。

记得当年调往市区的人，回到白碱滩办事，临走了还不忘吃上一碗"麻辣凉皮子"。他们说离开白碱滩什么都舍得，唯有这"凉皮子"舍不得。

再后来"麻辣凉皮子"的味道，越传越远，覆盖了整个克拉玛依。现在"麻辣凉皮子"已经成了克拉玛依的名小吃，成了一张靓丽的名片。从克拉玛依调到其他城市生活工作的人，把"麻辣凉皮子"这个嗜好也带到了这些城市。现在，要是有克拉玛依的人去其他城市，那边的人还叫带"麻辣凉皮子"呢。

"麻辣凉皮子"拌汤的味道也不是千篇一律的，只是"麻辣"是主旋律。拌汤中其他的味道经营者还在不停地研发，你看现在克拉玛依凉皮子店的名号就有好多，比如："阿正凉皮""刘小玉凉皮""留香凉皮"……不一而足，各有千秋。

在"三八商场"就有好几家凉皮店，各家都在比着卖，其实这时要比的就是拌汤的味道，现在拌汤的味道已是多种多样。食客来了只要透过橱窗看看几家店里食客多少，就知道哪家的凉皮更胜一筹了。

现在克拉玛依的凉皮子店遍布大街小巷，卖得很火，但愿"克拉玛依凉皮子"在将来的日子里，锦上添花，越做越好。

□ 陈熙：曾任钻井处机械工程师。

操作班的故事

李忠效

　　1979 年，为了促进国家石油勘探的发展，原新疆石油管理局地质调查处在野外地震勘探队的基础上组建了地调处研究所。次年，引进法国先进的大型计算机地震资料处理系统 CYBER-170-720 和附属子系统。为了尽快熟悉和掌握这套先进的计算机设备，石油管理局和地调处建所筹备组想方设法从本单位和外地调集大批人才，力争在最短的时间内处理出中国人自己的地震剖面。作为才参加工作不久的年轻人，我从野外地震勘探队进入地调处研究所，成为这个当时西北五省最大的计算中心操作班的一员。

　　80 年代是我国改革开放的起步初期，石油行业勘探设备非常落后，野外勘探仪器也仅仅从模拟信号仪器过渡到数字仪。面对新引进的大型计算机系统，大多数人是闻所未闻，见所未见。为尽快学习和掌握机器的性能，利用它加快地震资料的处理速度和质量成为我们工作的重中之重。

　　CYBER-170-720 计 算 机 系 统 分 为 RDS-500 预 处 理 系 统、CYBER-170-720 地震资料处理系统和 GS-6410 成果照相系统。RDS-500 预处理系统是把野外采集的地震资料磁带转换成为 CYBER-170-720 中央处理器能够识别的格式，用于诸如编码、预处理、反褶积、速度调整和叠加剖面等处理工作，GS-6410 的工作把最终的处理成果绘制成胶片利于后期的晒图供综合研究使用。能够成为世界上最先进计算机的操作者成为我们那个时代同龄人的骄傲和自豪，也是企业对自己的信任和鼓励。夜以继日地工作和学习成为了当时的常态，好学和肯钻研是年轻人们的共识。当时的研究所副所长潘以忠、操作室主任荆玉山直接负责和指导操作班的运行，人员和机器 24 小时轮班制工作。为了激励操作员们的学习和工作的热情，利用集体技术学习和班组交流的培训方式，使员工的操作技术水平显著提高，很快适应了当时生产的需要，让工作迅速进入正轨。潘副所长的领导和工作水平很有特色，他采用岗位轮换的方法让所有操作员分组交叉学习，利用老师傅带徒弟的办法让新员工迅速适应岗位变化，掌握各种计算机操作的性能和使用。经过努力的学习和勤奋地工作，我逐渐熟悉和掌握了所有计算机系统的操作和运行，成为一名技术岗位多面能手，并担任了班组长和作业运行调度长。

为了激励班组之间的良性竞争，发挥操作员的积极性和主动性，提高工作效率，潘副所长带领操作室员工制定各种措施，努力使操作班的运行和处理工作无缝衔接，尽最大能力满足处理工作的需要。面对处理作业多，排队上机等待时间长的问题，发动大家找原因，定技巧，合理安排作业的运行。为了在单位时间内让更多的作业见缝插针地运转，最大限度地提高每班的工作量，在软件人员的配合下，提出以机器运行的 ADJ 为规范，作为每班工作量的衡量标准。

ADJ 是每班工作时间内运行处理作业 CDP 数量所产生的一个时效量值。它反映了在一个单位时间内操作者合理搭配、组织作业运行的技巧。ADJ 的积累是一个班组工作量的统计准则，也是最终决定员工利益的一个量化尺度。这个标准的实施极大地激励了班组员工的工作热情，操作班掀起了班组激烈的竞赛和勇夺 ADJ 的高潮。我所在的班组经过合理搭配作业运行，白班和夜班的相互配合，与处理员紧密合作，使 ADJ 数量成倍增长，获得了领导和组员们的信任和鼓励，最终为夺得红旗班组奠定了坚实的基础。

在刻苦钻研技术、提高生产效率的同时，操作员在工作中技术水平也逐渐成熟和老练起来。预处理中是接触野外第一手资料的过程，野外施工环境和施工方法千差万别，地震资料种类繁多，要处理这些问题，需要不断地经验积累和用心研究。CYBER 处理系统有众多的磁带机，每台机器都承担着成千上万盘磁带频繁的读取和写入，对于磁带机的健康状况操作员们了如指掌。野外进站的磁带因为环境影响或多或少都存在着问题，浮土多，折叠断裂现象时有发生，致使数据读取困难。遇到这种情况一般处理方法是让勘探队在相应的位置补炮，但补炮成本很高。为了尽量挽回损失，我同组员们想方设法、潜心研究，力图在室内解决问题。经过多次的试验和琢磨，利用断带修补、磁带机选取、降低带机速度以及细心谨慎的操作方法在断点附近用带机管理程序反复读取，成功地越过断点，使宝贵的地震数据得以修复。这一方法得到了领导和勘探小队的高度认可，在各班组进行了推广和普及，为此还写了相关的论文，为计算机操作技术的提升积累了有益的经验。

操作员的工作和处理员密切相关，当时提交的作业都是以在卡片上穿卡的形式放入读卡机进行读取输入系统内进行处理的。一个作业少则几十张多则几千张卡片，一个孔穿错都意味着作业失败。操作员们在努力学习计算机操作的基础上逐渐掌握了处理、编码和穿卡技术，对作业程序中明显的编码错误及时进行现场处理，重新读入系统，节约了作业排队的时间，也获得了处理员们的青睐和赞赏。

CYBER 系统的引进让广大操作和处理员拥有了一个学习和

开阔眼界的平台，同法国技术人员工作和生活的过程令人至今难以忘怀，那个年代学习英语成为了科技人员迫在眉睫的需求。工作中我尽量寻找和外国人相处的机会，增加对话，交流感情，共同解决计算机出现的问题。和组员们每天的电大英语学习是必不可少的，记忆深刻的《follow me》课程是我们每天的必修课。从简单的口语对话到专业词汇的积累，我们逐渐和外国技术专家的交流熟悉顺畅起来。业余时间我们成为了朋友，从利比亚的卡扎菲到中东战争，从家庭生活到中国改革开放的兴起，我们无所不谈，口语能力突飞猛进，既解决了我们学习的需要，也让外国专家减少了许多寂寞的时光。

时光如梭，一晃四十多年过去了，随着计算机技术的飞速发展，庞大的 CYGBER 系统已由更为先进的 PC 集群所代替，计算机中央处理系统也过渡到了个人终端模式，操作班也完成了它的历史使命。但那些记忆犹新的故事，那一个个鲜活的人物，那些和谐、愉悦的工作环境和与之奋斗的历程成为了我值得珍惜的生活阅历，成为了地物所发展的见证，成为了企业一步步迈向美好、再铸辉煌的宝贵财富。

□　李忠效：现在新疆油田退管中心任职。

他乡
情结

那一别，就再也回不去了

李尚勤口述　胡林整理

弧光闪闪，焊花飞溅。焊枪轻触，一堆杂乱的钢铁就有了新的功能和形态。

这是李尚勤最喜爱的工作场景。早在 56 年前，她就对电焊工的工作一见钟情。

那时的李尚勤总是甩着两条又粗又黑的长辫子，一手抱着焊条，一手拿着防护面罩，在众人的注目中，迎着晨曦大步走向克拉玛依戈壁深处的工地。

李尚勤有理由自豪。因为她是电焊工呀，"那是能人巧手们才能干的技术活。"

李尚勤有资格开心。因为队上女工技术好的，"也就是我和一位老师傅。"

"而且我是女工里最能干的，说到我，谁不敬三分哪。"说起当年的飒爽英姿，李尚勤依然神采飞扬。

焊接冠军

1959 年 5 月，李尚勤从青海调到克拉玛依石油二公司，干的就是克拉玛依第二条输油管线工程。

输油管线谁敢马虎？那是原油运输的生命线。一旦焊缝上有一个疵点，就会漏油，就会造成管线停输。"所以，大家在岗位上都是千般注意、万般小心。"李尚勤说。

新疆石油管理局对管线质量检查极其严格。检查时有一台专用管具从焊好的管线上传过，有一个焊点有毛刺或漏点，这段管线就要全部返工。

想浑水摸鱼？没门！因为每一条焊缝上都有焊工的编号，出了问题一抓一个准。不少人紧张得不敢看，远远躲在一边祈望命运的青睐。但李尚勤每次都站在旁边，"嗓子发干，腿肚子发颤，心里紧张得扑通扑通乱跳，但我就是不躲。"

作为抚顺市石油安装公司技校的毕业生，李尚勤有自信。而且在她干克拉玛依第二条输油管线时，这个 20 岁的姑娘已经在辽宁、甘肃、青海的焊接工地上摔打一年多了，干的每一项都是石油管线上的大工程。最重要的是，她的焊枪下从没有出过次品和废品。这一点连许多老师傅都难以做到。

这，就是李尚勤的底气。

在克拉玛依第二条输油管线的焊接中，李尚勤赢了，而且是电焊队技术比武选拔赛上的冠军。

技术过硬

李尚勤的心很高，志向也挺大，她挂念的总是大工程。那时，克拉玛依油田的原油产量上升速度极快，1957年才年产7.2万吨，1958年就上升到33.38万吨，而到1959年就飙升到98.21万吨。

粮食多了要粮仓，原油多了要油罐。焊油罐要用"倒装法"，它以油罐罐底为基准平面，先安装罐顶，然后钢板从上至下逐层焊接、顶起，交替进行。干这活时既要眼明手快，又要技术精良，一般水平只能边上站。

1959年10月，工程开始，李尚勤被选上了，电焊队40多个焊工，入选的只有一半，其中女焊工只有4个，李尚勤最年轻。

一个个大罐立起来，焊工的队伍也在吐故纳新，李尚勤是唯一没有被换下来的女焊工。

"蹲得住，呼吸匀，焊出来的鱼鳞纹焊缝就很密实、很漂亮。这是我自己琢磨出来的，那时候可舍不得给人家说。"李尚勤至今依然很自豪。

虽然有了名声，但却错过实惠。每次从大罐上下来，返回住地时，食堂里的饭菜只剩下残羹冷炙了，甚至只能啃发糕。而没有上大罐的人却能先吃饭、吃好饭。

对此，李尚勤少有怨言。因为她觉得这种"牺牲"挺值，能看着大油罐在自己和同伴的手中从无到有，从少到多，她说"就已经很知足了"。

痛别焊接

"去，学车去！"1960年5月的一天，电焊队领导的一句话，把李尚勤给说蒙了。

搞电焊的去学开车？见李尚勤不相信，队领导只好正色地说，一个大队选一个，表现好的才能去。

李尚勤高兴了：这个奖赏也太大了吧！

驾驶培训的时间为一个月。等她焊完大罐赶到独山子培训队时，其他学员已经在车上练习 11 天了。别人都能把车开着走了，李尚勤还不知道刹车和离合器的踏板为何物。在大伙的讪笑中，李尚勤闹了个大红脸。

开考了。班里 46 个人跃跃欲试。但通过的只有 4 人，两男两女，其中就有李尚勤。没想到，出糗的人竟然来了个咸鱼大翻身。

难道教练给李尚勤吃小灶了？李尚勤的室友揭开了谜底。原来李尚勤的宿舍有两根木棍，每晚，她都当作汽车操纵杆一遍遍地练。

学成归来。李尚勤心里灌满蜜糖，但随即就变成了满腔苦水。

"到独山子车队去报到吧，组织已经决定了。"队长拿来一纸通知，让李尚勤瞪大了眼睛，张大了嘴巴，也落下了眼泪。

"我是个挺好的电焊工，那样不就毁了吗？"

"你还讲条件？咱是革命一块砖，让咱哪搬就哪搬！去吧。"队领导扔下话，走了。

"要求干自己爱干，也擅长干的活，就是无视组织？"李尚勤追着队领导的背影问，却得不到答案。

好什么强，学什么车呀？她不禁自怨自艾起来。

李尚勤的倔劲上来了，一催，不去，再催，还是不去。一个月后领导发出最后通牒，再不去，纪律处分！

李尚勤只好装上行李，抹着泪离开了电焊队。

作为革命的一块"砖"，李尚勤就这样封存了梦想——

弧光闪闪，焊花飞溅。焊枪轻触，一堆杂乱的钢铁就有了新的功能和形态。

保护师傅

李尚勤行事颇有男儿之风。7月刚到运输队，她就敢代替师傅独立出车。

那天，队上接到任务，迅速把材料从独山子送到奎屯输油管线的末泵站。师傅接下任务后，就把车钥匙甩给了李尚勤。

"小李子，我去办些事。你拉泵站的同志送货去吧。"李尚勤想，为师父做事，理所应当，再说自己也有驾驶证呀，于是爽快答应下来。

一路行驶，开得挺稳。泵站的同志见状便夸：小同志，第一次开车就这么稳，以后一定是把好手！

李尚勤心里挺美，却也忍不住诉说到汽车队开车的无奈。

两人一路叙话，没在意路标。直到车至路口，泵站同志才突然大喊"拐弯"。李尚勤急忙右打方向，车一头栽到路边的沟里。

李尚勤吓得大脑一片空白。直到同车的人推她，让她赶紧设法呼叫救援，她才反应过来。

等待救援时，李尚勤已经有了主意：第一次开车就犯错误，处分肯定要背上了。但也能因祸得福，干脆趁机回电焊队吧！

救援车来了，一看开车的是李尚勤，不觉大惊：你还在实习啊，你怎么能独立顶岗呀！坏了坏了，你犯的是小错误，你师傅犯的可是大错误呀。

原来，李尚勤的师傅旷工，溜出去谈恋爱了，这事若是暴露，错上加错，处分必定很重。救援车司机对李尚勤说：你师父人很好，咱们不能害他，今天发生的事，回去后可千万不能说啊。

"那时候，我们敬师傅就像敬父母一样。我怎么能为自己想回电焊队，就去害师傅呢？"李尚勤悠悠地叹了口气，"没法子，我只好收起回电焊队的想法。"

旧梦难圆

秋去冬来，大地银装素裹。但在司机眼里，冬季给予他们的却是折磨。

经过半年的磨炼，李尚勤因技术过硬而提前顶岗。

这天，酷寒。队里给她的任务是去克拉玛依送料。

这条路虽然路况差，但李尚勤已跑过多次。更何况她想回去，因为她总是惦记着电焊队。

她一直固执地认为，开车不算一个技术活儿。"方向盘变大饼，搁只狗都能开。"这是李尚勤时常挂在嘴边的粗话。

没等出发，她的心已飞回那个最早给她带来成就感的地方。

独山子到克拉玛依的简易路，是连接两地的生命线。物资运输多了，路就成了"坑路"。车在路上走，就像船在浪中飘。

天色已晚，李尚勤仍在赶路，她要尽快赶到下一个补给点休息。快到目的地时，车突然一颠，熄火了。再启动，只有电机空转。李尚勤心里一沉：艰难无助的一夜即将开始了！

她迎着夕阳跑到前方的补给点打了求援电话，又迈着冻僵的步子，顶着薄暮赶回她的嘎斯51卡车旁。她一趟又一趟在雪地中跋涉，从附近拾来梭梭柴，堆放在车四周，特别在汽车水箱下放了足量的梭梭柴，然后把它们点燃。

这时，她迅速拉开车门，一头钻进去蜷缩在驾驶室中。她浑身都在颤抖，而且不停地抖。抖，固然是因为冷，但主要是因为怕狼，因为她已听到空旷的戈壁滩上有狼的嚎叫声。她点火是为了防止水箱冻住，也是为了防狼。没想到狼真的来了，而且就在近旁。

不知何时，夜静了，静得没有一丝声响。时间在流逝，但李尚勤觉得自己已经等了一个世纪。她几次摸门把手，又几次松开。最后，她终于鼓起勇气抓起扳手，开门下了车。她虽然怕狼，她也怕火太大，会把水箱烧坏。

李尚勤一步一回头地挪动着，她怕狼就在自己身后，后背阵阵发冷。检查完火堆，李尚勤飞也似的窜回车中，腿碰着车门都不觉得疼。

上车等着，又等来了心事。李尚勤想，如果自己会修车，或许一切就不同了。可自己偏偏是个没啥技术含量的驾驶员。"如果还在当焊工，该有多好啊！"这么想着，李尚勤落下泪来。

4个小时后，队上来人接走了李尚勤。

经过这事后，李尚勤又动了回原单位的念头。

领导见状说，反正你也不安心，不然你就走吧。但李尚勤这次去的不是电焊队，而是数千里之外新油田——大庆。

刚到新单位，李尚勤不敢提干电焊的要求，怕领导批评她不安心工作。

再以后，年纪大了，而且离开得久了，电焊技艺也生疏了，特别是电气焊不断发展，已从手弧焊发展到了等离子弧焊、钨极气体保护电弧焊等，"而且还要考试合格才能拿资格证，也就彻底放弃了。"李尚勤说。

回顾当年，李尚勤总觉得自己太听话。"我为什么不抗争呢？给我调换工作时，搬我这块砖的人经过深思熟虑了吗？领导根本不顾下级的特长和感受，是对同志负责吗？事情一定，一个人的道路就改变了。"她说，"也许，我们那一代人，很多都有这样的遗憾吧。"

现在，李尚勤还保留着不少当焊工时的习惯，"见到焊缝，就会看焊得好不好。"李尚勤说，"有时候一聊天，我就不由自主地蹲在那里了，而且腿也不麻。"

李尚勤说："我不知道为什么会这么喜欢电焊，遗憾的是当初错过之后，就永远错过了。"

弧光闪闪，焊花飞溅。焊枪轻触，一堆杂乱的钢铁就有了新的功能和形态。

□李尚勤：1958年在抚顺石油安装公司二处，1959年到新疆克拉玛依石油二公司，1961年调到松辽安装公司汽车队，1993年在大庆油田退休。

□胡林：现任市社会科学界联合会主席。

泥浆池边奉献一生

李洪谦口述　李翔整理

　　毕业于原辽西省行政干部学校的李洪谦怎么也不会想到，他今后的工作会与泥浆打交道。而且这交道，一打就是一辈子。

熬夜学知识

　　1956年7月，22岁的李洪谦跟着一支由40多人组成的钻井队，从玉门油田来到克拉玛依油田，被分到了钻井处，当泥浆工。

　　李洪谦曾听人说，泥浆是油井的血液和命脉，没有泥浆，就无法钻井。泥浆稠了，钻杆钻不动，会影响钻井速度，严重时会发生卡钻；泥浆稀了，泥浆沙沉淀，也会卡钻。

　　但他仅是知道这个道理，对具体的泥浆工作一窍不通。

　　在井场，他试着用手捧起一大捧黄土，兑上水，调配起来。可总是掌握不好泥浆的配比，不是稠了，就是稀了。

　　李洪谦心里一直忐忑不安：泥浆配不好，万一出事，就是大事，哪能开玩笑？

　　没有师傅教，面对那些化学试剂和泥浆参数，他抓耳挠腮，急得直跺脚。

后来，他脑筋一转，跑到化验室找"老师"，这里果然有一份《泥浆工讲义》。他如获至宝，拿回去一行一行地看，一个字一个字地扣。

不能只知其一，不知其二。

他又从书店里找来了两本书——《有机化学》《无机化学》。

"我就不信，看完这两本书，我还干不好泥浆工？"这个东北汉子的牛劲上来了。

李洪谦边学边干。白天，他上井队跟着干活；晚上，同事都钻进了被窝，他借着房间里微弱的灯光，抱着书本学习化学知识。不光看，他还用小本子做了笔记。两本新书，被他翻得秃了皮，书页也泛了黄。

消化了这些知识，他也从一个泥浆工作的门外汉，慢慢入了行。

1957年，李洪谦调到了白碱滩3265钻井队，担任泥浆工。

学习王铁人

因为上过学，有点文化，李洪谦成了队里的宣传员。

在那个争相报国、求学若渴的年代，每天晚上，井队都有一项必做的功课：学习。学文件、读报纸，学习先进事迹，学习好人好事。每天两小时，雷打不动。

《人民日报》《解放军报》《工人日报》……搜集寻找这些报纸上的好人好事，成了李洪谦泥浆工作之余的一项"重要任务"。

有一天，井队上接到上级下达的关于向大庆铁人王进喜同志学习的文件，那段跳进泥浆池的事迹让李洪谦永生难忘——

1960 年 3 月，王进喜率队打第二口井时突然发生井喷，没有压井用的重晶石粉，危急关头，他决定用水泥代替。没有搅拌机，他不顾腿伤，冒着严寒，奋不顾身地带头跳进泥浆池，用自己的身体搅拌，经全队工人奋战，终于制服了井喷。

仔细听了"铁人"的事迹，李洪谦心潮澎湃。同时，也默默陷入沉思。

李洪谦想起自己来克拉玛依后的经历，想起自己在泥浆池旁边工作时的场景，他觉得自己干得太一般，技术还差得很远，还得加把劲，还得再努力！

突患风湿病

谁料到造化弄人，事与愿违。

1962 年，因为长期住阴冷地窖，接触冷水，李洪谦患上严重的风湿性关节炎，疼得晚上睡不着觉。

他在膝盖上贴止痛膏，加量吃止疼药，但都不管用，走路时一瘸一拐，举步维艰，更别说坚持在井场上干活了。

当年 6 月，已经进入夏季，他还穿着大棉裤，捂了一身汗也不敢脱，生怕膝盖受凉后，疼上加疼。

李洪谦只有干着急，恨不得给自己换两个好膝盖。

卫生所的大夫看治不好，就给他开了个医学证明，钻井处工会批条子后，让他到乌鲁木齐疗养院治病。

李洪谦足足花了 4 个月的时间做治疗。每天，他最重要的事情就是把烧化的蜡，糊在膝盖上热敷一个小时，一天吃三顿治疗关节的药。在医生的精心指导和调理下，他的膝盖终于恢复了正常。

10 月，李洪谦又可以正常走路了，他戴着护膝，带着对重返工作岗位的渴望，回到克拉玛依。

王铁人的榜样力量是无穷的。膝盖恢复了正常，他的干劲更足了，对泥浆工作投入了更多的精力和感情，泥浆技术也一天一天变得更加纯熟。

比武当标兵

1966 年初，新疆石油管理局举办了"五好"运动，李洪谦作为所在钻井队的唯一一名泥浆工种子选手，参加了技术比武。

"擂台"就设在局机关大院门前。当天的比赛现场人山人海，李洪谦看到，在一长排桌子跟前，摆着比重计、黏度计、失水量仪器、切力计等仪器设备，还有做泥浆的材料。

第一次参加管理局的比赛，李洪谦心里紧张万分，比赛开始前，手心都攥出了汗，心快跳出嗓子眼。

接到工作人员的指令后，他来到比武台前，深吸了两大口气，平复心情后，按照比赛规则，小心翼翼地处理起泥浆。

工作人员在一旁掐着秒表，记录他的比赛成绩：一是看速度，二是看准确度。

实操比赛刚一结束，技术理论考试紧接着就开始了。

这些年来，李洪谦早已将书本上的理论和实际工作中的经验烂熟于心，但他丝毫不敢怠慢，认真地做起了试题。

交卷后，他离开了现场。比赛成绩择日公布。

一个月后的一天，李洪谦突然接到通知，让他马上赶到钻井处生产科。

他不知啥事，还以为领导安排了新任务，直到生产科的领导把一张写有李洪谦名字的荣誉证书递到跟前后，他才恍然大悟。

看到盖着章子的大红证书，李洪谦高兴得跳了起来。

虽然对自己的泥浆处理技术很自信，但能在全管理局拿到技术能手的称号，他还是觉得是个意外的惊喜。

井场当救兵

1970 年，在组织的安排下，李洪谦随渭北勘探大队奔赴陕西彬县今彬州市参加长庆油田会战。

工作地点变了，但在克拉玛依工作时养成的那种奋斗精神没有变。

他被分到钻井处的化验室，主要负责跑现场处理井队上有关泥浆的各种突发情况。

有一次，他突然接到调度室的命令：一口井在打到 1000 多米的时候，泥浆性能发生变化，变得黏稠起来，钻速降低。

不一会儿，接李洪谦去现场处理泥浆的车停到他家门前。

赶到井场，他马上让泥浆工取来泥浆记录本，仔细查看他对泥浆的配比，加入了什么试剂。

李洪谦一边听他介绍，一边走到泥浆池和井架跟前观看，此时泥浆的黏稠度太高了，已经达到 70 秒（泥浆黏稠单位）。

必须赶紧处理！否则，不光是降低钻速的问题，严重了，很可能会造成卡钻，影响生产。

先做试验。李洪谦赶紧取来一公升的缸子，用试管挨个把丹宁酸、烤胶、烧碱等稀释剂按照比例加入到泥浆中，用玻璃棒搅拌，观看调试效果。

看效果差不多，他来不及细调整，经过计算，按照同样的比例，将更大量的稀释剂加入到正在使用的泥浆中，启动搅拌机搅拌，将新调配的泥浆注入井内。

半个小时过去了，一个小时过去了……

紧盯钻杆的李洪谦发现，泥浆黏度参数变小后，钻速提上来了，钻机又恢复了应有的节奏。

在长庆油田，这样的救兵李洪谦不知当了多少次。他引以为豪。

中原传帮带

1986 年，李洪谦在陕北大地工作了 16 个年头后，又来到了中原油田。

这时候的李洪谦，不再是年轻小伙，已是头冒白发的半百之人。在中原油田钻井三公司泥浆站，他依旧跑现场，给井场上的各类泥浆问题"诊断病因，消除病根"。

和原来不一样的是，作为有着丰富经验的泥浆技术员，李洪谦不再是单兵作战，而是带着两个小伙子跑现场。

一个叫小贠，一个叫小徐，两人都是刚从学校毕业的学生，二十出头。虽说没有正儿八经地结师徒对子，但作为老泥浆技术员，李洪谦感到身上那种传帮带的责任感。

在现场处理泥浆时，碰到关键的节点，他都会手把手地给两个小伙子讲地质原理，教授处理经验。

李洪谦干起活来不再像以前那么敏捷，但他熟练的动作和丰富的经验，给小伙子留下了深刻的印象。

看到李洪谦对泥浆习性的熟悉之深和处理问题泥浆的"手到擒来"，他们竖起了大拇指。

后来，这两个小伙子，一个当上了泥浆站的站长，另一个成了副站长。

而此时，李洪谦早已退休。他说，"看到泥浆工作后继有人，我退休了心里也踏实。"

□ 李洪谦：1956 年至 1970 年在克拉玛依油田钻井处工作，1970 年参加长庆油田会战，1986 年调到中原油田工作，1991 年退休。

□ 李翔：现任市委办公室副主任。

为报恩他从未懈怠

王仲荣口述　　胡伟华整理

从一个 8 岁开始依靠沿街叫卖冰棍、甘蔗为生的穷孩子，到在党和政府的资助下完成学业，并最终成为一名光荣的石油工人，王仲荣内心充满了感激之情。

8 月 4 日，在大庆市王仲荣的家中采访时，这位 80 岁高龄的老人多次说出了"报恩"这个词。

王仲荣说："作为一名石油工人，怎样干好工作，为石油、为企业多做贡献，就是我人生中最重要的命题。"

痛失队友

王仲荣这么想是有原因的。

因为贫穷，他从八岁开始，每天利用有限的时间去挣钱，供自己读书。"夏天卖冰棍，冬天卖甘蔗。没有收入时，只有饿肚子。"他说。直到中华人民共和国成立后，当地政府每月发给他生活费，他才顺利地完成了中学学业。后来，王仲荣考入西安石油学校。

入学后的第一个冬天，学校给他发了一件棉衣。

领到棉衣的那个晚上，王仲荣捧着衣服看了又看，想到自己的苦难经历，两行热泪悄悄滑落在棉衣上。

那一刻，王仲荣暗暗发誓：一定要好好学习，不辜负这份恩情。

1956 年 9 月，从西安石油学校毕业后，王仲荣被分配至克拉玛依油田独山子钻井处。在王仲荣看来，自己不仅得到了一份工作，同时，也有了一个用实际行动实现报恩夙愿的平台。

工作不久，因为一次意外，王仲荣摔断了锁骨，他不得不暂时回后方休养。

几个月后，终于能够重返钻台的王仲荣不愿意浪费每一次上井的时间，从泥浆工到钳工，从副司钻到司钻，每个岗位他都认真学习和实践。

1957 年 6 月的一天，晚上 8 时许，正在泥浆池检查的王仲荣突然听到井架旁一阵喧哗。

"不好，出事了！"王仲荣心头一紧，赶忙跑到现场。他看到副司钻正躺在地上，腹部的鲜血早已浸透了衣服。副司钻的伤是被大钳撞击造成的。

在简单止血的同时，救护车正在赶过来。当时交通和通讯都不发达，井场远离路边，且岔路较多，需要有人去路口给救护车带路。

听到这话，王仲荣转身就跑，边跑边喊："我年轻，跑得快，我去！"

这段路距离并不近，王仲荣体力开始渐渐不支。但当双腿打软时，他脑中马上就闪现出副司钻脸上痛苦的表情。

慢慢地，王仲荣的耳边越来越静，静得只能听到自己越来越重的呼吸声。终于到达指定的路口了，王仲荣双腿一软，跌倒在地……

救护车来了，因为自己是 O 型万能血，王仲荣坚持跟车到了医院，并献出了 300 毫升的血。

但即便如此，副司钻还是因为失血过多，抢救无效去世了。

回忆起 58 年前送别队友的那一幕，王仲荣依然痛苦地闭上眼睛："假如当时的工作条件能再好一些，设备能再先进一点，哪怕救护车不是因为路况太差还能再早到一会儿，也许一切还能挽回。"

告别钻台

"在那个年代，机器伤人的事件屡屡发生，要怪就只能怪我们的发展太落后。"王仲荣说，"要改变这些，只有通过每个人的努力，让我们的企业和国家发展得更好、更快一点。"

从那以后，王仲荣工作更加努力，凡事总要冲在最前面。他成了众人眼中的"拼命三郎"，很快被任命为队里的副司钻。

作为中华人民共和国成立后发现的第一个大油田，当时的克拉玛依油田承载着无数国人找油的希望。"大干快上"不仅是国家对克拉玛依的殷切期望，也是克拉玛依石油人对自己提出的要求。

随着油区面积的扩大，一个个钻井任务相继而来。为了争取时间，王仲荣和队友们马不停蹄地奔波在一个又一个井架前。

也许是长期的疲惫影响了反应，1958 年 9 月的一天下午，王仲荣正在齐古油田一口井上提下钻时，左手被大钳重重地撞在了钻杆上。顿时，一股钻心的疼痛从指端迅速蔓延至全身，很快，意识也开始模糊起来，他想强忍住疼痛站住，可身体根本不听指挥。几秒钟后，他重重地摔在钻台上，昏了过去。

等醒来时，王仲荣发现自己已经躺在了医院的病床上，左手缠着厚厚的纱布，这让他不安起来。

"我的手……"还没等他问完，一旁的队长就打断道："没事，啥也别多想，好好休息。"

王仲荣知道，一定发生了什么，可他不想问，也不敢问。直到逐渐康复后，医生才告诉他：他的左手虽能正常活动，但不能再长期用力了。

"这也就意味着，我再也干不成钻工了。"王仲荣心里痛苦极了，"不仅因为手的伤，还因为我可能再也不能登上那个能实现我报恩心愿的平台了。"

半夜领料

离开了钻台，离开了心中的平台，王仲荣显得有些迷惘。

出院不久，单位根据情况给他安排了新的工作——负责井队的物资和设备管理。对于这个新的岗位，王仲荣一开始不以为意：不就是看看东西，哪能比得上在现场打井找油来得痛快。

但很快，王仲荣发现这份工作并非想象的那么轻松与无关紧要。

一方面，会战初期的物资十分匮乏，再加上大面积钻探任务使得各井队对物资的需求更加紧张，这都需要王仲荣从中协调与周转；另一方面，更让王仲荣为难的是，井队上不分昼夜的工作性质，让设备库几乎变成了一个 24 小时营业的"门市部"。

"只要哪个井队来领物资，我就得随时上岗，否则就会影响整个井队的生产。"王仲荣说。

为了方便工作，王仲荣干脆把家安在了库房。可即便如此，随着油田夺油上产会战进入高峰，他还是觉得有些扛不住了。

1959 年的一天深夜，在刚刚为一个井队发放完物资后，已是凌晨一点多了，王仲荣准备到床上躺一会，突然，一阵紧促的敲门响起，刚脱了衣服的王仲荣赶紧跳下床去开门，"快，井上出了事故，快给我们找工具。"来人说。

送走了他们，刚躺下的王仲荣又被一阵敲门声惊醒……

仅这一天晚上，他就被叫醒 4 次发放物资。当最后一拨人离去时，天空已经微微发白了。

时间久了，每到晚上，王仲荣就对屋外的声音格外敏感。连续熬夜和长期缺乏睡眠最终让他年纪轻轻就患上了神经衰弱。

王仲荣说，那段时间又找回了在井队上的踏实感，因为他知道，这份工作同样有意义，那个报恩的平台还在。

立功大庆

1960 年 9 月，王仲荣被调往大庆参加石油会战。"走的时候告诉我们是借调，可没想到这一走就再也没有回去过。"他说，"但对于克拉玛依，我始终怀着深深的眷恋之情。"

因为在王仲荣看来，自己人虽然离开了，但在克拉玛依期间的工作经历和受到的培养，早已在他的身上烙下了深深的印记。

进入大庆油田后，因为毕业于西安石油学校的缘故，以及在管理设备库时的优秀表现，王仲荣被调入机关从事管理工作。

为了更好地为基层井队服务，从固井队到测井队，再从供应站到管子站，王仲荣抽出一切可以利用的时间，几乎跑遍了整个生产环节，不断了解和搜集一线工人在生产中遇到的问题，再将这些问题进行归纳交给技术部门处理。

看得多了，听得多了，自然懂的也就多了。在深入基层的同时，善于总结的王仲荣也开始研究一些问题的处理方法。

1965 年 7 月，不少采油工人反映采油树漏油的问题，王仲荣就到现场查看，发现这是由于采油树的闸板精度不够，导致密封不严而造成的。

要解决这个问题最简单的办法就是从外地请专家来处理。"但当时油田还在发展初期，维修费用是一大笔支出，而且时间上也耗不起。"王仲荣说。

经过反复琢磨，一个方案在王仲荣脑中逐渐形成了：第一步，既然是因为闸板的密封精度不够，那么我们能不能自己生产一个研磨机，用它来对闸板进行改造？

第二步，该从哪里找来这样一个研磨机？此时，在钻井队工作的经历给了王仲荣很大的启发——如果将钻机里的大齿轮滚筒进行相应的改造，不就是一个现成的研磨机吗？

王仲荣将自己的想法给领导进行了汇报，并很快得到了通过。经过技术人员的现场应用后，取得了良好的效果，不仅为油田节省了一大笔费用，他本人也受到了表彰。

这件事后不久，王仲荣从生产科调入科技科从事管理工作，并参与了多次技术攻关的研究，为大庆油田的发展做出了贡献。

回报社会

1993 年，王仲荣退休了。按理说，干了一辈子石油，现在总算可以好好休息了。可他说，工作上是退了，但报恩的路还长着呢！

这一次，他选择的方式是捐资助学。事实上，从退休前开始，王仲荣已经为此而行动了。

1991 年 11 月，王仲荣偶然从《光明日报》上看到有关"希望工程"的报道，内心深受震撼。回想起自己从 8 岁就开始的艰难求学历程，他知道身处困境中的孩子是多么渴望得到帮助。

那年年末，王仲荣同中国青少年发展基金会取得联系，每年都向希望工程捐款 100 元。2001 年，王仲荣又将捐款数额增加到 400 元。

1993 年，在得知西部革命老区贫困失学儿童较多后，王仲荣又主动与老区有关部门联系，资助了多名孩子。截至目前，他共计为失学儿童捐款 10 余万元。

在捐资助学的同时，王仲荣还热心帮助学校解决困难。2002 年春，当看到大庆物探公司资助的红岗区中内泡小学校园光秃秃的，他便决定要为孩子们植下一片绿荫，让他们在充满绿意、充满希望的学习环境中成长。查找资料后，他自费赴京买回速生杨树苗，为学校送去了一片绿荫。

2007 年，王仲荣被大庆油田评为捐资助学十大"阳光老人"荣誉称号。

二十多年的助学经历，让王仲荣在实现自己报恩志愿的同时，也收获了浓浓的亲情。王仲荣说，那些资助过孩子们，已成了他人生中宝贵的财富。

□　王仲荣：1956 年—1960 年在克拉玛依油田工作，1960 年 9 月赴大庆参加石油会战后留在大庆油田工作，1993 年退休。

□　胡伟华：现任克拉玛依日报社总编办公室主任。

永不服输的"拼命三郎"

李自元口述　高宇飞整理

李自元家里，一间卧室和一个阳台被他布置为简易健身房，这是他和老伴每天锻炼的地方。

他能轻易地做倒立、引体向上和举重等多数年轻人都做不了的动作。很难想象，他已经84岁了。

他一生经历过三次严重的工伤，其中一次差点丧命，后遗症导致他后半生受尽折磨。

但他一直顽强地在与自己的病痛和年龄进行着抗争，就像几十年来在工作中来从不愿服输一样。

差点没了命，仍不忘工作

"他看起来身体挺硬朗，其实经常晕倒，很多事情也记不清。"李自元的老伴马毓卿告诉记者，突发晕阙这一病症伴随了李自元的后半生。

1979年冬的一天，天气十分寒冷，克拉玛依油田采油一厂修理班的门窗关得严丝合缝。

　　李自元和3位同事正在里面忙活着，房间里还停着一辆正发动着的大货车。李自元爬到车下打扫卫生，大货车的排气管就在他旁边，含铅的汽车尾气在他身边四处蔓延。

　　没多久，李自元开始觉得头晕。他挣扎着爬出车底打开车门，去工具箱里拿工具。

　　可是，工具箱还没打开，李自元便感到浑身无力，一下子趴在了工具箱上，什么也不知道了。

　　也该李自元命大。此时，厂里一位领导刚好来修理部检查工作。一推门进去，立刻惊叫起来："哎呀，你们要中毒了！"

　　当时，屋里其他3人已经快昏迷过去，站在门口的一位职工症状最轻，但也已站不起来，说不出话了，只能急得"呜呜啊啊"地用手往屋子里指，意思是车里面还有一个人。

　　此时的李自元，已经失去了知觉。

　　这位领导立刻叫人把中毒的4个人抬进自己的车里，赶往职工医院。

　　一个多小时后，李自元才被抢救过来。

　　"再晚来一分钟，你就活不了了。"这是李自元后来听医生说的。

　　醒过来以后，李自元谁也不认识，见人只知道笑。

　　然而，从死亡线上捡回一条命，只休息了两三天，李自元就去单位报到了。"最初从医院回来的一个多月里，我根本不能看到汽车。一看到汽车，不管多远，我就又能闻到那股汽油味，头马上开始难受。"李自元说，但他放不下自己的工作。

　　早在1978年2月2日，李自元也曾受过一次大的工伤。当天下午3时许，还是在那间修理部，李自元正拿着扳手拧一个固件上的螺丝，一位实习生在另一侧也拿着扳手用力地固定固件。

　　突然，实习生的手一滑，扳手脱离固件，不偏不倚，直接砸在了李自元的嘴上。李自元的脸上瞬间全是血，"脸整个都麻木了，没有了知觉"。他说。

事后他发现，上腭两颗大门牙被砸没了。

到了医院，医生给了李自元两片止痛片就让他回家了。

第二天，李自元又照常去上班。

"那时候，大家都想着如何把工作干好，受点伤都不当回事。"李自元说。

工作很拼命，部门抢着要

李自元是 1960 年从内地转业到新疆石油管理局的，最初两年他在采油一厂当采油工。

上白班时，他早晨 6 点就起床，经常顾不上吃早饭，在食堂买两块苞谷面发糕，揣在口袋里就去工地干活。干到上午 11 点，感觉饿了才拿出来吃。天冷时，发糕经常冻成冰疙瘩，他也不在乎，仍然一点一点啃掉吃完，然后继续埋头干活，一直干到晚上 11 点才下班。

苞谷面发糕吃太多了，久而久之，李自元的胃被吃坏了，后来一点苞谷面都不能吃。

"吃一小块，胃到嗓子这一块就像麦芒划过一样，说不上的难受。"李自元说。即便这样，"工作照样干，还是不知道疲劳，好像有使不完的劲儿。"

会战时挖管沟，尤其在冬天，很多人抡起十字镐砸在地面上连条缝都没有，可李自元的任务量总是名列前茅。

最后的代价是，他的虎口出血了，手上的血泡一个又一个，但这似乎都浇不灭他工作的热情。

"干不完他就不回家，也不吃不喝，总是想把事情干到前面，不服输。"妻子马毓卿说，"这种事情多了去了，在采油一厂，他干活卖命那是出了名的，'倔'也是出了名的。"

"要是落在别人后面，总觉得脸上不光彩。"李自元这样解释。

随着能干的名声在单位传开，李自元开始成为各部门的"香饽饽"，遇到人手不够或者有难以处理的问题，他就是各部门都想借调的人选之一。

此后，"借调"成了他工作的常态。今年，保温队把他要走了；明年，修理部把他要走了；过段时间，输油队也来要人；测井队来要人；革新办也来要人……

只要领导批准，李自元就二话不说，立刻全身心投入到新的工作中去。在借调的岗位上，他也从不偷奸耍滑，干得十分出色。

有一次，李自元被借调到输油队工作，本职工作干完后，他总爱到各个站上溜达，看有没有自己可做的事情。当时，有一个站的输油泵出了故障，好长时间都没修好，李自元走到那里时，思索起来："输油站需要这个泵，如果没有泵，油就输送不出去。我刚好懂一点这方面的知识，看看能不能修好。"

与在那里值班的一位同事打了招呼后，李自元开始忙活起来。他把输油泵的各个部件拆开，逐个部位查找问题。

最后他发现，输油泵的叶轮上面有不少枯草渣，把出油口堵住了。

"估计问题出在这里了。"李自元喜出望外，赶紧把里面的杂物掏干净。他又检查了其他部位，再也找不到其他问题后，才安心地把输油泵安装好，又想办法把这台重达200多斤的泵从地上搬到了半米高的底座上。

最后，值班的同事试了一下，泵恢复了正常，开始输油了！

此时，时间已经过去了三个多小时。

实际上，这并不是李自元分内的工作，他完全可以不做，但这样"多管闲事"的事情他做得太多了。

可李自元觉得："我不能闲着啊，我就是本能地想把工作干好，能为国家多干点就多干点。我们转业时国家号召我们要好好建设边疆，不好好工作，怎么叫好好建设边疆呢？"

晕厥病频发，没休一天假

1981 年，李自元一家人调到了河南油田，他被分配到技工学校里当老师，主要工作是带技校学生实习。

折磨李自元后半生的病魔向他伸出了魔爪，他开始突发晕厥，但这丝毫没有改变他不甘人后的工作态度。

一天中午快下班时，学生们全都走了，工房里只剩李自元和另一位老师。李自元刚走到实习教室的大门口，突然感到头开始眩晕，有种天旋地转的感觉，他强忍着，弯着腰靠在门口的墙上。

那位同事看到他这种情况吓了一跳："你咋了，这是咋回事？"

"我不舒服，不过没事，你先走吧。"李自元不想让同事担心自己。同事听他这么一说，也没太当回事，就离开了。

头越来越难受，李自元硬撑着身体，挺了大约 3 分钟，他才感觉好了点。他咬着牙扶着墙站了起来，慢慢走回家里，随后直接躺在床上昏睡过去，午饭也没吃。

搁在别人身上，早就要求请假休息了，可是李自元谁也没说。睡了两个小时后，他又继续去上下午的课了。

还有一次，李自元在学校游泳池值班时，头晕病犯了。一连三天，他一口饭都没吃，也不感觉饿，仍然照常上班。

"单位人手紧张，大家都忙不过来。我是想着，自己能坚持就坚持。"李自元说。

他发病的频率越来越高。刚开始，一年犯病两三次，后来一月犯病两三次，再往后一周两三次。

病情越来越严重。"头一晕十分难受，那个滋味儿说不上。当时我就想着，要是有哪个好心人有把手枪给我一枪，别让我这么受罪就好了，疼痛就到了这个程度。"李自元说。

李自元到医院检查，医生说，可能是脑神经出了问题。很可能是以前中毒留下的后遗症。

不过，每一次犯病后，李自元都只休息一两个小时，只要感觉能活动、能说话了，他就继续去上班。

多年来，他从未因病请过一次假，更从未放松过工作。

指导学生时，他总是手把手地教，比如使用工具时手腕怎么用力、如何正确操作，不厌其烦地一遍又一遍地教，生怕哪个学生学不会。

工作的最后几年，李自元的病情日益严重。马毓卿再也坐不住了，她找到单位劳资科寻求帮助。劳资科告诉她，如果以前出过工伤，可以办理提前退休。

1989年10月，58岁的李自元退休，但他也没闲着，坚持健身至今。

"你要记着，你不能老，人老了，不能自理了，自己要吃苦头。儿女再孝顺，也不可能天天在你身边。因此，自己一定要想办法锻炼身体，让自己手脚利索一点，这样自己既舒坦又方便，也不给儿女带来麻烦。"李自元说。

这位始终不愿意向命运和时间屈服和低头的八旬老人，如今身体健朗轻盈，头晕的病症也有所减轻。

□ 李自元：1960年转业到克拉玛依，1981年调到河南油田，1989年退休。

□ 高宇飞：现任克拉玛依日报社首席记者。

民汉血缘相连　恩情永生不忘

陈慕祖口述　戴旭虎整理

"喂，热师傅，你好，最近身体怎么样，新疆这阵天气炎热，要多注意身体……我这边都挺好的，不用担心，有事咱们电话常联系哦。"

家住盘锦市兴隆台区石油大街科研小区的陈慕祖，再次拨通了远在新疆克拉玛依油田恩人家的电话。

提起45年前维吾尔族兄弟热夏提给女儿献血的情景，75岁的陈慕祖仍旧感激不尽。

尽管两个家庭相隔数千里，一个在祖国的东北角，一个在西北角，但因为一段血脉相连的恩情，将这两个不同民族的家庭紧紧连在了一起。

艰难入疆

"少不入川，老不出蜀。"当年，就是这句话，让年轻的陈慕祖跟随着转业到新疆哥哥的步伐，走出了家门，来到了祖国最需要的地方。

时光追溯到半个多世纪前的 1958 年。

初来到克拉玛依油田的陈慕祖，在哥哥的介绍下，光荣地当上了一名石油工人。那年，他 18 岁。

1958 年 8 月，出生于四川绵阳市的陈慕祖第一次出远门，他要去远在千里之外的新疆。

"从来没有出过远门，在汽车站，连买票都不会，别人朝哪走，我就跟着走。"就这样，怀揣着哥哥寄来的 50 元钱和同学借给他的 20 斤全国粮票，提着一兜母亲亲手做的玉米面粑粑，陈慕祖独自一人坐上了西去的解放牌汽车。

"白天酷热，晚上冻人，大风吹得眼睛都睁不开，渴了就喝点水壶里的水，饿了就吃块玉米面粑粑，车到一个地方就在汽车站的角落窝上一夜。"只要一回想起当年的情景，陈慕祖都会忍不住心中泛起阵阵酸涩。

"估计走了一个多星期吧，路上天气热，带的一兜玉米粑粑吃到最后都发霉了，但饿的时候也顾不上那么多了，我就把发霉的表皮剥掉继续吃。"陈慕祖说。

1966 年，26 岁的陈慕祖和同是来自四川的石油女工王玉书在克拉玛依采油三厂结婚了。

陈慕祖说："那时生活条件艰苦，但结婚也得有个地方住啊，我在同事和朋友的帮助下，翻新了地窝子当新房。"

陈慕祖家的邻居是热夏提一家，两家的地窝子紧挨着。

热夏提是维吾尔族，老家在南疆，从新疆石油学院毕业后，被分配到克拉玛依采油三厂当技术员。

陈慕祖和热夏提因为在一起工作，又是邻居，朝夕相处，无话不说，两人关系甚好。

闲暇时，热夏提经常和陈慕祖聊天，诉说各自的经历。

女儿病重

1969 年，陈慕祖的小女儿小瑛出生，前两个孩子都是男孩，家里人对这个唯一的小闺女格外疼爱。

一年后的一天，陈慕祖出生不久的女儿小瑛，因患重度贫血，住进了医院小儿科。医生诊断：情况危急，急需输 B 型血，否则生命难保。

当时，身体瘦弱的陈慕祖身子骨虚弱，之前还给别人献过一次血，不能再献血了。可医院血库里又没有库存的血液，陈慕祖一家忧心忡忡，到处寻找血源。厂里的大喇叭也不停地广播，号召大家为抢救孩子的生命积极献血，但前来献血的人寥寥无几。而且来的人不是血型不合适，就是因身体问题，不合适献血。

"我当时在医院里急得团团转，心里想实在找不到人，就抽我的血吧，我的命没了，也要保住女儿啊！"陈慕祖说。

当时，热夏提刚从井上回来，听到大喇叭里的广播，得知老邻居陈慕祖的女儿病重，他二话没说，就上了去医院的卡车。

两家结缘

到了医院，热夏提大步流星地来到医生旁，伸出胳膊坚定地说："抽我的，我是 B 型血，身体很好，没得过什么病。"

医生望着眼前的青年，高兴地笑了。当医生问他要输多少，热夏提说："孩子要多少，我就输多少。"

站在一旁的陈慕祖感动得热泪盈眶，说："热夏提，你不能输太多，现在条件差，也没有什么营养品补养身体。"

"我身体好着呢，救人要紧。"就这样，热夏提鲜红的血液缓缓地流进了生命垂危的小瑛的血管里。

孩子出院后，热夏提又几次前往陈慕祖家，并将医院里给的营养费，买成了鸡蛋、糖带给小瑛吃。看到孩子健康快乐地成长，热夏提心中别提有多高兴了。

后来，做了一年多邻居的两家人因为搬家分开了，但还在一个厂区里生活，两家人始终保持着联系。

从小瑛懂事起，陈慕祖时常给孩子讲热夏提叔叔无私给她献血的故事。在小瑛的心中，热夏提叔叔就是亲人。

1975年，陈慕祖一家人响应祖国的号召，奔赴东北大地，参加辽河曙光油田的开发建设。

"虽说与热夏提挥泪分别了，但我们之间的情谊没有断，像亲人般的思念一天也没有中断。"一提起热夏提，陈慕祖不由得激动起来。

传递思念

1982年3月14日，仍在克拉玛依采油三厂工作的热夏提，意外收到一封来自辽河油田的信件，署名是供应职工子弟小学初一学生陈瑛，信中还有一张小女孩的照片。

热夏提看着来信和照片有些纳闷，他放下照片一口气把信读完。

"热夏提叔叔，我的爸爸妈妈经常提起您的名字，您在我最需要帮助的时候，无私地献出了自己的血液，输到我的血管里。现在我的血管里还有您的血液在流动，只要我心脏还在跳动，就忘不了您的救命之恩……"

这时，热夏提才反应过来：哎呀，是小瑛啊，转眼分别7年了。

那年，远在辽河油田的小瑛已经是初中生了，她在信中向热夏提说："叔叔，您的鲜血救了我的生命，我没有辜负您对我的关怀，上学这几年，我几乎每年都是'三好学生'和'优秀少先队员'。"

拜访恩人

也正是那一封信，让尘封了十多年的感人故事流传起来。

当时，采油三厂党委领导对此十分重视，开始宣传热夏提当年的救人事迹，这个故事一时被传为佳话。

1982年9月中旬，热夏提趁到大庆参加交流学习的机会，千里迢迢带来了家乡的葡萄干、哈密瓜干等新疆特产，专程来到盘锦看望陈慕祖一家人，也见着了日夜思念的小瑛。

1988年，陈慕祖重返第二故乡克拉玛依，下车后的第一件事就是来到热夏提家，登门感谢。

陈慕祖也受到了热夏提的热情招待。

热夏提说，你女儿小瑛这封信震动太大了，把我树成了标兵，还送到了北京开会。

陈慕祖这才知道，热夏提被选为全国政协委员，他们见面前时，他刚从北京参加完"两会"回来。

不忘恩情

在日后的交往中，两家人更是结下了深厚的友谊，彼此都牵挂着对方，感受着浓浓的血脉亲情。

由于两家人离得太远，只能经常靠电话联系。

"我有个电话本，上面记录着热夏提全家的电话、生日等信息，时常看看，只要恩人家里有人过生日了，我一定会打电话送上祝福。"陈慕祖说，他与热夏提同岁，都是1940年出生的，他比热夏提大了十多天。

提起在克拉玛依工作的十几年，"那是一段汉族和维吾尔、哈萨克、蒙古等多民族共同创业的艰苦历程。"陈慕祖说，那一桩桩、一件件感人肺腑的事至今记忆犹新。

"当时，在克拉玛依的汉族同胞和少数民族同胞，为了多打井，多采油，几天甚至十几天不回家，日夜战斗在井场上……一同吃、一同住，一家人、一条心，亲如兄弟。"

如今，儿女们都长大工作了，但他还时常教育子女们，不能忘了父辈们和一帮各族兄弟曾在克拉玛依奋斗过，更不能忘记热夏提这份恩情。

□　陈慕祖：1958年—1975年在克拉玛依油田工作，1975年参加辽河油田会战后留在辽河油田工作，1993年退休。

□　戴旭虎：现任克拉玛依日报社摄影部主任。

征稿通知

根据《克拉玛依文史资料》汉文 33 辑编辑计划，现将有关事项通知如下：

一、征稿要求

1. 以亲闻、亲见、亲历的"三亲"史料为主，由本人撰写或由本人口述、他人记录整理成文，也可经过实地调查访问根据第一手材料整理而成。

2. 稿件不限年代、不限题材、不限体裁、不限篇幅，内容须真实有据，实事求是地记载历史。

3. 凡属征稿范围之内的重要函电、会议记录、笔记、日记、手稿和图书、照片等，皆在征集之列。

4. 以践行初心、使命、担当等优良品质为核心内容，深入发掘老一辈克拉玛依人立足本职、任劳任怨、创造辉煌的大无畏精神和甘于平凡的奉献精神，记述于文字，留传承于后人。

5. 反映克拉玛依在政治、经济、社会、文化等各个领域发展变化的历史老照片应附文字说明，尽量注明每幅照片的标题、拍摄时间、拍摄者，照片记载的事件、地点、人物姓名以及与照片内容相关的历史背景介绍等。

6. 手写稿、打印稿、电子稿均可。来稿请写清撰稿人基本简历、联系电话、通信地址、电子信箱等。如来稿曾在其他刊物上发表过，请予以注明。

7. 征集到的文史资料，一经采用即付稿酬，成书后给作者赠送样书。

二、截稿时间

以上书稿截稿时间为 2025 年 4 月底。投稿请交送市政协办公室政策研究和文史资料科。联系人：文强，联系方式：0990—6244790；13579529023,也可以通过 QQ（812967055）或者电子邮箱812967055@qq.com 交送。

克拉玛依市政协办公室

2023 年 11 月 30 日